中国民用航空工业年鉴 2022

工业和信息化部装备工业发展中心　编

航空工业出版社

北　京

内 容 提 要

《中国民用航空工业年鉴》是我国民用航空工业首部具有综合性、资料性、史册性的编年式工具书，集中全面地反映了我国民用航空工业年度发展状况，真实记载了我国民用航空工业发展进程。《中国民用航空工业年鉴 2022》内容包括中国民用航空工业发展综述、主要民用航空工业地区发展概况、主要集团和重点企业发展概况以及中国民用航空工业统计信息等几部分。

本书内容翔实、丰富，有助于国内外有关人士了解中国民用航空工业发展概况，并与之建立经济技术合作关系。

图书在版编目（CIP）数据

中国民用航空工业年鉴. 2022/ 工业和信息化部装备工业发展中心编. -- 北京：航空工业出版社，2022. 12

ISBN 978-7-5165-3193-8

Ⅰ. ①中… Ⅱ. ①工… Ⅲ. ①民用航空 - 航空航天工业 - 中国 - 2022 - 年鉴 Ⅳ. ①F426.5-54

中国版本图书馆 CIP 数据核字（2022）第 237274 号

中国民用航空工业年鉴 2022
Zhongguo Minyong Hangkong Gongye Nianjian 2022

航空工业出版社出版发行
（北京市朝阳区京顺路 5 号曙光大厦 C 座四层　100028）
发行部电话：010-85672666　010-85672683

北京富泰印刷有限责任公司印刷　　全国各地新华书店经售
2022 年 12 月第 1 版　　2022 年 12 月第 1 次印刷
开本：880 × 1230　1/16　　字数：438 千字
印张：14.25　　定价：160.00 元

《中国民用航空工业年鉴 2022》

前　言

根据《中华人民共和国统计法》和《中华人民共和国统计法实施条例》，为全面系统、客观真实地反映中国（未包括港、澳、台地区，下同）民用航空工业年度发展概况，原国防科学技术工业委员会于2007年启动《中国民用航空工业统计年鉴》编辑出版工作，2008年工业和信息化部成立后于2010年启动《中国民用航空工业年鉴》编辑出版工作。2013年，工业和信息化部将《中国民用航空工业统计年鉴》并入《中国民用航空工业年鉴》出版。合并后的《中国民用航空工业年鉴》是我国民用航空工业综合性、资料性的编年性工具书，目前已经连续出版9年。

《中国民用航空工业年鉴2022》（简称《年鉴2022》）内容包括年度发展综述、主要地区发展情况、企业发展概况、统计数据四个部分。第一部分主要从发展规模与产业分布、产品研发、产品订单与交付、国际合作与对外交流、产业促进与行业管理五个方面全面回顾2021年度我国民用航空工业的总体发展情况。第二部分主要反映我国涉及民用航空工业的25个省、自治区、直辖市的民用航空工业发展情况。第三部分记录了4家中央企业和47家民用航空工业重点企业的发展概况。第四部分是中国民用航空工业的统计数据，主要包括综合情况，生产交付、新增和储备订单及转包生产情况，生产销售总值和主要经济指标等数据。统计范围包括从事民用航空器（含无人机）、民用航空发动机、机载系统/设备和零部件等研发、制造和修理的规模以上法人单位，数据截至2021年12月31日。

《年鉴2022》是在国家统计局统计设计管理司指导下，由工业和信息化部装备工业二司组织航空工业信息中心和工业和信息化部装备工业发展中心，在有关省、自治区、直辖市民用航空工业管理部门和中国航空工业集团有限公司、中国商用飞机有限责任公司、中国航空发动机集团有限公司、中国航天科工集团有限公司、中国电子科技集团有限公司以及部分重点企业提供素材的基础上编辑而成。为了行文一致及体现年度新变化，《年鉴2022》编委会对素材做了必要修改和删减。在此向所有参加《年鉴2022》编制工作的单位和人员表示感谢。

《中国民用航空工业年鉴2022》编委会

2022年10月

目　录

第一部分

综　　述

中国民用航空工业年度发展综述

2021 年，面对复杂严峻的国内外形势和诸多风险挑战，中国民用航空工业砥砺前行，取得了新的发展。

一、发展规模与产业分布

（一）发展规模

依据《民用航空工业统计报表制度》，2021 年纳入全国民用航空工业统计调查单位共计 197 家，主要分布在 25 个省、自治区、直辖市，年末从业人员 32.2 万人。按地域划分，东部地区 89 家，中部地区 59 家，西部地区 49 家；按内外资企业类型划分，内资企业 170 家，港澳台商投资企业 10 家，外商投资企业 17 家；按人员规模划分，2000 人以上单位 39 家，1000 ~ 2000 人（含 2000 人）单位 27 家，300 ~ 1000 人（含 1000 人）单位 47 家，300 人及以下单位 84 家。

2021 年，中国民用航空产品产值 909.1 亿元，同比增长 18.8%。其中，民用飞机（简称民机，不含无人机）整机产值 125.3 亿元，占比为 13.8%；民用飞机零部件、发动机整机及零部件、机载系统和设备及零部件等航空产品产值 198.2 亿元，占比为 21.8%；民用飞机、发动机、机载设备和其他民用航空产品的修理产值 291.3 亿元，占比为 32.0%；无人机产品产值 294.3 亿元，占比为 32.4%。产值构成如图 1 所示。

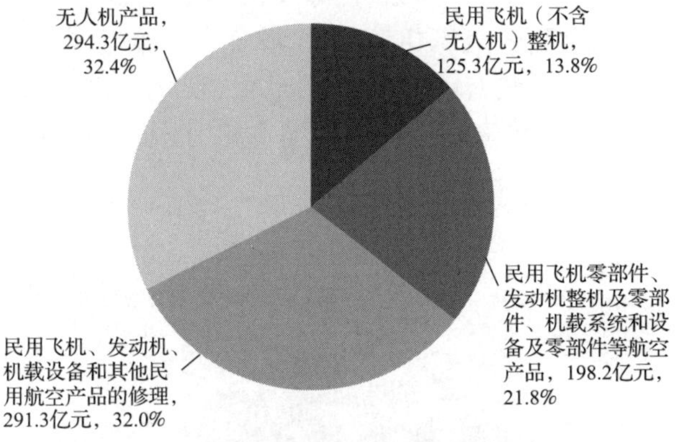

图 1　2021 年中国民用航空产品产值构成

从各省、自治区、直辖市情况看，民用航空产品产值排名前三名的是广东、四川和上海，分别占全国的 44.4%、12.5% 和 10.8%；排名第 4 名 ~ 第 10 名的分别是北京、陕西、辽宁、山东、湖南、福建和湖北，如图 2 所示。

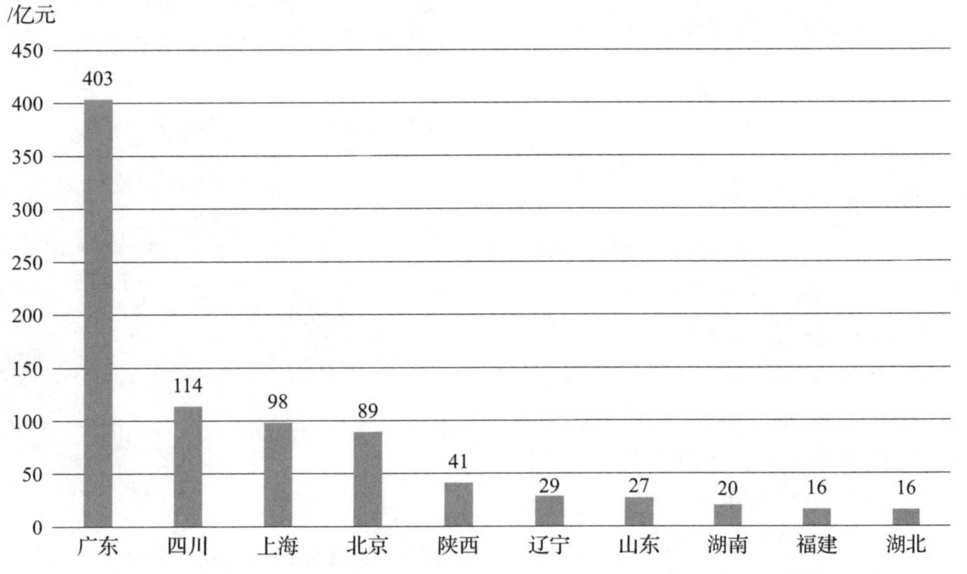

图 2　2021 年民用航空产品产值居前 10 名的省、自治区、直辖市

（二）产业分布

在纳入 2021 年全国民用航空工业统计调查范围的 197 家企事业单位中，77 家隶属于中央企业，地方企业有 120 家。央企所属 77 家企事业单位的民用航空产品产值为 242.4 亿元，120 家地方企业的民用航空产品产值为 666.7 亿元。

2021 年民用飞机（不含无人机）产品产值为 125.3 亿元。其中，央企所属企事业单位产品产值为 116.7 亿元，占比为 93.2%；地方企业产品产值为 8.6 亿元，占比为 6.8%，如图 3 所示。2021 年民用飞机（不含无人机）产品产值前 5 名的企业是：上海飞机制造有限公司、中航通飞华南飞机工业有限公司、空中客车（天津）总装有限公司、中航西飞民用飞机有限责任公司和珠海中航赛斯纳飞机有限公司，这 5 家企业占全国的 92.7%。

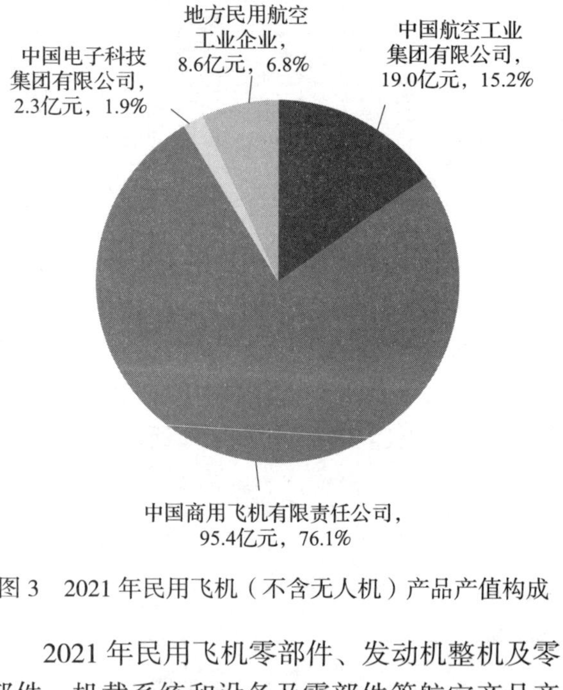

图 3　2021 年民用飞机（不含无人机）产品产值构成

2021 年民用飞机零部件、发动机整机及零部件、机载系统和设备及零部件等航空产品产值为 198.2 亿元。其中，央企所属企事业单位产品产值为 123.8 亿元，占比为 62.5%；地方企业产品产值为 74.4 亿元，占比为 37.5%，如图 4 所示。2021 年民用飞机零部件、发动机整机及零部件、机载系统和设备及零部件等航空产品产值前 5 名的企业是：中航西安飞机工业集团股份有限公司、深圳中集天达空港设备有限公司、威海广泰空港设备股份有限公司、成都飞机工业（集团）有限责任公司和中国航发西安航空发动机有限公司，这 5 家企业占全国的 38.5%。

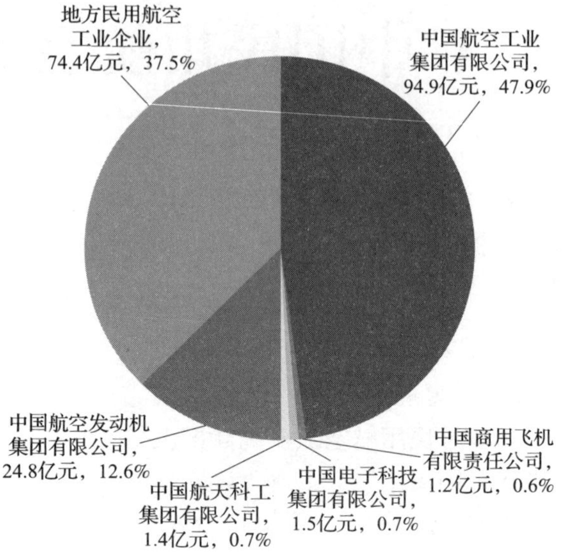

图 4　2021 年民用飞机零部件、发动机整机及零部件、机载系统和设备零部件等航空产品产值构成

2021 年民用飞机、发动机、机载设备和其他民用航空产品的修理产值为 291.3 亿元。其中，央企所属企事业单位产品产值为 0.9 亿元，占比为 0.3%；地方企业产品产值为 290.4 亿元，占比为 99.7%，如图 5 所示。2021 年民用飞机、发动机、机载设备和其他民用航空产品的修理产值前 5 名的企业是：北京飞机维修工程有限公司、珠海保税区摩天宇航空发动机维修有限公司、四川国际航空发动机维修有限公司、广州飞机维修工程有限公司和厦门太古飞机工程有限公司，这 5 家企业占全国的 84.8%。

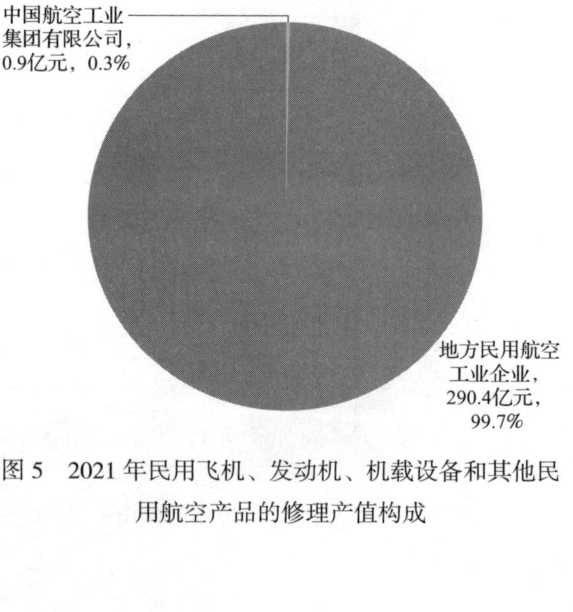

图 5　2021 年民用飞机、发动机、机载设备和其他民用航空产品的修理产值构成

2021 年无人机产品产值为 294.3 亿元。其中，央企所属企事业单位产品产值为 0.9 亿元，占比为 0.3%；地方企业产品产值为 293.4 亿元，占比为 99.7%，如图 6 所示。2021 年无人机产品产值前 5 名的企业是：深圳市大疆创新科技有限公司、湖南浩天翼航空技术有限公司、成都纵横自动化技术股份有限公司、浙江科比特创新科技有限公司、浙江华飞智能科技有限公司，这 5 家企业占全国的 99.0%。

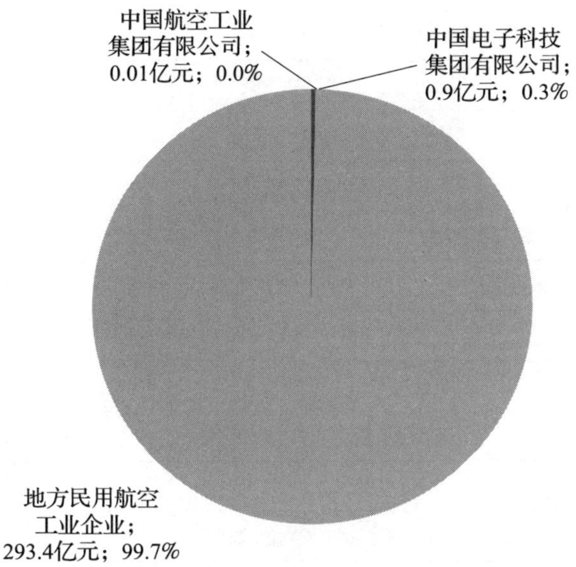

图 6 2021 年无人机产品产值构成

在地域分布方面，上海和陕西主要依托现有骨干央企发展民用干、支线飞机；天津和浙江分别依托与空客和波音合资的公司总装和交付干线飞机，其中天津拥有空客 A320 和 A330 总装线、A350 完成和交付中心，浙江舟山拥有波音 737 完工和交付中心；黑龙江哈尔滨、河北石家庄和广东珠海等地的优势企业主要发展各类通用飞机和特种飞行器；江西景德镇和黑龙江哈尔滨等地的优势企业主要发展各类直升机；其他部分省市也开展了轻小型通用飞机、直升机和其他飞行器的研发制造工作。民用航空工业主要在研和批产的产品地域分布如表 1 所示。

表 1 在研和批产的主要民用航空产品（不含无人机）地域分布

产品种类	地域	主要机型
干线飞机	上海市	C919 单通道干线客机
		CR929 远程宽体客机
	天津市	空客天津 A320（总装线）
		空客天津 A330（总装线）
		空客 A350（完成和交付中心）
	浙江省	波音 737（完工和交付中心）
支线飞机	上海市	ARJ21-700 涡扇支线客机
	陕西省	新舟 60/600 系列涡桨支线客机
		新舟 700 涡桨支线客机
通用飞机	广东省	AG600 大型灭火 / 水上救援水陆两栖飞机
		AG300 单发涡桨轻型公务机
		赛斯纳“奖状”XLS+ 公务机
		SR20 小型活塞式螺旋桨飞机
		SR22 高性能单发 4 座飞机
	黑龙江省	运 12E/F 双发涡桨通用飞机
		运 11 轻型运输机

表 1（续）

产品种类	地域	主要机型
通用飞机	河北省	“小鹰”500 轻型多用途飞机
		运 5B 轻型多用途飞机
		赛斯纳 208B 单发涡桨轻型飞机
		“国王”350 双发涡桨轻型飞机
		“奖状”M2 公务机
	辽宁省	锐翔（RX1E）双座电动轻型飞机
		锐翔（RX4E）四座电动轻型飞机
		泰克南 P2006T、P2010 四座通用飞机
		CC18-180 顶级“小熊”越野飞机
	湖北省	A2C 超轻型水上飞机
		AG50 轻型运动飞机
		“海王”水陆两栖轻型运动飞机
		卓尔“领航者”SL600 单发双座飞机
		“领航者”JA600 轻型飞机
		“晨龙天使”AL8 八座双发固定翼飞机
	陕西省	“小鹰”700 轻型多用途飞机
	湖南省	“山河”SA60L 轻型运动飞机
	四川省	SL600 轻型运动飞机
	福建省	“野马”600/610 轻型运动飞机
	北京市	P750 单发涡桨多用途飞机
	浙江省	AG100 轻型飞机
		AG60 轻型飞机
	安徽省	DA42 双发四座轻型飞机
	甘肃省	瓦尔辛轻型载人飞机
直升机	江西省	AC313 大型直升机
		AC311A 轻型直升机
		CA109 轻型直升机
		JH-2 轻型有人农林植保机
	黑龙江省	AC312 系列中型直升机
		AC352 中型直升机
		H425 中型直升机
	山东省	H135 轻型直升机
其他飞行器	甘肃省	SLA-852 轮式动力伞
	湖北省	民用载人观光系留气球

表 1（续）

产品种类	地域	主要机型
发动机	上海市	长江 1000A 大涵道比商用航空发动机
	湖南省	WZ16 中等功率涡轴发动机（设计）
		WJ6 系列涡桨发动机
		WZ8 系列涡轴发动机
	黑龙江省	WZ16 中等功率涡轴发动机（制造）
	安徽省	YLWZ130/190 系列涡轴发动机

二、产品研发

2021 年，民用航空工业产品研发有序推进，形成了单通道干线飞机、双通道干线客机、涡扇支线飞机、涡桨支线飞机、直升机、通用飞机及航空发动机等产品系列发展格局。

在民机整机方面，C919 大型客机全面进入审定试飞，各系统获得全面验证，地面试验基本完成，首架交付飞机实现总装下线；CR929 项目扎实推进，启动机身及尾翼结构联合定义（JDP），联合供应商发布研制计划；AG600 飞机圆满完成 12 吨投汲水任务系统验证试飞，完成全状态灭火构型 1003 架机、9008 架静力试验机总装，完成铁鸟台开试；AC352 完成次高原试飞，适航取证工作进入尾声；AC313A 完成首飞机总装下线；AS700 载人飞艇完成首飞；AG60 获得型号合格证（TC）和生产许可证（PC）。

在航空发动机方面，大型客机发动机长江 1000A 针对 C919 需求，稳步推进核心机和整机试验验证工作；涡轴（WZ）16 发动机取得了中国民用航空东北地区管理局颁发的生产许可证，并积极支持 AC352 直升机开展取证试飞；1000 千瓦级民用涡轴发动机（AES100）成功实现首飞；5000 千瓦级民用涡桨发动机工程验证机（AEP500）开展了整机技术验证工作；针对未来通用航空动力需求，启动了中小功率涡桨发动机（AEP100）、小功率涡轴发动机（AES20）及有关传动系统等新产品的研制工作。

三、产品订单与交付

（一）产品订单

2021 年，国产民机（不含无人机、天津空客、舟山波音合作项目产品、民用载人观光系留气球等其他航空器，下同）整机新增订单 300 架。其中，确认订单 221 架，意向订单 79 架。截至 2021 年 12 月 31 日，国产民机整机储备订单 1688 架，其中，确认储备订单 614 架，意向储备订单 1074 架。另外，无人机新增订单 328.5 万架，其中，新增确认订单 238.9 万架，新增意向订单 89.6 万架；无人机储备订单 95.6 万架，其中，确认储备订单 59.7 万架，意向储备订单 35.9 万架。新增国产民机整机订单情况详见图 7。

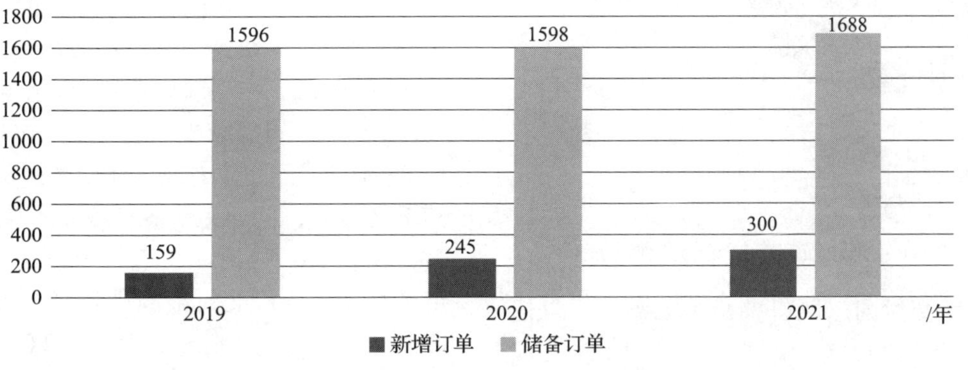

图 7　近 3 年国产民机整机订单数量

从确认储备订单情况看，干线飞机确认储备订单为 185 架，支线飞机确认储备订单为 367 架，通用飞机和直升机确认储备订单为 62 架；从订单变化看，与 2020 年相比，干线飞机、支线飞机、通用飞机和直升机确认储备订单数量均有所减少，见图 8。

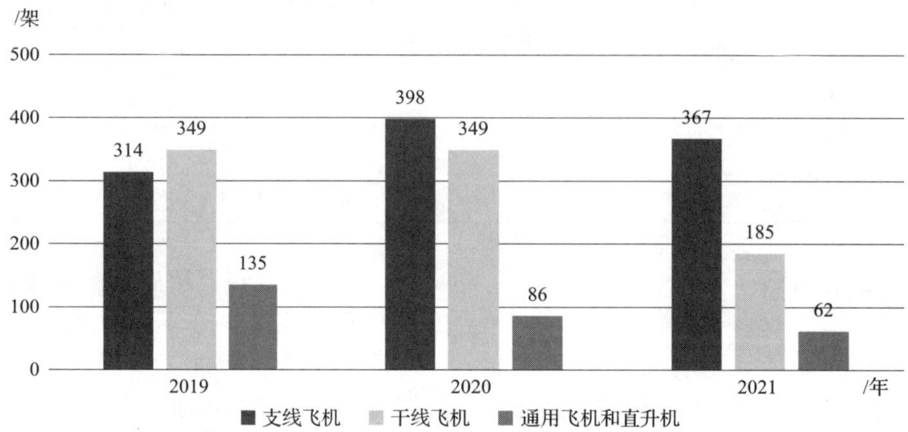

图 8 近 3 年国产民机整机确认储备订单情况

（二）产品交付

2021 年，中国民用航空产品交付金额总计 672.2 亿元。其中，民用飞机（不含无人机）整机 48.3 亿元，占比为 7.2%；民用飞机零部件、发动机整机及零部件、机载系统和设备及零部件 180.8 亿元，占比为 26.9%；民用飞机、航空发动机、机载设备、其他民用航空产品及零部件修理 286.9 亿元，占比为 42.7%；无人机产品 156.2 亿元，占比为 23.2%。2021 年民用航空产品交付金额构成见图 9。

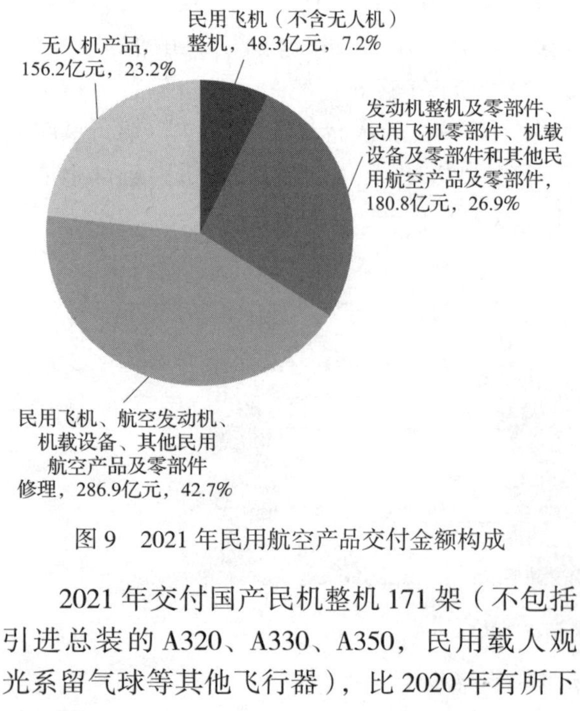

图 9 2021 年民用航空产品交付金额构成

2021 年交付国产民机整机 171 架（不包括引进总装的 A320、A330、A350，民用载人观光系留气球等其他飞行器），比 2020 年有所下降。其中，支线飞机交付 23 架，通用飞机交付 145 架，直升机交付 3 架。在产在销机型主要包括：ARJ21-700 涡扇支线客机、新舟 60/600 涡桨支线客机、运 12E 双发涡桨通用飞机、“小鹰”500 轻型多用途飞机、运 5B 轻型多用途飞机、“国王”350 双发涡桨轻型飞机、西锐 SR20 小型活塞式螺旋桨飞机、赛斯纳“奖状”XLS 中型公务机、“奖状”M2 公务机、DA42 双发四座轻型飞机、AG60 轻型飞机、“山河”SA60L 双座轻型运动飞机、锐翔（RX1E）双座电动飞机、AC311 民用直升机、AC312E 直升机等。据不完全统计，无人机交付约 298.8 万架。近 3 年国产民机整机交付数量见图 10。

（三）转包生产

2021 年，中国民用航空产品转包生产交付金额 13.1 亿美元，同比减少 14.4%，见图 11。其中飞机零部件 8.5 亿美元，同比增长 7.5%；发动机零部件 3.4 亿美元，同比减少 11.7%；民用航空机载系统和设备零部件 0.2 亿美元，同比减少 57.7%；其他民用航空产品及零部件 1.0 亿美元，同比减少 67.2%。转包生产新增订单 8.6 亿美元，同比减少 17.4%；储备订单为 37.7 亿美元，同比减少 5.4%。

从各省、自治区、直辖市情况看，民用航空产品转包生产交付金额排名前三名的是陕西、四川和辽宁，分别占全国的 32.0%、24.9% 和 23.4%。前 10 名的省、自治区、直辖市见图 12。

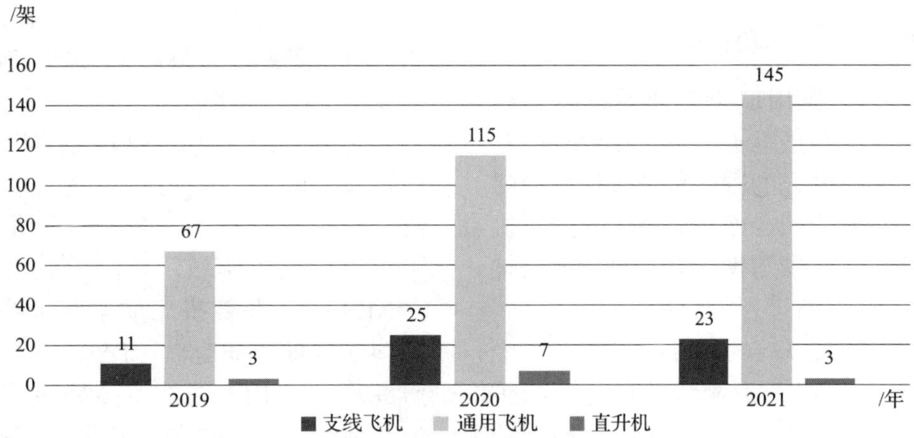

图 10　近 3 年国产民机（不包括无人机）整机交付情况

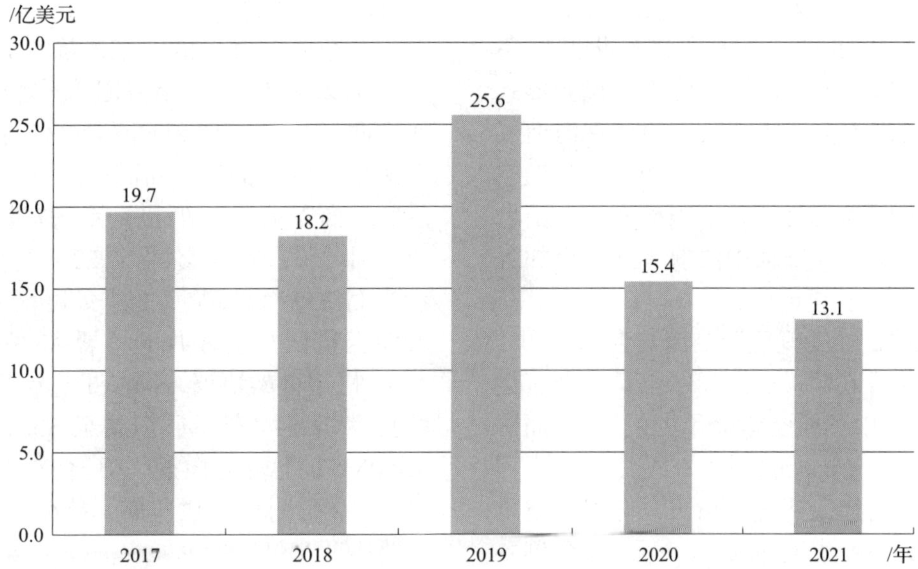

图 11　近 5 年民用航空产品转包生产交付金额

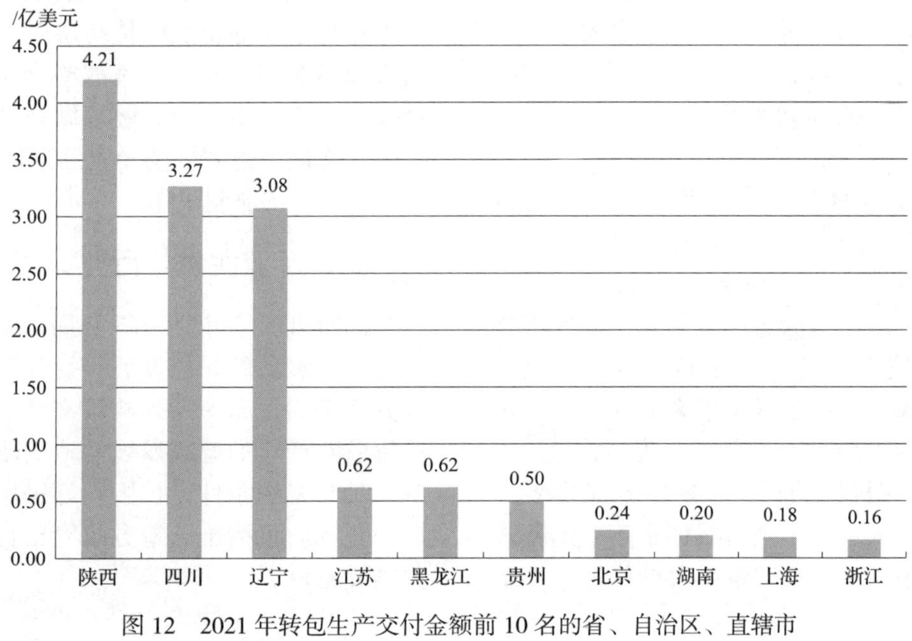

图 12　2021 年转包生产交付金额前 10 名的省、自治区、直辖市

四、国际合作与对外交流

2021 年，中国民用航空工业通过线上线下相结合的方式，积极推进国际合作业务的开展，持续深化协同开放的国际科技合作平台建设。积极推动在政府间合作机制下的企业与机构间交流合作，主动参与国际航空科技前沿技术创新。

（一）政府间对话与合作机制

2021 年 9 月 24 日，工业和信息化部与俄罗斯联邦工业和贸易部以视频方式，举行了中俄总理定期会晤委员会工业合作分委会民用航空工作组第十六次会议。

2021 年 1 月 15 日，工业和信息化部装备工业二司与法国民航局国际合作司以视频形式召开了中法民用航空工作会议。2021 珠海航展期间，协调法国驻华使馆科技参赞一行与航空工业集团、中国商飞公司、中国航发、中国电科等集团开展交流，推动中法双方开展更加务实深入的合作。

（二）机构、企业间国际交流与合作

2021 年 9 月 6 日，由国际航空科学理事会（ICAS）主办，中国航空学会承办的第 32 届国际航空科学大会（ICAS2021）在上海召开，习近平总书记向大会致贺信，指出“开展航空科技合作十分必要、大有前途”。ICAS 大会创办于 1958 年，每两年一届，旨在为工程技术人员、产业领导以及学生搭建一个国际化平台，交流科技前沿技术并促成合作。本次大会是国际航空科学大会时隔 29 年后再次在中国召开，来自 40 余国近 800 位代表通过线上或线下方式参会。

2021 年 6 月 24 日，中国航空研究院与俄罗斯中央空气流体动力学研究院（TsAGI）联合举办线上视频专题研讨会，围绕航空声学、高升力机翼的声学试验、螺旋桨噪声研究等领域开展专题技术交流。10 月 11—14 日，航空研究院与 TsAGI 以线上线下混合方式，联合举办了第 17 届中俄航空科技学术交流会，来自中俄双方近 20 家机构的近百位航空专家学者参会，交流会议入选“中俄科技创新年”闭幕式成果展。由中国航空研究院推荐的俄罗斯西伯利亚航空研究院（SibNIA）前院长 / 首席科学家谢里约奥兹诺夫教授荣获中国航空学会首届国际科学技术合作奖。

此外，2021 年，中国航空研究院围绕先进旋翼机、航空可持续发展、新能源飞行器、绿色推进技术、多学科优化与复杂系统工程、适航等领域，与法国航空航天实验室（ONERA）、荷兰皇家航空航天中心（NLR）、德国航空航天研究院（DLR）、韩国航空航天研究所（KARI）等航空科研机构开展技术研讨。围绕“民用航空未来发展”和“航空工程师职业成长”专题，开展专题技术培训讲座和交流。

在企业层面，2021 年，航空工业集团与波音沟通未来 5 ~ 10 年战略合作协议，谋划合作方向。A220、A320、波音 737 等项目稳步提升速率，生产交付全面满足空客、波音等国际主制造商需求。A320 机身系统安装项目按时完成项目建设和首架交付，A220 项目批产全年累计交付 252 个产品，准时交付率 100%。联合天津保税区与空客共同签署 A320 总装线引进 A321 机型框架协议，同步推进西飞 / 西飞天津机翼和机身配套项目拓展至 A321 机型。作为 A350XWB 飞机方向舵、升降舵、机腹整流罩等部件的全球唯一供应商，持续克服疫情影响，保障生产交付。

中国航空发动机集团有限公司组织参加中俄、中英等政府间合作机制会议，与法国赛峰、美国霍尼韦尔等企业保持高层对话交流，与英国 Expleo 公司“云”签署战略合作协议，双方合作关系进一步升级。统筹做好疫情防控和必要国际交流，邀请外国专家到国内参与涡轴 16 等重点型号的研制工作。

五、产业促进与行业管理

2021 年是“十四五”开局之年，国家层面在航空与装备的绿色发展、智能制造和无人机等方面编制发布一系列政策文件，以促进我国民用航空产业的健康发展。地方政府则根据自身基础与发展条件，积极制订民用航空产业发展规划和政策措施。地方政府出台的文件及相关摘要见表 2。

表 2 2021 年地方政府出台的关于促进民用航空工业发展的文件

序号	发布地区	文件名称	摘 要
1	北京	《顺义区智能制造三年行动计划》	加大对航空产业支持力度，持续推进北京航空产业园、国家地理信息产业园、北京元航天汇硬科技智造谷建设
2	北京	《顺义区关于推动智能制造加快发展的若干措施》	聚焦新能源智能汽车、第三代半导体、航空航天等高精尖产业，全面提升产业基础能力和产业链现代化水平，全面推进我区制造业数字化智能化转型升级
3	天津	《天津市加快制造业高质量发展推进制造业立市若干政策措施》	对航空企业在项目建设、行业准入、新动能引育、政策性贷款融资等方面给予优先支持，不断加大智能制造专项资金等相关政策对航空企业的支持力度，市区合力，共同推动航空工业实现高质量发展
4	辽宁	《辽宁省深入推进结构调整“三篇大文章”三年行动方案（2022—2024 年）》	将航空装备作为 12 个市场竞争优势明显的千亿级产业集群之一支持发展，建立重点任务推进落实工作机制，为推动航空装备产业发展提供有力保障
5	吉林	《吉林省民航发展“十四五”规划》	建设全省基础设施完善、航线网络发达、运行高效安全、方式互联互通、内外时空流畅的民航发展体系，进一步支撑全省深度开发开放
6	黑龙江	《黑龙江省航空航天产业链发展培育方案》	“十四五”期间，要进一步增强省内龙头骨干企业的带动作用，发展航空配套产业，提高航空产业创新能力，促进航空产业集聚发展，扩展航空产业应用领域
7	黑龙江	《黑龙江省通用航空产业“十四五”发展规划》	“十四五”期间，黑龙江省将围绕通航产业链制造、应用、运营服务关键环节，重点打造国内一流通用航空制造集群，培育发展通航产业市场
8	上海	《上海民用航空产业链建设三年行动计划（2022—2024 年）》	提出民用航空产业实现 600 亿元产值规模，以建设现代化民用航空产业链为导向，全面推进民用航空产业链稳链、建链、补链、强链，建设国际一流的关键技术自主高地、核心产品供给高地、科技企业集聚高地
9	江苏	《江苏省“十四五”制造业高质量发展规划》	进一步将民用航空产业列入重点发展领域，推动航空产业高质量发展
10	江苏	《江苏省制造业智能化改造和数字化转型三年行动计划（2022—2024 年）》	加快推进数字产业化、产业数字化，深化实施先进制造业集群培育和产业链行动计划，为全面推动航空工业“智改数转”营造了良好发展氛围
11	浙江	《“十四五”民用航空发展规划（2021—2025 年）》	以“四型”机场建设为主线，推动民航区域协同发展，完善民航基础设施功能，着力构建创新活跃、特色鲜明、集聚发展、竞争力强的航空产业链条，为我省争创社会主义现代化先行省提供有力支撑
12	浙江	《浙江省航空航天产业发展“十四五”规划》	聚焦大型飞机、商业航天、通用航空和无人机等重点领域，聚力推进市场培育、制造突破、创新融合、集聚发展、开放合作，加快我省航空航天产业赶超进位，跨越发展，为我省打造国内领先、有国际影响力的制造强省奠定基础
13	浙江	《浙江省航空航天装备高质量发展实施方案（2021—2025 年）》	做大做强航空航天装备产业，推进航空航天装备产业高质量发展，加快打造全球先进制造业基地
14	江西	《2021 年江西航空产业工作要点》	紧紧围绕省委、省政府提出的“航空产业大起来、航空研发强起来、江西飞机飞起来、航空之城兴起来、航空市场旺起来”航空梦，以市场需求为牵引，以科技创新为动力，通过夯实产业基础、完善产业链条，夯实产业平台，深化战略合作，健全要素保障，加快推动我省现代航空产业体系建设，努力实现我省由航空大省向航空强省跨越
15	江西	《关于支持低空经济发展的若干措施》	抢抓国家低空空域管理改革的重大机遇，加快谋划布局低空经济，促进低空经济高质量发展，培育形成航空产业发展新动能
16	江西	《江西省“十四五”航空产业高质量发展规划》	进一步促进航空产业高质量跨越式发展，加快实现江西省“航空梦”

表 2（续）

序号	发布地区	文件名称	摘　要
17	河南	《河南省“十四五”制造业高质量发展规划》	大力支持无人机高端装备发展，加强无人机设计、制造、测试、集成开发等关键技术攻关，积极研制针对农林植保、航拍、航空测绘等多场景应用智能无人机，支持建设无人机产业园区和试飞基地
18		《郑州市智能装备产业链现代化提升方案》	突出发展植保、物流等无人机产品，加快突破智能避障、自动巡航、群体作业、飞行控制等关键技术，加大引进国内外优势新兴智能装备企业和培育小微企业力度，通过推广应用、成果转化、企业孵化等方式，促进产业集群形成、发展、壮大
19		《郑州市 2021 年汽车及装备制造产业升级实施方案》	新兴智能装备依托郑州航空港经济综合试验区、郑州高新技术产业开发区、郑东新区、上街区等，积极培育新兴的 3D 打印设备、智能传感器、无人机等产业
20		《关于安阳民用无人驾驶航空试验区建设的实施意见》	以 5G 泛在低空测试基地为基础，在人口密集区超视距场景下探索无人机精准定位、城市运行及 5G 技术验证为重点任务的无人机常态化运行管理流程，保障飞行活动安全有序高效，构建城市运行管理技术和应用市场生态
21	湖北	《湖北省航空航天产业发展“十四五”规划》	发挥特种飞行器、航空维修、商业航天等产业优势，到 2025 年，全省航空航天产业形成布局合理、特色突出、拥有一定自主创新能力的良好生态，产业发展水平进入全国前列，行业产值达到千亿级规模
22	湖南	《湖南省通航制造业“十四五”发展规划》	抢抓湖南全域低空空域管理改革试点重大机遇，加快推进通航制造业高质量发展
23		《湖南省中小航空发动机及航空航天装备产业“十四五”发展规划》	着力打造世界一流的中小航空发动机产业集群和全国一流的航空航天配套及集成产业基地、民用飞机配套产业基地、北斗导航系统应用示范区、通用航空产业运营中心
24		《长沙市促进大飞机产业发展三年行动计划》	大力培育和发展大飞机产业，加快推动长沙大飞机产业配套体系建设
25	广东	《广东省人民政府关于印发广东省制造业高质量发展“十四五”规划的通知》	围绕建设全球先进制造业基地和产业创新高地，培育发展一批战略性产业集群，前瞻布局航空装备产业，着力突破航空装备发展瓶颈和短板
26		《广东省综合交通运输体系“十四五”发展规划》	围绕建设现代化综合交通运输体系，建设国际一流的航空枢纽，按照“功能互补、运营协同”的要求，统筹推进全省航空发展
27		《广东省人民政府关于印发广东省支持重大先进制造业项目建设若干政策措施的通知》	进一步发挥制造业投资推动工业经济增长的牵引带动作用，加快航空装备制造业项目投资建设，促进航空装备产业集群高质量发展
28	重庆	《重庆市民航发展“十四五”规划》	提出要培育壮大主基地航空公司，研究整合基地航空公司，积极培育壮大与国际航空枢纽战略相契合的主基地航空公司，加强战略合作和政策扶持，给予主基地航空公司在航站楼和停机坪使用、航权时刻安排和资源配置等方面的优先保障
29	四川	《四川省“十四五”航空与燃机重大科技专项实施方案》	以推进航空与燃机重大产品国产化为核心，以提升航空与燃机产业关键部件和零配件自给能力为重点，开展航空发动机、燃气轮机、航空大部件、航空电子、航空再制造等领域关键核心技术攻关和重大创新产品研发，助力四川省航空与燃机产业高质量发展，努力为国家作贡献
30	贵州	《贵州省先进装备制造业“十四五”发展规划》	明确提出将航空产业作为贵州装备制造产业体系的重点发展方向，重点发展无人机及通用飞机、飞机与零部件制造，着力提升航空重大工程、重点型号配套能力，持续扩大国际航空零部件转包规模，拓展延伸相关产业链，构建集研发设计、整机制造、总成系统、零部件配套到维修、服务、应用为一体的全产业链航空产业生态

第二部分

主要地区发展情况

北京市

一、本地区基本情况

2021年，北京市民用航空工业规模以上企业19家。此外，中国航空工业集团有限公司所属在京企事业单位7家，中国航空发动机集团有限公司直属在京企事业单位4家，中国商用飞机有限公司所属在京研究中心1家。

二、生产经营情况

北京市民用航空工业调查中，纳入统计口径的民营企业14家，工业总产值95.42亿元。

三、主要产品

无人机产品主要包括：航天九院、中航智、航景创新、清航紫荆等制造的大中型无人直升机，商飞北研中心、美团制造的5G智能网联无人机等。

航空发动机核心部件主要包括：航空发动机单晶叶片、高温合金涡轮叶片、复合材料机匣、钛合金铸件、民用直升机发动机燃油调节系统等。

其他民用航空产品主要包括：钢制、粉末冶金及碳/碳复合材料刹车产品，各种异形薄壁支板、轴承支承座、飞机机身肋板等钛合金铸件，空域管理和机场调度平台、机场塔台辅助指挥信息系统等。

四、产品开发与技术进步

1. 北京飞机维修工程有限公司创新优化航线维修系统，实现数字化运营。完成70个国内外站的航线工作单电签系统（LOP系统）的推广运行；跟机系统适用范围扩大至中国国际航空股份有限公司（简称国航）、北京航空有限责任公司（简称北京航）、中国国际航空内蒙古有限公司（简称内蒙古航空）、大连航空有限责任公司（简称大连航）4家国航系运营人，实现与TAS、维修运行控制（MOC）系统等的数据传递；MOC系统已运用在交接班的平板电脑上，逐步取代纸张。

2. 汉飞航空发明了汉飞自适应加工算法、数字孪生加工算法和等量加工算法，并根据这3个算法研制出了航空发动机两大核心技术和装备：涡轮叶片气膜孔自适应加工技术和装备、整体叶盘微应力多轴复合加工技术和装备；研制并建成航空发动机核心部件单晶涡轮叶片数字化、智能化、无人化制造工厂，该工厂是目前我国技术先进、规模最大的涡轮叶片数字化、智能化、网络化电加工中心。

3. 科荣达主导研制的飞机燃油附件综合测试设备代替泰思泰克、保尔公司产品，为国航、中国南方航空集团有限公司（简称南航）、海南航空控股股份有限公司（简称海航）、中国东方航空公司（简称东航）等提供配套部件维修服务及测试设备研制服务。

4. 中航智在飞控等关键核心技术基础上，围绕型号研制和批产工作有序推进，瞄准载荷多样化、高可靠、低成本、高易用的发展方向，不断提升平台能力，实现无人机谱系化和系列化发展。

五、重大基础设施建设

北京大兴国际机场临空经济区重点打造民航科技创新基地的适航审定中心、中国民航大学、中国民航科学技术研究院（简称航科院）项目，总投资54.61亿元，新建科研用房建筑面积23.67万米^2。

中国适航审定中心，以建立完善先进适航体系为牵引，从审定技术研发、大数据中心、民航国际技术交流和合作中心三大板块发展考虑，共计新建16个实验室。

中国民航大学在北京以2035年民航强国建设任务和高质量发展要求为指引，从民机安全性与适航、空域安全运行、四型机场及运行技术、智能网联无人运输系统、绿色民航发展等领域出发，规划 1 个未来航空运输系统安全研究所为牵引，6 个核心要素研究部为支撑的建设体系。

航科院以世界知名的民航科技创新中心为目标，围绕无人机技术与适航管理、国产民机运行技术、空天地一体化等 8 个研究平台进行建设。

六、行业管理

顺义区成立了航空航天及北斗导航与位置服务产业工作专班，制定出台《顺义区智能制造三年行动计划》《顺义区关于推动智能制造加快发展的若干措施》等政策文件，加大对航空产业支持力度，持续推进北京航空产业园、国家地理信息产业园、北京元航天汇硬科技智造谷建设。

北京航空产业园已初步形成以中国航空发动机研究院为引领的基础研究和技术自主创新中心；以中航复材、中航青云等实体企业为代表的民机复合材料、航空装备、民用航空产品的生产供应商群体，基本构建了航空为本、市场导向、创新驱动的产业格局。

国家地理信息科技产业园坐落于首都国际机场东侧、北京临空经济核心区内。目前北京市顺义区人民政府、中国科学院控股有限公司和国测地理信息科技产业园集团有限公司正联合打造“中国科学院联动创新产业园”，该项目旨在承接中科院科技创新成果，建设市级科技成果转移转化和产业化基地，实现跨区域创新链、产业链、资本链联动集聚。

北京元航天汇硬科技智造谷依托北京航空航天大学（简称北航）、北航天汇孵化器及元航资本在技术、产业资源上的优势，打造航空航天、人工智能、高端装备制造等特色产业和战略性新兴产业联动发展的产业体系，建设以“航空航天 + 硬科技”为特色的高精尖产业集群。

天津市

一、本地区基本情况

天津市民用航空工业主要分布在天津经济技术开发区、天津港保税区、滨海高新区、东丽临空经济区等4个区域，是全国三大民用干支线飞机生产基地之一。2021年，天津市民用航空工业规模以上企业22家，其中，飞机总装、维修及配套企业14家，主要有空中客车（天津）总装有限公司、天津波音复合材料有限责任公司等；直升机维修配套企业5家，主要有天津海特飞机工程有限公司、天津飞悦航空科技股份有限公司等；无人机生产制造企业3家，主要有天津飞眼无人机科技有限公司、航大汉来（天津）航空技术有限公司等。

二、生产经营情况

2021年，天津市纳入民用航空工业调查统计口径民营企业实现工业总产值23亿元，同比增长10%。全年总装交付空客系列飞机58架，生产各类无人机3500余架，维修各类直升机50余架。

三、主要产品

（一）民用飞机

空客系列飞机：主要有空客A320和A350系列飞机，具备月总装交付5架A320飞机和交付1架A350飞机的能力。截至2021年底累计交付A320飞机585架、A350飞机3架，约占空中客车公司生产总量的8%。

无人机：主要有中小型无人机和大型多用途无人机等，重点研发长航时、大载重、智能化无人机，以及固定翼、多旋翼中大型无人机等新机型，产品广泛应用于消防救援、快递物流、环境监测等行业领域。

（二）机载设备与系统

主要包括航空配电系统、防灭火系统、环控系统、发动机点火系统等研制生产，产品涉及500余个品种，同时具备电源特性、气候环境等试验能力，广泛应用于国产C 919、“鲲龙”600、“新舟”系列等飞机。

（三）航空配套产品

主要有空客飞机机翼和机身系统总成、钛合金紧固件、飞机用涂料、密封胶、风挡玻璃、客舱玻璃、座椅、复合材料结构件和内装饰件等产品，以及飞机模拟飞行训练设备、工程仿真平台等配套装备。

（四）航空维修改装及服务

依托中航锦江、古德里奇、庞巴迪、海特等企业，重点发展飞机整机维修、部附件维修、客改货等业务，提供飞机维护、维修、整修和机队技术管理等服务；为空客飞机提供短舱组装及维修服务；为空客A320飞机提供深度检测；为其他飞机提供深度大修服务；为飞机租赁提供服务等。

四、产品开发与技术进步

2021年，空客A321机型生产协议正式签订，计划到2022年底完成A320厂房设施升级改造，新增设备20台（套），将A320总装线生产能力拓展至A321机型。波音公司厂房新建及改扩建项目稳步推进，计划新增工艺设备150台（套），进一步提升产品能级。中国民航大学科技园开园，32个项目入园落户，促成智慧机场、航空培训、机务虚拟仿真等领域技术交易20余项。AC332双发直升机在津开铆，航空工业直升机（天津）协同创新中心启动建设，针对学科交叉等关键技术开展型号研制，推动直升机领域加速自主创新。

五、行业管理

一是强化政策支撑。拟定《天津市加快制造业高质量发展推进制造业立市若干政策措施》，深入实施航空航天产业链工作方案；对航空企业在项目建设、行业准入、新动能引育、政策性贷款融资等方面给予优先支持；不断加大智能制造专项资金等相关政策对航空企业的支持力度，市区合力，共同推动航空工业实现高质量发展。

二是优化营商环境。制定“一企一策”台账，梳理建立航空航天问题清单、任务清单共计102项，已完成80项，22项长期推进；组织召开8次专题对接会，集中解决企业复工复产、产品运输、安全生产、项目建设等问题，为企业纾困解难；支持企业创新平台建设，完善科研成果转化机制，推动有关企业科技奖励项目申报，提升产业创新能力。

三是完善人才保障。充分发挥天津市航空航天、无人机和新材料等创新创业人才联盟作用，依托天津大学、中国民航大学等高校院所，建立航空航天产业链专家顾问团；设立航空航天专业职称，大力引进符合产业高质量发展需求的专业人才，推动人才供给与产业发展形成协同效应，建立多层次的人才队伍。

河北省

一、本地区基本情况

河北省规模以上航空企业3家，分别是中航通飞华北飞机工业有限公司、航空工业保定向阳航空精密机械有限公司和惠阳航空螺旋桨有限责任公司。2021年，河北省航空企业坚持深化改革，积极推进产品创新、技术进步、产业升级、商业模式创新，促进高端制造业与现代服务业融合发展，通用航空制造已形成较强能力，业务实现规模发展。

二、生产经营情况

2021年，航空产业主营业务收入14.23亿元，同比增长8.1%。其中，中航通飞华北飞机工业有限公司实现营业收入4.37亿元、利润1.31亿元；惠阳航空螺旋桨有限责任公司实现营业收入8.12亿元，利润2811万元；航空工业保定向阳航空精密机械有限公司销售收入1.74亿元，利润229.6万元。

三、主要产品

（一）民用飞机

1. 运5B飞机。运5B飞机是国内产销量最大、市场保有量最大和年飞行作业量最大的通用飞机机型。运5B飞机符合中国民用航空局（CAAC）CCAR-23部适航标准，广泛应用于农林作业、飞行员培训、空中游览、航拍航测、空投伞降、客货运输、勤务用机等多个通航领域。为进一步提升运5B飞机飞行性能，降低运营成本，强化产品核心竞争力，重新焕发经典机型的市场活力，实施了运5B飞机换装涡桨发动机项目，已完成首飞，采用涡桨发动机的运5B飞机的性能及技术水平将在同级别机型中处于先进水平。

2. “小鹰”500飞机。“小鹰”500飞机是我国目前唯一严格按CCAR-23部适航标准进行设计、生产、试验试飞、取证的具备完全自主知识产权的4～5座轻型飞机，填补了我国通用航空领域4～5座轻型多用途飞机的空白。“小鹰”500飞机可广泛应用于飞行培训、私人飞行、旅游观光、农林作业、航拍航测等通用航空领域。综合考虑行业发展前景、市场需求、用户使用反馈等多方面因素，对“小鹰”500飞机实施了客户化改进项目，全面提升了机型的运营经济性及乘用体验，拓展应用领域，以自身技术及型号优势，开拓安防、航空物流运输、航拍航测等民用领域。

3. 工业级无人机。以现有运5B飞机为平台，进行运5B无人机系列型号的研发，重点目标市场为吨位级无人机物流货运。目前，以活塞式发动机为动力的运5U无人机已成功实现首飞，加快推进运5B灭火飞机（加装灭火弹）和运5U无人货运（空投空送）项目。开放“小鹰”500飞机平台进行无人机研发，目前与合作方共同开发的“小鹰”500无人机已完成首飞，重点推向物流货运、人工影响天气等领域。

4. “海鸥”300水陆两栖飞机。“海鸥”300是中国首款具有完全自主知识产权的轻型水陆两栖飞机，于2010年11月10日首飞成功，2013年7月23日成功进行水上首飞。“海鸥”300的研制成功，填补了我国5吨级以下水陆两栖飞机的研制空白，目前正在进行适航取证工作。“海鸥”300起飞、降落滑跑距离短，陆上可在水泥、沥青等简易跑道起降，水上可以在海湾、江河、湖泊、水库中长800米、宽50米、深1.0米、净空条件允许的水域起降。该机是平原、水乡和有水域的边远山区快速轻便的理想作业和交通工具，通过简单改装可完成旅游观光、教学训练、体育娱乐、农林作业、航测航拍等领域飞行作业。

5. 赛斯纳208B系列多用途飞机。赛斯纳208B是国际上同类飞机中产销量最大、使用范围最广的飞机，用户遍布世界各地。华北公司下属石家庄中航赛斯纳合资公司主要生产新改型升级的“凯旋”208B EX 型飞机，该机在保持原有机型可靠性、经济性、灵活性和多用途等特点的基础上，换装了大功率发动机，增强了动力性能，提高了商载能力，适用区域更广，可为用户提供更大的价值创造能力。赛斯纳 208B 飞机可用于空中摄影及航拍航测、空中遥感物探、人工影响天气、空中游览、紧急救援及海上搜救、货物及紧急物资运输、运动航空跳伞、豪华内饰公务飞行、森林防火、通勤航空、水陆两栖水上飞行、雪橇飞行等。

（二）配套设备

1. 开发配套螺旋桨、直升机尾桨等 6 项科研新品。全面强化科研计划管理，厘清科研全流程工作界面和职责，实现“一桨方案评审”“一桨试车”“两桨艇试”“两桨转段”“九桨验收”，成为国内首款获得型号批准的复合材料螺旋桨。

2. 自主完成航空机载设备结构部件的研发、制造、装配、试验、售后等，具有完备的研发、质量、制造及售后体系，研制应急舱门、上位锁及拦阻钩等系列产品；为无人机配套起落架和关键部件。

四、产品开发与技术进步

1. 在内蒙古莫旗机场，运 5 通用无人机（运 5U）顺利完成飞行计划，平稳落地滑回，我国最大通用无人机成功实现首飞。作为我国在研的最大通用无人机，运 5 通用无人机配备先进系统，在民用市场具备良好的应用前景。

2.“海鸥”300 平稳降落在安阳殷都机场，标志着“海鸥”300 尾旋符合性试飞圆满结束，该机所有高风险试飞科目全部完成。

3. 与北京威凯通公司联合开发的换装涡桨发动机的运 5B 飞机首飞成功。改进后的运 5B 飞机的主要性能指标大幅提升，飞机的维修性明显改善，可靠性增强，进一步提高了飞机综合性能。根据已有农林作业市场和新兴货物运输市场需求，运 5BG 飞机将广泛应用于国内外通用航空和多种用途飞行。

4. 以飞机型架工装、柔性智能曲面夹具系统、柔性真空吸附平台等产品为核心，为重点项目提供了大量先进的柔性智能工艺装备，研发设计柔性生产线、液压 / 气动工艺装备、模块化精密工艺装备、零点定位系统等高技术产品。

山西省

一、本地区基本情况

2021 年，山西省规模以上民用航空工业企事业单位 1 家，是太原航空仪表有限公司，隶属于中国航空工业集团有限公司，现有从业人员 1600 余人，建有国家级企业技术中心、山西省航空仪表工程应用中心，下设集成系统研究所、敏感元件研究所、传感器技术研究所、民机工程部、工程技术部，以及 5 个航空产品配套生产厂。

二、生产经营情况

2021 年，山西民用航空产业主营业务收入 92441 万元，同比增长 11.2%，实现净利润 6151 万元。

三、主要产品

山西省规模以上民用航空工业主要产品包括自主研发生产的各类航空仪表及气象探测设备：

1. 为国产运输类大飞机配套大气数据系统、失速告警系统、综合备份仪表、管路连接件、加热垫等。

2. 为小型通用飞机配套航电系统，包含综合显示处理单元、电子飞行仪表、大气航姿基准系统、发参采集器、空速表、高度表、升降速度表等。

3. 为民用直升机配套多功能显示器、大气数据系统、综合备份仪表等。

4. 为特种气象飞机配套人工影响天气宏观气象参数探测任务系统等。

四、产品开发与技术进步

2021 年，太原航空仪表有限公司重点针对运输类、民用直升机、小型通用飞机、特种气象飞机领域，开展产品开发与配套，以及技术合作等工作。

在运输类飞机配套领域，以客户需求为牵引，突破多项关键机载设备技术，性能达到国外产品良好水平，有望实现型号配套。

在民用直升机配套领域，备份飞行显示器、多功能显示器、大气数据系统等完成红标件研制，有序开展首飞安全试验。

在小型通用飞机配套领域，具备高性价比的航电系统架构设计能力，大气航姿基准系统、发参采集器随配套民机完成首飞，开始随机取证；综合备份仪表在珠海航展及南昌飞行大会亮相；联合太原理工大学、南京航空航天大学、西北工业大学（简称西工大）揭榜山西省科技重大专项计划“揭榜挂帅”项目——“基于多学科 / 多目标协同的四 / 五座多用途飞机总体设计与气动优化技术”，为四 / 五座多用途飞机设计高性价比的航电系统。

在特种气象飞机配套领域，太原航空仪表有限公司配合完成了新舟 60 增雨飞机的客户验收，开始在陕西、甘肃两地进行业务运行，公司成为新舟 60 增雨飞机唯一的国内气象探测设备供应商，随着客户在珠海航展上与相关省份签订购机协议，太原航空仪表有限公司气象探测类设备将在全国逐步推广应用；太原航空仪表有限公司利用“十三五”期间在机载气象探测领域形成的技术积淀和客户资源，策划气象专用无人机项目，彻底解决了人工影响天气领域有人机作业危险性高的难题；与太原理工大学大数据学院合作，在非标大气研究、短时中小区域天气预报算法等领域进行合作，提升公司大气数据专业技术能力；参加“2021 年福建省气象现代化提升工程——防冰冻智能观测仪设备采购”竞标项目并中标，按时完成 13 套压力矢量测风仪交付。此外，该压力矢量测风仪已正式登陆南极长城站，开展长期观测。

在体系建设方面，太原航空仪表有限公司

借鉴航空领域兄弟单位经验，完成了适航软件文档模板及检查单梳理，为更多民用航空产品取证奠定基础。

五、重大基础设施建设

2021 年，太原航空仪表有限公司科研生产能力建设项目按计划稳步推进，全年完成固定资产投资总额 6884 万元。其中批产能力建设项目、飞行仪表产能提升项目竣工验收；201 综合生产厂房正式启用，203 项目持续推进；平台建设项目、高压导管项目稳步实施。

内蒙古自治区

一、本地区基本情况

航空工业是战略性高技术产业，发展民用航空工业，对本地区的工业基础、人才培训、技术支撑、发展环境等都有很高的要求，内蒙古的航空工业发展基础目前刚刚起步，只开展一些基础建设。现只有部分盟市正在开展小型飞机以及无人机项目建设，大多属于组装项目，产品技术含量不高，具有自主知识产权的产品不多，投产达产项目较少。据统计，全区有3家投入试生产的企业，主要生产轻型飞机和无人机；另外还有3个拟建项目，主要生产小型飞机和临近空间飞行器（飞艇）。

二、生产经营情况

2021年内蒙古自治区有3家航空生产企业：

内蒙古神鹰飞机制造有限公司，主要生产“神鹰”植保无人机、“神鹰”火情监测无人机，用于农林病虫害防治与火情监测。

内蒙古中科世源生态科技有限公司，主要生产CQ8-JY、CQ8-SF和CQ16-NY无人机，用于农业遥感测量和草原病虫害防治。

内蒙古易飞航空科技有限公司，主要生产植保无人机、火情监测无人机和农田测绘无人机，用于农林灭虫、火情监测、农田测绘、农作物实时监测。

三、主要产品

主要生产轻型飞机、无人机和临近空间飞行器（飞艇）。

四、重大基础设施建设

包头众翔通用航空有限公司飞机制造及飞行驾驶员培训中心项目。一期建成可容纳3000名飞行驾驶员的培训中心；二期建成年产150架水陆两用飞机的生产线，总投资64096万元。

中科大型飞行机器人项目。年产垂直升降机器人100台、手抛式燃料电池飞行机器人500台、小型长航时飞行机器人300台。

阿拉善空天飞行器科技有限公司“临近空间飞行器基地”建设项目。建设平流层飞艇相关各类部件和其他关联产品的生产设施。

五、行业管理

内蒙古自治区积极推动本地区航空工业发展，将加强同民用航空工业发达地区的合作，引进高技术人才，以包头宇通博辉、中科大型飞行机器人、鄂尔多斯海明堡小型直升机、阿拉善飞艇项目建设为牵引，力争在通用航空制造领域实现突破。

辽宁省

一、本地区基本情况

截至 2021 年底，辽宁省共有各类从事航空器及零部件生产、设计开发的企事业单位 170 余家，直接从事航空产业的人员达 4.12 万人，高级科技人员近 5000 人。其中，规模以上民用航空工业企业 23 家，行业企业现有国家级企业技术中心 3 个，省级企业技术中心 12 个，国家级重点实验室 2 个，省级重点实验室 13 个，省级专业技术创新中心 8 个。全省形成了沈阳、大连等重点地区的航空产业基地，其中沈阳民用航空产业国家高技术产业基地获国家发改委批准建设，沈阳法库通航基地获批为全国首批无人驾驶航空器飞行试验基地。

沈阳市航空产业园。分布在浑南区、沈北新区和法库县 3 个重点区域。浑南区依托桃仙机场临空经济区优势，以沈飞民机为核心，搭建供应商管控平台，面向国内外民用飞机和多型客改货等工作包配套业务；以黎明公司为核心，推进沈阳航空动力产业园项目建设，围绕发动机叶片、机匣、盘轴、中小零件及动力装置其他相关产品，培育壮大一批专业化战略供应商，建设成为民用航空产业和动力产业“双核心”产业聚集区。沈北新区围绕沈飞局部搬迁项目，围绕沈飞公司配套需求，引进航空材料、机械加工、钣金成形、复合材料成形、表面处理等供应商，逐步将沈北航空产业配套能力由零组件制造向部件级、系统级提升，建设以航空装备专业化协作配套集群为特色，集航空制造配套、航空研发和教育、航空总装集成、航空维修服务于一体的综合性航空产业园区。法库县依托国家级通用航空产业示范基地、国家级通航特色小镇、民用无人驾驶航空试验基地，推动法库通航产业园发展通用航空整机研发、通航运营、培训、旅游、航空展览、航空贸易及航空服务等产业，探索通用飞机在短途运输、抢险救灾、医疗救护、农林作业、环境监测等领域的应用，建设成为通航机场设施设备先进、基础设施完善、服务保障能力先进的通用航空产业，以及无人机产业聚集区。

大连航空产业区。以大连新机场建设和老机场功能改造为牵引，立足东北和环渤海地区，面向东北亚，以通用航空运营为先导，重点发展通用航空运营服务、物流保税、教育培训、维修保障和展示交易等通用航空服务业，积极发展航空航天材料、通用飞机分系统和零部件研发制造、飞行器组装等通用航空制造业。

阜新海州智能无人系统产业基地。依托“辽西北承接产业转移示范区”“辽西融入京津冀协同发展战略先导区”的有利契机，支持产业基地与北京理工大学共建联合实验室，与北京科技大学、大连理工大学等高校合作建设综合研发和实训平台，推进无人机研发中心、试飞中心、检测认证中心、创新创业中心和应用场景展示中心建设。

铁岭航空产业区。加快推进航空基础设施、服务设施等配套设施建设，引进一批机身部件、机载设备等航空零部件生产企业；积极对接航空工业科研生产单位，合作研制特种飞机，建设航空发动机试车站和小型飞行器风洞试验设施；支持配套企业与黎明、沈飞技术中心等加强合作，加工生产对开机匣、一级外环基体、折叠肋等航空零部件；扩大生产线，新增表面处理酸洗车间，实现飞机零部件的全序加工。

朝阳航空产业区。加快朝阳机场配套工程更新和改扩建，全面提高机场的综合服务能力和安全水平；全力打造通用航空产业示范区，建设朝阳市通航产业核心区、运行服务保障中心，以及通航农林作业基地、通航旅游体验基地、通航休闲度假基地、通航装备制造基地，形成通用航空运营、服务保障、延伸产业于一体的朝阳市通航产业体系；加快推动凌源、建平、北票通用航空机场建设。

二、生产经营情况

2021 年，全省规模以上民用航空工业实现营业收入 55.5 亿元，同比增长 6.9%。其中，民用飞机零部件、发动机及零部件、机载设备等航空产品营业收入 36 亿元，约占 64.9%；民用飞机、发动机、机载设备和其他民用航空产品的修理营业收入 18 亿元，约占 32.4%；通用航空及无人机营业收入约 1.5 亿元，约占 2.7%。重点企业沈飞民机实现营业收入 20 亿元（沈飞国际 8.59 亿元）。

三、主要产品

（一）民用干支线飞机大部件

辽宁骨干民用飞机制造企业与波音、空客、中国商飞等知名航空制造企业均建立了稳定的合作关系，现有主要产品包括 A320 机翼前缘 / 电源箱、A220 飞机机身 / 尾锥 / 舱门 / 中央翼盒 / 翼身整流罩、波音 737 尾段、波音 777 复材壁板 / 翼尖、波音 787 垂尾前缘、ARJ21 尾段 / 发动机吊挂 / 电源中心 / 无线电架 / 全机电缆、C919 发动机吊挂 / 后机身后段 / 垂尾、CR929 飞机垂尾、新舟 700 飞机尾段 / 舱门等工作包。主要承担波音 777、A321、波音 767 飞机的口框、舱门等工作包的客改货任务。中航 - 波音创新中心（MIC）和中国商飞上飞院机体设计中心相继落户沈阳，民机大部件研制能力跻身世界一流行列。

（二）航空发动机

航空发动机及关键零部件研发制造和国际转包生产，微、轻、重型等多个燃气轮机成套设备的研制、批量生产等，主要产品有机匣组件、轴类零件、环形件、槽形件、钣金件整流罩、静子壳体等。

（三）航改燃气轮机

主导产品包括 AGT70、AGT185、AGT280、AGT110 等“三轻一重”燃气轮机。其中，AGT-25 燃气轮机是由舰用燃气轮机发展的 25 兆瓦级工业燃气轮机，属于国际先进的第三代燃气轮机，应用于分布式能源、管道增压、工业发电等领域，综合运用了最新的空气动力学技术和燃烧技术，具有适用范围广、可靠性强等优点。AGT-110 燃气轮机是我国第一台拥有自主知识产权的 E+ 级重型燃气轮机，应用于热电联产、燃气调峰电站，具有起动迅速、综合热效率高、维护简便等特点。

（四）通用飞机

固定翼通用飞机主要产品：泰克南 P2006、P2010、P2010TDI，“小熊”越野飞机等。泰克南飞机为 4 座飞机，主要可作为飞行培训中的初教机，同时也可用于短途运输、空中游览、自驾游玩等，泰克南 P2006T 柴油版、P2008JC 即将取得生产许可证。“小熊”越野飞机可在水上、雪地、河滩等恶劣环境下起飞和降落，无需机场，适合我国通航机场少、航班航线少的偏远地区。

固定翼新能源通用飞机主要产品：锐翔系列飞机。其中双座电动飞机（RX1E）是国内自主研发的首款电动飞机；增程型飞机 RX1E-A 获得生产许可证（PC）；水上双座电动飞机获得型号合格证（TC）；4 座电动飞机 RX4E 的成功研制，填补了我国 4 座电动飞机的空白。

（五）无人机

在油动旋翼无人机方面，知名产品有辽宁壮龙生产的“大壮”系列无人机，“大壮”系列无人机是油动直驱多旋翼无人机，主要用于农林植保。在电动旋翼无人机方面，知名产品有沈阳无距研制的“辽”系列矢量多旋翼无人机，“辽”系列矢量多旋翼无人机利用倾转技术，凭借 X 形独立旋转旋翼结构，可任意改变飞行模态并保持精准悬停，可应用于全向巡检、警用追踪、现场取证等场景。针对大疆无人机生产的航空航天设备，增加大疆无人机的功能，如增加喊话器、投放器、喷火器等，实现巡检、巡查、防火、抓捕、燃烧电线上障碍物等功能。

（六）航空机载设备及其他民用航空产品

凌海金城航空器材有限公司和锦州华兴航空器材有限公司是从事民航客机内饰件生产企业，两家公司均获得中国民用航空局颁发的零部件制造人批准书、技术标准规定项目批准书、重要改装设计批准书、国内主要航空公司供应商认可证书、ISO 9001 质量体系认证，具有模具设计制造、机械加工、金属压铸、非金属注塑、挤出、吸塑等设计加工能力，产品涉及波音、空客系列及各类支线飞机、通用飞机、公务机等 40 多种机型，产品分为塑料制品、金属件、纺织品、隔离棉、货舱地板壁板五大类，共 15000 余种。沈阳西子航空产业有限公司主要从事航空复合材料零件生产和飞机部件装配，是我国承担 C919 大型客机机体结构件研发制造任务的民营企业供应商，参与了国产 C919、CR929 大型客机、长江 1000/2000 发动机、ARJ21 新型支线飞机的研制工作，包括方向舵、APU 舱门、RAT 舱门、主起落架舱门等研制，并开展多种型号全复材无人机研发制造，为航空工业沈飞、洪都航空配套生产多种机型的复合材料零件。

（七）航空维修服务

中国南方航空股份有限公司沈阳维修基地，主要承担民航客机维修安全保障任务，基地先后取得 MD-90、A300 和 A320 系列飞机的全级别检修能力以及整机喷漆能力，获得了美国联邦航空局（FAA）机体维修资质、民用航空器改装设计委任单位代表（DMDOR）授权资质，为民航东北地区首家进口航空器授权单位。锦州市华兴航空器材有限公司新增加了飞机附件修理项目，成立了锦州华兴航空维修工程有限公司，取得了 CCAR-145 部维修许可证。

四、产品开发与技术进步

（一）民用干支线飞机大部件领域

1. 沈飞国际围绕机体结构研发制造，深入洽谈 A220 项目复材工作包转回计划以及其他工作包的成本研讨，2021 年实现舱门工作包唯一供应商地位。

2. 沈飞民机加快数字化转型、智能化改造，搭建数据治理架构，制订数据治理工作方案；统一 ERP、MES、WMS 软件平台，实现数据的联通与共享；完善网络基础建设，完成私有云服务器建设、网络安全等保二级改造工程、5G 信号试点建设；完成自动钻铆机、自动制孔设备扩展应用分析，开展智能制造能力建设；推进生产信息自动采集，构建生产线资源信息管控平台。

（二）航改燃气轮机领域

1. 单转子燃机研制。通过对原型机的分解测量，在原型机基础上完成了总体方案与总体性能方案设计，并通过了评审；完成 12 兆瓦级单转子燃机总体对各部件的结构设计要求以及 15 兆瓦级单转子燃机总体对部件初步气动设计要求；通过对 01 台原型机测绘及对 02 台原型机压气机联调机构、转静子轴向径向间隙等零组件相关尺寸的测量，完成 12 兆瓦级单转子燃机总体结构初步方案设计。

2. AGT-7 改进设计。通过 AGT-7 燃机首批应用、航改燃机工业化改进、压气机经济性提升技术研究等项目，从设计、工艺、冶金等多维角度，开展 AGT-7 燃机改进设计工作。目前，已完成压气机、涡轮、附件机匣、滑油系统、传动系统等部件改进设计与工程设计 280 余项，完成压气机叶片强度、变形、寿命及整机转子动力学仿真计算验证共计 20 余项。

3. 低排放技术研究。AGT-7A 燃机完成了低排放燃烧室设计和单管综合性能试验，于 2021 年 9 月在大庆北压试验基地正式点火调试。结合试验数据分析结果进行改进优化，完成了试验件加工并继续开展部件试验，在保证大状态时低污染排放水平的同时兼顾小状态燃烧稳定性。目前，正在进行整机阶段验证试验。

4. 双燃料技术研究。完成双燃料燃烧室改进设计、整机改装设计工作；进行了两次整机试验工作，完成了单燃料稳定运行验证；完成了 SRL.SY.0009《双燃料整机验证试验分析报告》。

5. 大数据健康监测技术研究。中国航发燃机与哈尔滨工程大学、北京博华安创科技有限公司、沈阳航空航天大学、沈阳工业大学 4 家单位合作开展了 R0110B 重型燃机厂内全速空载试车健康管理测试，采集燃机试车期间振动、噪声、声发射等数据。通过数据分析，对燃机运行状态进行评估并识别燃机运行过程中可能出现的异常。

（三）通用航空领域

辽宁通用航空研究院在研制锐翔系列电动飞机过程中，重点突破电推进系统的国产化问题，开展电动飞机设计基础理论、技术研究及型号研制，攻克了一批电动飞机和关键零件的设计制造难题。

1. 高升阻比气动布局设计。突破新能源电动飞机总体设计、层流翼型大展弦比机翼高升阻比整机气动布局设计等关键技术，实现巡航升阻比与最佳升阻比匹配，设计出一种气动效率高、尾旋特性好的新能源电动飞机布局方案。飞行特性分析和飞行试验结果表明，全机最大升阻比达到24，具有良好的尾旋特性，达到国际同类飞机先进水平。

2. 高效率电推进系统设计。基于风冷、高可靠性、高功率密度新型稀土永磁同步电动机，研制出系列成组电池，技术指标处于国际领先水平；在国内首次开发出航空双余度电推进系统，大幅提高了系统可靠性，用于锐翔系列电动飞机的研制与批产；攻克了螺旋桨气动性能计算技术，提出了螺旋桨气动与振动一体化设计理论与方法，研制出系列电动飞机及无人机螺旋桨。

3. 航空复合材料构件智能制造及变形控制。首创复合材料低成本湿法成形工艺，建立了低成本复合材料性能数据库；利用自主研发的真空喷射吸滤装置实现碳纳米管/石墨烯传感器的批量制备，构建其成形工艺参数－微观结构－传感性关联机制；通过逆向调控复合材料工艺参数、铺层/模具工装设计，达到抑制复合材料内残余应力，控制复合材料结构变形实现精确制造的目的。

4. 电动飞机适航符合性验证。参照国内、国际标准，创新性地确定电动轻型运动飞机的适航审定基础，首创电动飞机锂离子动力电池测试规范，作为两型电动飞机的适航审定文件，填补航空动力电池适航标准的空白。锐翔双座电动飞机完成了型号设计批准书（TDA）和生产许可证（PC）取证，成为世界上第一款取得适航证的双座电动飞机，续航时间2.5小时，处于世界先进水平。

5. 电动飞机远程监测大数据管理平台。研制出国内首个基于物联网技术架构，集成北斗短波报文通信、GIS、云计算、大数据等前沿技术的电动飞机远程监测系统，并在锐翔双座、4座电动飞机上进行应用，填补了国内空白，通过对电动飞机的实时监测提高了飞机的安全性，为我国电动飞机的监管提供了技术手段，有利于后续我国低空空域的开放。

五、对外贸易与合作

（一）支持沈飞国际克服疫情影响

A220项目5个工作包产品和消耗件的准时交付率达到100%，A220项目以B级通过客户首次工业化过程控制工业过程能力评估（IPCA+）评审。

（二）开拓国内燃机状态监控市场

推动中国航发燃机与CMG集团就燃机远程在线振动监测议题进行技术交流，就AGT-15试验机组开展振动特性录取试验，并确定深入合作计划，2023年计划建成本地化燃机实时状态监测平台。

六、重大基础设施建设

1. 沈阳航空动力产业园项目。项目计划总投资85亿元，总占地面积1583.5亩①，规划打造以航空发动机及同源产品加工制造为核心，以航空高科技研发、综合性生产生活服务为延伸的专业化航空动力配套制造基地，重点开展包括叶片/盘轴/机匣等核心零部件机械加工、金属表面处理及热处理、检验检测、仓储物流等核心配套业务，目前项目已完成土地平整。

2. 中国航发自主燃机生产线项目。项目计划总投资10亿元，总占地面积193亩。为满足“十四五”期间国产燃机市场增长需求，中国航发燃机公司计划建设国产燃机产业化基地，主要建设110兆瓦级以下国产燃机产业化基地，包括装配修理厂房、试车台、加工厂房及其配套工艺设备、综合办公楼等设施，计划2022年3月启动建设，争取2024年建成产业化基地。

3. 航空航天零部件全工艺智能制造生产基地项目。项目计划总投资2.5亿元，建设周期为2020—2023年。沈阳富创精密设备有限公司按照产业先导性、土地集约性的要求，新开航空航天零部件精密加工中心、航空航天管路加工中心和仓储中心，形成批量生产能力，满足航空航天零部件国产化需求。本项目计划建设一栋高等级大型工业厂房，相关仓储、电力供应等配套附属设施，购置生产、检测设备等。

4. 新能源航空器教学实验科研综合楼

① 1亩=666.67米^2。

项目。项目计划总投资 1.3 亿元，用地面积 20000 米 ^{2}。根据教学、实验及研发功能要求规划建设 10 个平台：气动设计与性能验证平台、电推进系统研发设计平台、先进高效螺旋桨设计测试平台、新能源航空器综合航电系统设计及集成测试平台、复合材料结构符合性设计及试验验证平台、航空器试飞验证平台、无人机开发平台、电动直升机关键技术研发平台、通用飞机运营平台、新能源飞机数字化研究试制平台。

七、行业管理

（一）强化政策引领

编制《辽宁省先进装备制造业“十四五”规划》，将民用航空作为地区战略性产业重点发展，重点发展干支线飞机结构件、新能源通用飞机、无人机、航空材料及零部件等，建成相对完善的产业体系，推进市场开发、生产运营、服务网络，形成产业链协调发展的产业格局。

（二）加强民机在研项目管理

目前辽宁省在研民机项目有锐翔 4 座电动飞机、锐翔双座水上飞机、通航研究院纯电动飞机关键技术研究 3 个项目，按照项目管理规定，提交年度项目进展情况工作报告和项目经费申请报告等材料。

（三）保障航空产业链、供应链稳定

受新冠疫情影响，部分飞机总装企业的配套产品供应链出现问题，在严格落实疫情防控要求的基础上，及时协调解决配套企业的人员复工复产，协调防疫物资供应保障，畅通交通物流等供应环节，确保航空产业链、供应链安全稳定。

（四）省级专项资金扶持

充分利用“数字辽宁、智造强省”专项资金，支持航空领域重点企业开展重大技术装备研制应用、关键核心零部件攻关、技术改造、数字化转型等方面项目建设，支持资金 3808 万元。

（五）成功举办第十一届民用飞机工业国际论坛

支持沈飞公司在沈阳承办第十一届民用飞机工业国际论坛，工业和信息化部、中国航空学会、中国航空工业集团有限公司、波音中国等国内外 300 余名专家出席论坛，论坛以“数·智字变革为航空工业科技创新注入发展新动能”为主题，聚焦航空工业“十四五”规划、工业数字化转型及先进研发技术和制造工艺，就行业政策与标准、国际航空业务转包、航空零部件及材料研发等方面开展深入探讨和交流。

吉林省

一、本地区基本情况

吉林省民用航空工业规模较小，到 2021 年底，全省民用航空企业 10 余家，无规模以上企业，航空工业从业人员 500 余人，其中高级工程师 55 人，工程师 87 人，助理工程师 97 人，技术员 113 人，专业技术人员占员工总数的比例达 59.8%。吉林省驭天科技发展有限公司主要从事无人机设计、研发与制造。长春蓝天焦点科技有限公司、吉林省羽麦科技有限公司、吉林省翼启飞科技有限公司，主要从事无人机设计生产及基于无人机的远距离宽带数据传输服务。吉林省全星航空技术有限公司、长春禹衡光学有限公司、长春通视光电技术有限公司、长春希迈科技股份有限公司、长春长光睿视光电技术有限责任公司、吉林省福航航空学院、吉林航空工程职业技术学院等企事业单位主要从事航空服务及航空配套设备生产。

二、生产经营情况

2021 年，吉林省民用航空工业企业实现产值 1.5 亿元，同比下降 6.3%；主营业务收入为 1.4 亿元，同比下降 7.3%；净利润为 2133.2 万元，同比下降 7.8%。

三、主要产品

（一）无人机

主要以整机制造、飞控系统研发、零部件生产为主，产品涵盖多旋翼无人机、共轴反桨无人直升机、固定翼无人机、固定翼结合多旋翼的复合翼无人机，型号涵盖微型、轻型、小型、中型、大型，主要用于农业、林业、国土、规划、应急、安防、电力、能源、广播电视等领域，已初步形成了包括基础研究、研发制造、行业应用、产品销售和检测试飞的无人机全产业链条。主要产品有：

1. 警用无人机（旋翼）。用于挂载轻武器、投送装置，挂载喊话爆闪装置、信号中继装置，投放救生圈、皮划艇、阻车钉、传单等。最大飞行高度为 200 米，最快飞行速度为 7 千米 / 时，最大起飞重量[①] 为 20 千克，最大续航时间为 45 分钟。

2. 大载重无人机（旋翼）。具有大容量、长续航、方便操作与运输、不受交通限制、快速精准到达现场的特点，最大载荷为 20 ~ 40 千克，最大飞行时间可达 30 分钟，最大可抗风等级为 7 级。

3. 探测无人机（旋翼）。该机能够红外标定，厘米级精度定位。空机重量 7 千克、最大起飞重量 11 千克，续航时间 0.5 小时，巡航速度 43.2 千米 / 时，海拔升限 5000 米，抗风能力 6 级。

4. 应急喊话无人机（旋翼）。该机能够投放瓦斯弹、烟雾弹，作业现场指挥喊话，无人机物资定距定速精准投放，极寒（–40℃）自主作业。空机重量 10 千克，最大起飞重量 30 千克，续航时间 0.87 小时，巡航速度 43.2 千米 / 时，海拔升限 5000 米，抗风能力 6 级。

（二）机载系统和设备

1. 位移传感器（光栅编码器）。作为位移与速度反馈的传感器，广泛应用于航空伺服电机、数控机床、工业机器人、电梯、纺织机械、包装机械、印刷机械、冶金机械、起重机械等自动化领域。

2. 机载光电设备。目前已形成机载、车载、船载、光电制导、单兵手持光电五大类 40 余款产品，所有产品具有完全自主知识产权，已广泛应用于应急救援、森林防火、海关缉私、电力巡线、黑飞搜跟、要地监控及边境巡检等场合。

3. 机动式无人机地面控制系统。充分利用结构的精巧设计达到一种设备两种形态，并充

① 本书“重量”按规范称为“质量”（mass），其法定计量单位为千克（kg）。

分进行重量控制，可满足便捷运输和舒适操作两种需求，设备按照标准要求进行设计，可满足高低温下的设备正常使用。

4. SCMOS 可见光相机。系列工业相机采用国产宇航级 SCMOS，像素分辨率 400 万，可实现超低照度下的清晰成像，图像传感器达到 72%@595nm 的高量子效率，动态范围高达 87 分贝，图像传输接口采用 CameraLink 传输，可灵活设置窗口大小及帧频。该系列相机有高帧频全局模式 DDS 模式、高动态卷帘模式 HDR 模式、高灵敏度 Binning 模式及 Standard 模式。芯片级自主研发，支持算法级定制，可配置 Cameralink、CXP、光纤等多种高速接口，可内置基于点目标图像跟踪处理单元，可输出多个目标的精确位置信息。

（三）其他民用航空产品与服务

1. 无人机全机型培训。吉林龙航无人机科技服务有限公司是一家以无人机研发生产、民用无人机驾驶员培训、无人机行业应用服务、青少年航空科普教育为主营业务的国家级高新技术企业，是吉林省唯一无人机全机型培训机构；拥有 10 万米 ^{2} 专用飞行空域，1500 米 ^{2} 无人机实训教室，超过 100 架各类型无人机；自主研发无人机理论模拟考试系统累计访问量超过 300 万人次，全国同类网站排名第一，累计培训人数超过 2000 人；合作单位包括吉林省公安厅、吉林省消防救援总队、吉林省交通厅、吉林省水利科学研究院、国网吉林省电力有限公司等 100 余家。

2. 飞机维修定检。吉林航空维修有限责任公司民机分公司具有新舟 60 飞机检修资质、CCAR-145 部民用航空器维修资质、CCAR-66 部考点资质和 CCAR-147 部民用航空器维修人员基础执照培训资质。开展运 5 飞机维修、罗宾逊系列直升机维修、翻修及定检、新舟 60 飞机检修、运 12 飞机维修定检，运 11、农 5A、“空中农夫”、M18/M18B 等通用飞机整机大修，部附件维修，无损检测，O-540、IO-540、O-360 型发动机 300 小时及以下定检业务。

3. 航空遥感信息服务。长光卫星技术有限公司是我国第一家商业遥感卫星公司，在航空领域主要从事无人机产品、技术开发以及提供航空遥感信息服务，逐步形成了“天空一体化”“机载一体化”的设计与应用理念，研发设计出“吉翔”系列无人机系统以及飞行控制、导航、航空载荷等产品。公司瞄准航空航天与信息产业的交叉点，分别以卫星和无人机为航天和航空信息平台，组建空间信息网络，推广卫星—无人机平台互补、航天航空遥感融合的空间信息服务的新型商业模式，促进民用遥感信息从单一信息数据向多时向、多数据源的融合与分析，从静态分析向动态监测发展。

四、产品开发与技术进步

（一）新产品开发

“乌鸦”手抛无人机（固定翼）。该机轻便小巧、使用方便，单人即可携带和使用，快速拆装，留空时间长，具有一键返航、失控自动返航、低电量自动返航功能，主要用于侦查与训练、应急救援等；最大飞行高度为 1000 米，最快巡航速度为 70 千米 / 时，最大续航时间为 90 分钟。

（二）开展民用航空科研项目

1. 武警部队警用无人机火力打击系统研发项目。该项目基于稳定飞行平台下的应用类挂载设备的开发，目前具备无人机轻火力打击、重火力打击、无人机空中投放、无人机救援等 6 项实用功能，取得了 6 项专利并仍在持续研发，2.0 产品融入了 AI 识别技术并进行了软件集成。

2. 高端位移传感器项目。该项目包括绝对式光栅尺和角度编码器两类产品，项目投资 5000 万元，由禹衡光学实施，建设期 3 年，预计达产时销售收入 1.2 亿元，目前处于产业化工程化验证阶段。

3. 金属光栅图像式角位移传感器项目。该项目由禹衡光学的控股子公司长春长光启衡传感技术有限公司实施，项目投资 3000 万元，建设期 3 年，预计达产可实现销售收入 7500 万元，目前该项目处于产业化工程化验证阶段。

五、对外贸易与合作

禹衡光学主营产品是位移传感器（光栅编码器），作为位移与速度反馈的传感器，该产品广泛应用于航空航天、伺服电机等自动化领域。目前主要国际市场以欧洲、亚洲及东南亚地区为主，覆盖国家和地区包括德国、意大利、西班牙、爱沙尼亚、丹麦、韩国，以及中国香港和台湾地区。2021 年，该产品出口额 1000 余万元，年增长率 15% 以上。

六、重大基础设施建设

（一）长春机场三期扩建工程项目

计划总投资约 256 亿元。新建一条长 3600 米跑道、27 万米^2 T3A 航站楼，配套建设 86 个机位的站坪；新建停车楼、换乘中心、进场路、货运、消防救援等辅助生产生活设施；建设供电、给排水、供冷、供热、空管、供油等公用配套设施。中国民航局已完成项目预可研阶段行业审查工作。

（二）改扩建长白山机场工程项目

项目总投资 10.89 亿元。新建长 2600 米、宽 23 米的平行滑行道，在现有航站楼南侧贴建 20731 米^{2}的 T2 航站楼，配套建设供水、排水、消防、供电、供热等工程。项目已于 2021 年 12 月竣工，计划 2022 年投入使用。

（三）新建珲春机场工程项目

该项目为图们江出海口通道项目。初步测算总投资 30 亿元，飞行区技术等级为 4C，新建长 2600 米跑道、4000 米^{2}航站楼，并设置相应的航管楼、油库、消防救援等保障设施。目前，项目选址报告已报送中国民航局审批。

（四）新建和龙通用机场工程项目

总投资 5.5 亿元，按照 A1 级通用机场标准建设，飞行区等级为 2B 级，建设一条长 1200 米、宽 30 米的非精密仪表跑道及相应联络道、停机坪等设施；航站区配套建设 1 座 3500 米^{2}综合服务楼、1 座 3900 米^{2}机库和其他功能用房；配套建设通信、导航、气象、供电、供水、供暖、供油等辅助生产设施。2021 年 4 月项目全面开工建设。

（五）中韩（长春）国际合作示范区无人机制造产业园建设项目

项目总投资 9.57 亿元，占地面积 36 万米^2，其中产业园区占地 19 万米^2、道路工程占地 17 万米^2；总建筑面积 16.8 万米^2，主要建设高端研发楼、标准化研发类厂房、孵化中心、孵化办公楼、风洞实验室、加工车间、展示中心、服务中心等共计 31 栋建筑。目前，项目已取得建设用地规划许可，完成项目建议书、可研批复，项目建成后可实现无人机研发到生产全产业链联动，形成无人机产业的集聚效应，促进产业的发展。

七、行业管理

1. 根据吉林省政府关于做好“十四五”规划编制工作的要求，按照全面总结分析“十三五”民用航空发展经验、统筹谋划“十四五”全省民用航空发展目标和任务的总体思路，围绕规划基础、发展环境、总体要求、重点任务、环境影响评价、支持政策、保障措施等方面内容，编制印发了《吉林省民航发展“十四五”规划》。

2. 落实《支持通用航空产业发展的若干政策》，加快推进《吉林省通用航空产业发展规划》实施，推动吉林省通用航空制造业加快发展。

黑龙江省

一、本地区基本情况

黑龙江省民用航空工业起源于“一五”时期，经过多年发展，现已发展成为我国直升机、通用飞机、航空发动机、传动系统重要的研发和生产基地。

黑龙江省在航空制造领域集聚度较高，汇集了多家航空工业企业，其中包括航空工业哈尔滨飞机工业集团有限责任公司（简称航空工业哈飞）、中国航发哈尔滨东安发动机有限公司（简称中国航发东安）等龙头制造企业，以及广联航空工业股份有限公司（简称广联航空）等多家航空配套制造企业。

航空工业技术研发方面，黑龙江省现有航空类国家级技术中心 1 个，省级重点实验室 3 个，省级工程技术研究中心 2 个，省级技术创新中心 2 个。省内部分航空制造企业也注重航空产业技术研发，主要有航空工业哈飞、中国航发东安、广联航空、哈尔滨哈飞工业有限责任公司（简称哈飞工业）、哈尔滨东安实业发展有限公司（简称东安实业）、哈尔滨哈飞空客复合材料制造中心有限公司（简称哈飞空客）、哈尔滨安宇迪航空工业有限公司（简称哈尔滨安宇迪）等。省内现有航空科技人才 2.5 万人，产业技术工人 8 万多人。

黑龙江省是国内通用航空运营服务起步最早的地区之一，在通航运营服务方面具有很好的发展基础和成熟的运营经验。经过多年的发展，通航运营业务在农林作业方面国内领先，并积极探索公务航空、短途运输、空中游览等领域的新兴业务。

二、生产经营情况

在民用航空工业领域，2021 年重点监测的 5 家规模以上航空企业共实现年工业总产值 14.2 亿元。航空工业哈飞和中国航发东安不在统计范围内。

三、主要产品

（一）民用飞机

民用飞机整机包括民用直升机、固定翼飞机和无人机。民用直升机主要有 AC312 系列直升机、AC352 中型多用途直升机，可应用于通用运输、医疗救护、搜索救援等领域；固定翼飞机主要有运 12E 轻型多用途飞机、运 12F 多用途涡桨运输机，可应用于海洋监测、航空摄影、医疗救护、农林作业等领域。

无人机产品涵盖固定翼无人机和旋翼无人机，主要有固定翼垂直起降无人机、六旋翼长航时无人机、四旋翼大载重无人机等，可应用于农业植保、空中监测、地理测绘、地质勘探等领域。

（二）航空发动机

航空发动机主要有涡轴 16 发动机，由中国航发东安研发制造，该发动机可用于超中型民用直升机。

（三）其他民用航空产品

黑龙江省拥有多家航空配套制造企业，民用航空产品的种类较多。哈飞空客生产 A350XWB 宽体客机及 A320 系列复合材料飞机零部件，主要产品包括机腹整流罩、方向舵、升降舵、19 段维护舱门等飞机零部件。广联航空主要产品包括金属结构件和复合材料零部件，金属结构件主要包括超大型地板零件、接头零件、承力框零件、金属接头、钛合金接头等；复合材料零部件主要涉及机身蒙皮、舱门壁板、机翼壁板、雷达罩、螺旋桨叶片、整流罩、管形框、C 形主梁等。东安实业的主要产品包括传动系统零部件（机匣、联轴节、轴承衬套等）、热端系统零部件、燃油总管及喷油嘴、中小结构件等。

（四）民用航空服务

黑龙江省拥有中国飞龙通用航空有限公司（简称中国飞龙）、北大荒通用航空有限公司（简称北大荒通用航空）等通用航空公司。中国飞龙主要从事应急救援、人工影响天气、航空物探、海洋监测、支线运输等业务，同时积极开展警用托管、航拍航摄、低空游览和医疗救护等新兴通航服务项目，并开展飞行培训业务和地勤培训业务。北大荒通用航空目前主营业务包括农林航空植保及护林防火作业，飞行员私照和商照培训、航拍航测、CCAR-135 部短途运输、航空旅游、人工影响天气任务等业务。

四、产品开发与技术进步

航空工业哈飞运 12F 时间域飞机于 2021 年完成时间域航空电磁测量系统功能试飞，航空物探能力得到全面验证。这标志着国家重点研发计划“固定翼时间域航空电磁测量技术系统研制”取得重大成果，有力推动了我国航空地球物理探测事业的发展。

中国航发东安涡轴 16 发动机于 2021 年 3 月获得中国民航局颁发的生产许可证（PC）。这一重要资质的取得标志着涡轴 16 发动机获得中国民航局正式批准，进入民用航空市场。

五、对外贸易与合作

2021 年，哈飞通用与霍尼韦尔旗下本迪克斯·金公司宣布合作将 AeroCruze 330 自动驾驶系统整合至正在开发中的运 12E 飞机 AeroVue 综合驾驶舱解决方案，这将使运 12E 飞机配备成熟先进的集成航空电子飞行显示系统及自动驾驶系统。升级后的综合驾驶舱解决方案可以通过在同一界面向飞行员展示周围环境，提高态势感知能力和安全性，从而减轻飞行员工作量。

六、重大基础设施建设

2021 年，本地区有大型基础设施建设项目 4 项，新开工项目 3 项，涉及 4 家企业，总投资 5.25 亿元，分别是哈尔滨安宇迪的超大型飞机工艺装备制造生产线项目、东安实业的航空产品产能提升（二期）项目、哈飞工业的飞机零部件技术改造项目、广联航空的航空复合材料零部件生产线扩展及技改项目。

七、行业管理

为进一步推动黑龙江省航空产业快速发展，黑龙江省工业和信息化厅结合黑龙江省航空产业发展实际，于 2021 年 7 月印发《黑龙江省航空航天产业链发展培育方案》（简称《培育方案》）。《培育方案》提出，“十四五”期间，要进一步增强省内龙头骨干企业的带动作用，发展航空配套产业，提高航空产业创新能力，促进航空产业集聚发展，扩展航空产业应用领域。

为推动黑龙江省通航产业高质量发展，根据国家对黑龙江省“五个安全”战略定位，结合落实国家关于通用航空产业发展的各项政策，由黑龙江省工业和信息化厅编制了《黑龙江省通用航空产业“十四五”发展规划》（简称《发展规划》），并于 2021 年 8 月以黑龙江省人民政府名义正式印发。《发展规划》提出，“十四五”期间，黑龙江省将围绕通航产业链制造、应用、运营服务关键环节，重点打造国内一流通用航空制造集群，培育发展通航产业市场。

上海市

一、本地区基本情况

上海市民用航空工业企事业单位共有 40 余家，其中规模以上企业 25 家，规模以上工业企业 19 家。拥有中国航空研究院上海分院、民用飞机模拟飞行国家重点实验室、国家商用飞机制造工程技术研究中心、民用航空先进检测技术实验室、商用航空发动机联合创新中心、国防科技重点实验室（航空电子）和航空科技重点实验室（故障诊断与健康管理技术）等一批科研平台。主要企事业单位有：中国商用飞机有限责任公司（简称中国商飞公司）及其所属上海飞机设计研究院、上海飞机制造有限公司、上海飞机客户服务有限公司、中国商用飞机有限责任公司民用飞机试飞中心、上海航空工业（集团）有限公司，中国航空发动机集团所属中国航发商用航空发动机有限责任公司（简称中国航发商发）、中航通用电气民用航电系统有限责任公司（简称昂际航电公司）、中国航空无线电电子研究所、航空工业上海航空测控技术研究所、上海航空电器有限公司，上海西科斯基飞机公司；零部件配套企业：上海新华东光电技术研究所、氰特表面技术（上海）有限公司、蒂森克虏伯航空材料（上海）有限公司、上海上飞飞机装备制造有限公司等；维修保障企业有：东方航空技术有限公司、上海波音航空改装维修工程有限公司、上海普惠飞机发动机维修有限公司、上海科技宇航有限公司、上海东联航空机轮刹车大修工程有限公司、上海柯林斯航空维修服务有限公司、上海凯迪克航空工程技术有限公司、上海航新航宇机械技术有限公司、上海威克特航空地面设备有限公司、上海才才航空设备有限公司等；航空租赁企业有：中航国际租赁有限公司等。

上海是国家首批“国家新型工业化产业示范基地（航空产业·上海市）”，重点布局为：干支线飞机设计研发布局在浦东张江，飞机装配、大部件制造与试验试飞等布局在浦东祝桥东部，客户服务布局在闵行紫竹；商用航空发动机设计研发、客户服务布局在闵行紫竹，装配试车、单元体制造与试验验证布局在浦东临港；航空电子系统设计研发、集成验证、客户服务布局在闵行紫竹；航空机电设备研发制造与试验验证布局在浦东临港及相关产业园区；航空维修、飞机改装等以浦东、虹桥国际机场周边和青浦出口加工区等地域为主；航材物流以航空港、保税区等为主；航空营销和运营总部、融资租赁企业等以市及各区县专业化产业集聚区为主。

二、生产经营情况

上海地区民用航空产业 2021 年实现营业收入 358.68 亿元，同比增长 13.9%；工业企业完成工业总产值 279.61 亿元，同比增长 16.1%。

三、主要产品

（一）民用飞机

中国商飞公司：ARJ21-700 新支线飞机、C919 大型客机、CR929 宽体客机。

上海西科斯基飞机公司：S-300C、S-333 等直升机。

（二）航空设备及系统

中国航发商发：长江 1000A 大涵道比商用航空发动机。

昂际航电公司：C919 大型客机航电核心处理系统、综合显示系统、记载维护和飞行记录系统等。

中国航空无线电电子研究所：C919 大型客机显示系统及核心处理系统，AG600 飞机主航行系统、电子飞行仪表系统、空中交通防撞系统和飞行管理系统，运 12F 特种飞机 T1 级航电系统等。

航空工业上海航空测控技术研究所：C919大型客机驾驶舱信息系统、视频监视系统与驾驶舱门监视系统、客舱核心系统之客舱管理接口子系统、客舱娱乐系统；ARJ21驾驶舱门监视系统、新舟700驾驶舱门视频监视系统，AG600飞机OMS中央维护系统等。

上海航空电器有限公司：C919控制面板及调光控制系统和集成断路器板，新舟700控制面板及调光控制系统和二级配电等。

（三）其他民用航空产品

商用飞机机载液晶显示屏，碳纤维环氧树脂合成材料，航空电线、电缆，合金材料，复合材料，飞机装配工装、型架和模具，各类紧固件、标准件等。

四、产品开发与技术进步

中国商飞公司：2021年3月1日，中国东方航空公司作为国产大飞机C919全球首家启动用户，与中国商飞公司在上海正式签署C919大型客机购机合同，首批引进5架，东航将成为全球首家运营C919大型客机的航空公司。这是东航继成功组建一二三航空公司运营国产ARJ21飞机之后，在“十四五”开局之年，以“先行者”姿态，在国产大飞机的引进与商业运营上迈出的“重要一步”；8月30日，ARJ21飞机机队在国航、东航、南航、成都航空有限公司、天骄航空有限公司、江西航空有限公司和华夏航空股份有限公司的航线飞行时间累积超过10万小时，这是ARJ21飞机投入商业运营后又一重要里程碑，标志着飞机的安全性和可靠性得到验证；9月28日，第十三届中国国际航空航天博览会在珠海开幕，中国商飞首款公务机CBJ在航展上揭幕亮相，并进行飞行表演和地面展示。

昂际航电公司：昂际航电维修站在经过了为期3天的美国联邦航空局（FAA）越洋远程视频审核后，顺利通过所有审核项，并于2月20日正式收到FAA颁发的维修许可证，这标志着昂际航电正式成为FAA和CAAC授权的双证维修单位，可以承接全球波音787飞机综合航电系统的检测、修理和改装工作。

中国航空无线电电子研究所：9月28日，第十三届中国国际航空航天博览会在珠海隆重开幕，中国航空无线电电子研究所携全新民机品牌龍智航电（CAVIONICS）系列产品、智慧机场系统、无人机反制车、物联网通信系列产品四大展项精彩亮相。在先进民机航电系统展台，全新发布的CA系列产品系统展示了家族化民机航电平台成员，其功能覆盖了包括干支线飞机、通用飞机及轻小型飞机在内的大部分民机应用场景。智慧机场系统针对当前机场运行管理存在的安全、效率、成本等问题，聚焦机场飞行区业务，构建智慧机场系统整体解决方案。“低空猎手”无人机反制车将预警探测、反制处置、指挥控制、供电环控等高度集成于载车平台，通过主被动探测实现对入侵目标探测定位跟踪、多维特征综合识别、威胁评估分析与告警、反制处置协同决策，并通过电磁干扰、导航欺骗对入侵黑飞无人机进行驱离/诱捕。

航空工业上海航空测控技术研究所：C919大型客机驾驶舱信息系统、视频监视系统与驾驶舱门监视系统完成产品鉴定试验，鉴定试验报告获局方审批；C919大型客机客舱核心系统之客舱管理接口子系统完成产品鉴定试验，鉴定试验报告获局方审批，顺利完成装机件交付；C919大型客机客舱娱乐系统完成装机件交付；ARJ21驾驶舱门监视系统完成系统批产交付；新舟700驾驶舱门视频监视系统完成地面联试件的交付；AG600飞机OMS中央维护系统通过详细设计评审。

上海航空电器有限公司：C919控制面板及调光控制系统和集成断路器板顺利交付安装；新舟700控制面板及调光控制系统正在进行第三轮原理样机详细设计；新舟700二级配电通过初步设计评审，正在进行原理样机设计优化。

五、重大基础设施建设

（一）中国商飞公司

在各方面的有力支持和推动下，中国商飞公司在沪的“一个总部和五大中心”建设顺利推进。中国商飞公司总部基地完成建设并投入使用。设计研发中心规划用地1060亩，规划总建筑面积约85万米^2，现已建成并投入使用21万米^2。总装制造中心规划用地约4000亩，总建筑面积约118万米^2，现已建成并投入使用约38万米^2。

客户服务中心规划用地近190多亩，总建筑面积10多万米^2，现已建成并投入使用。民用飞机试飞中心规划用地约168亩，总建筑面积近10万米^2，一期7万米^{2}已建设完成，即将投入使用。基础能力中心规划用地57亩，总建筑面积1.6万米^2，现已建成并投入使用。

（二）中国航发商发

研发基地位于闵行紫竹科学园区，占地450亩。总部及研发中心大楼、人才公寓等一期建设已完成并投入使用。装试基地位于临港重装备产业区，占地1236亩。一期建设已完成并投入使用，二期建设正在实施中。

（三）民机航电产业园

中航民用航空电子产业园占地186亩，一期工程建设已完成并投入使用。

（四）浦东机场试飞跑道建设

按照中国商飞公司型号研制节点目标，浦东机场第四、第五跑道已全面建成。

六、行业管理

大力支持干支线飞机和商用航空发动机等研制与产业化发展，促进上海民用航空产业的做大做强，逐步将上海建设成国家民用航空产业的重要基地。

（一）编制印发产业规划

加强政策顶层设计，落实国家航空产业规划要求，立足上海实际，瞄准世界前沿，在征求多方意见的基础上，编制形成了《上海民用航空产业链建设三年行动计划（2022—2024年）》，由上海市经济信息化委、市发展改革委、市科委、市国防科工办、市国资委等5家单位联合印发，提出民用航空产业实现600亿元产值规模，以建设现代化民用航空产业链为导向，全面推进民用航空产业链稳链、建链、补链、强链，建设国际一流的关键技术自主高地、核心产品供给高地、科技企业集聚高地。

（二）加快构建产业创新联合体

瞄准世界科技前沿，推动产业创新融合发展，结合基础性、重要性、紧迫性、可实现性要求，集中力量突破一批关键技术、推出一批高端产品、形成一批中国标准，增强民用航空产业链核心竞争力，加快构建民用航空产业创新联合体。

（三）加快建设公共服务平台

促进创新资源加快集聚，依托中国商飞公司加快筹建大飞机创新中心，依托中国航发商发加快筹建航空发动机产业研究院，加强关键共性技术研究，加快科研成果转化和应用。

（四）加快打造特色产业园区

聚焦建设临港大飞机园和华东无人机基地，建立市、区、园区联动机制，依托龙头企业、会议会展和行业协会开展招商引资，吸引增量、挖掘存量；同时，推动中复神鹰“碳纤维航空应用研发及制造”等项目开工建设，推动无人机适航审定检测研究中心正式揭牌，推动美团城市低空物流运营示范中心落地。

（五）加快推进数字赋能

推动产业数字化升级，构建数字化研发设计、生产制造和运营服务体系，加快民用航空产品和国产装备数字化发展，贯通产业链供给端和需求端，提升质量和效益，培育民用航空产业链发展新动能。

（六）加快推进开放协作

加大对外开放力度，集聚全球工业、科技和智力资源，加强长三角产业一体化发展和分工协作，推动建立以上海为龙头、延伸长三角、辐射全国、面向全球的产业体系，提升民用航空产业链整体发展水平。

江苏省

一、本地区基本情况

2021年，江苏民用航空工业保持良好发展势头，涵盖航空新材料、关键部件到航空发动机、航电系统、机电系统，再到通用航空整机以及配套精密制造、运营服务装备等各个环节的产业体系进一步完善，“两机”（航空发动机与燃气轮机）关键件制造、大飞机配套、航空新材料等多个细分领域的竞争优势进一步凸显。江苏拥有民用航空工业领域规模以上企业50家，省级专精特新“小巨人”企业（产品）12个。

产业创新步伐加快。继扬州中航机载共性技术工程中心、西工大太仓长三角研究院、中科院空天院、北航苏州创新研究院、南航苏州研究院、西工大太仓校区、中国航空研究院研究生院（扬州）等一批研发创新和人才培养载体后，无锡航空发动机基础部件创新研究院、大飞机苏州产业研究中心等一批高端研发创新平台正式落户江苏。截至2021年，江苏拥有民用航空工业领域国家级企业技术中心1家、省级企业技术中心10家。

产业集聚发展势头良好。南京依托中国航发轻型动力基地，以及南京航空航天大学、中电14所等一批高校科研院所，大力推进整机、机载系统等研发生产，已成为全省航空重要的创新策源地。苏州积极对接上海大飞机产业，与中国商飞公司开展战略合作，集聚了一批国际知名企业和研发平台；无锡依托优质民企大力发展航空发动机零部件产业，在材料研制、叶片生产、盘轴加工、控制系统等领域已成为重要的配套生产基地；镇江发挥国家级航空产业示范基地品牌优势，以高温合金研制、关键结构件制备为重点大力推进产业集聚发展。扬州、靖江等地通过引进中航机载共性技术研究中心等一批研发平台和项目，聚力发展航空制造业。

产业合作步伐加快。苏州市与中国商飞公司签署了战略合作框架协议，大飞机苏州产业研究中心落户苏州。苏州、无锡市分别联合中国商飞公司组织召开大飞机产业培育会，并签订《民机产业培育合作备忘录》。常州市与中国商飞公司联合举办第二届民机智能制造论坛。围绕航空发动机创新协作，中国航发在无锡召开供应商大会。通过加强与央企集团合作对接，江苏一批企业进入国产大飞机供应链体系。

二、生产经营情况

据省统计局统计，2021年江苏省民用航空工业营业收入为83.16亿元，同比增加13.65%；利润总额为2.95亿元，同比增加27.16%。

三、主要产品

（一）整机技术与产品

轻型飞机、公务机和无人机。

（二）航空轻型动力技术与产品

100 ~ 500马力[①]活塞式发动机、800千牛以下（重点是500千牛以下）推力的涡喷/涡扇发动机、1兆瓦级功率以下燃气轮机、航空动力辅助系统。

（三）航空电子系统技术与产品

航空通信系统、飞机座舱仪表显示系统、空管雷达、天气雷达、卫星云图接收设备、高空气象雷达、数字式电子探空仪等。

（四）航空机电系统技术与产品

航空发动机电子控制系统、航空惯性导航系统、航空发动机参数采集器、民用飞机和直升机飞控系统、液压传动系统、电源/电气系统、燃油系统、环境控制系统、装载及空投系统等。

（五）航空保障技术与产品

航空指挥调度系统、航空灯光电源系统

① 1马力=745.7瓦。

（探冰灯、标志灯、翼尖保护罩、翼根保护罩）、航空检测设备、大型客机客户服务应用系统集成平台软件、市场与客户支援管理系统、飞机状态监控及健康管理系统、信息系统综合测试平台、便携式外场测试仿真系统、适航管理工作平台及登机廊桥、加油车、飞机维护等地面综合保障设备和系统。

（六）其他航空技术与产品

航空安全座椅、航空内饰件、航空材料（以气凝胶、相变材料等新材料为代表的航空航天保温隔热材料、铝合金型材、高温母合金、高温合金、碳/碳复合材料、碳/碳化硅复合材料、超级纤维、钛合金、镍合金、铜合金、精密不锈钢制品、玻璃等）、航空部件（精密轴承、飞机轮毂、起落架、舱门、机身、机翼、整流罩等）、航空发动机零部件（航空发动机叶片、整体叶盘、静叶片、导叶片、机匣，实心或带陶瓷型芯的涡轮动叶片、导叶片及结构件等）。

四、产品开发与技术进步

江苏省民用航空装备企业持续加强产学研合作和产品研发，在航空材料、叶片等关键部件加工、机载系统等产品领域具有较强竞争力。“全复合材料飞机大部件的材料研发设计制造一体化技术及应用”等 6 个民用航空工业领域项目获得 2021 年度江苏省科学技术奖；南京莱斯信息技术股份有限公司“国产化智慧机场关键系统及核心技术攻关”等 3 个项目列入 2021 年江苏省关键核心技术（装备）攻关项目；航亚科技荣获“2021 科创板硬科技领军企业”称号；无锡派克 2021 年分别与罗罗和 GE 航空签订了 11 年和 5 年的长期协议，形成了稳固的业务合作关系，并首次将钛合金风扇机匣的生产转移到中国。

五、行业管理

（一）加强规划政策引导

2021 年 8 月，江苏省政府出台《江苏省“十四五”制造业高质量发展规划》，进一步将民用航空产业列入重点发展领域，推动航空产业高质量发展。与此同时，积极为国家航空工业、大飞机、“两机”等发展规划编制建言献策，争取将江苏优势环节融入国家战略布局。

（二）推动航空产业智改数转

2021 年 12 月，江苏省政府出台《江苏省制造业智能化改造和数字化转型三年行动计划（2022—2024 年）》，为全面推动航空工业“智改数转”营造了良好发展氛围。苏州昊信精密科技有限公司“航空零部件精密智能制造车间”、航发优材（镇江）高温合金有限公司“高温合金制粉车间”入选 2021 年江苏省智能制造示范车间，航发优材（镇江）高温合金有限公司“粉末高温合金盘形件智能工厂”入选 2021 年智能制造示范工厂建设项目，为带动全行业智能制造发展起到了良好的示范引领作用。

（三）加强民用飞机整机制造业安全生产监管

江苏省工信厅以民机整机制造业为监管范围，推动江苏省安委办印发了民机制造行业较大以上风险目录，组织行业企业落实了风险报告制度，开展了安全生产培训、隐患排查、专项检查等工作，压紧压实了各地工信部门的监管责任和各个企业的主体责任，2021 年全行业未发生安全生产事故。

浙江省

一、本地区基本情况

近年来，浙江省围绕长三角航空航天产业“一体两翼”总体布局，加快建设航空航天装备“两基地一中心”，陆续制定出台了《浙江省民航发展“十四五”规划》（简称《规划》）、《浙江省航空航天装备高质量发展实施方案（2021—2025年）》，提出力争到2025年，全省航空航天装备产业产值规模突破300亿元，制造、创新、服务能力显著增强，争取进入全国第一方阵；力争到2035年形成千亿级规模，成为全国航空航天产业新高地、民营经济融航发展先行省。截至2021年，全省拥有航空产业相关企业83家，其中规模以上企业49家，纳入中国民用航空工业统计企业36家，涉及航空器、机载系统和设备、航空零部件、航空材料等多个领域。全省在建和规划建设的航空产业园17个、航空小镇6个、通用机场6个，其中杭州市余杭区正着力打造中法航空大学以及航空产业园，宁波航空航天智慧城、台州湾通用机场等一批新兴航空产业园正在加快培育新平台，为创造具有国际化、高质量和竞争力的特色航空产业链群提供保障。

二、生产经营情况

2021年浙江省纳入中国民用航空工业统计的36家企业实现工业总产值36.06亿元，同比增加113.5%；实现销售收入37.67亿元，同比增加178%；实现利润25241.02万元，同比增加1157.84%；出口交货值4.28亿元，同比增加26.63%；转包生产交付金额1600.7万元。

三、主要产品

（一）民用飞机

通航飞机：万丰航空生产DA40NG通用飞机40架，实现销售收入1.58亿元。

无人机：温州黑蜻蜓无人机科技有限公司主要研发植保无人机，其生产的3WHQT-6A、3W4HQT-16A、3WWYZ-30A等型植保无人机采用厘米级定位，能自主飞行和规划航路，效率提高明显；浙江科比特创新科技有限公司研发生产的“入云龙”1550多旋翼无人机、“插翅虎”M8、M9垂直起降固定翼无人机等7款无人机产品，有效解决了航电系统部署难、集成度低、组装难等行业痛点；浙江极客桥智能装备股份有限公司主要生产照明、广播、视频监控直播、通信中继、无人机场系统等无人机系列产品，其中便携式照明无人机属国内首创；浙江兴岩电气设备有限公司生产的应急救援照明无人机和应急喊话无人机，极大提升了夜间救援工作的效率；浙江清华长三角研究院航空通用技术研究所实现了“鸿鹄翼”80%零部件生产的本土化。

（二）其他民用航空产品

1. 零部件生产加工：浙江西子势必锐航空工业有限公司主要生产各类机舱门、起落架舱、机翼翼肋等飞机结构部件，拥有空客、波音、庞巴迪、中国商飞公司、航空工业集团等航空巨头的供应商资质，是目前国内航空制造民营企业中符合国际标准、具有完整航空零部件制造体系的企业；宁波永灵航空科技有限公司开发生产民用航空发动机零组件、聚酰亚胺制品、软管组件等新产品，近年来突破了风扇出口导叶流道板黏结、螺旋管成形等重大技术；浙江华擎航空发动机科技有限公司目前已开展涡喷航空发动机集成高功率密度高温电机驱动的关键技术与产业化项目、小型涡扇发动机的研发与产业化项目；宁波继峰汽车零部件股份有限公司参与驾驶员座椅国产化设计验证工作，正在进入交付周期；海宁红狮宝盛科技有限公司主要生产发动机及短舱、航电飞控面板、氧气系统、厨房系统、座椅系统等零部件，广泛应用于 A350、波音 737 等机型；浙江圣翔航空科技有限公司致力于高安全性全铝制直升机停机坪系统研发、设计、生产和安装，产品主要覆盖地面直升机停机坪、船舶直升机停机坪等，广泛应用于医疗急救、警务飞行等领域；浙江京飞航空制造有限公司主要研发生产民用航空零部件，截至目前已完成了各类航空结构件的研发试制共计 530 余项，产品覆盖了 A320、A220、庞巴迪 Global 公务机和"翼龙"无人机等多个机型；玉环天润航空机械制造有限公司开发的舱门锁闭系统、锁闭机构及撑杆等产品应用于长江 2000、ARJ21、C919 等相关机型；浙江金马逊机械有限公司研制了国内首台套管件弯曲成形装备，相关产品、技术在航空发动机、"长征"火箭等国家重点工程中得到成功应用。

2. 航空新材料：宁波众兴新材料科技有限公司与中国科学院过程工程研究所合作开展了聚锆（/ 钛 / 铪）碳硅烷及复相陶瓷纤维的工程化研制，已达到中试阶段；宁波沥高复合材料有限公司生产了 ETFE 和 FET 材质的隔离膜，性能测试上均已符合航空航天的使用标准，弥补了此类产品全部依靠进口的不利局面；浙江歌瑞新材料有限公司主要研发生产含氟特种功能材料及制品，产品性能可替代进口，被广泛应用于新能源、航空航天、石油化工等新型产业领域；中建材衢州金格兰石英有限公司主要生产石英玻璃材料，其自主研发的球形石英玻璃棒批量制造技术为国内首创，不仅填补了国内空白，更是形成了新的经济增长点。

3. 生产、检测设备：浙江海骆航空科技有限公司在航空科技领域主要从事技术开发与技术服务、高速旋转试验台的生产和销售，是国内唯一具备完全自主知识产权的两机转子检测设备——高速旋转试验器的供货商；浙江日发航空数字装备有限责任公司主要生产复合材料加工设备、飞机大部件数字化装配生产线等，收购了国外先进的飞机数字化装配装备企业和具有波音、空客生产资质的零部件加工企业；美洲豹（浙江）航空装备有限公司形成了以热压罐、固化炉等为核心的产业集群，致力于先进复合材料成形设备的研发、生产，广泛应用于航空航天等诸多领域；浙江畅尔智能装备股份有限公司生产制造的用于航空发动机轮盘榫槽加工的 5 轴数控卧式侧拉床填补了国内空白，可实现进口替代。

四、产品开发与技术进步

2021 年以来，宁波永灵航空科技有限公司突破了风扇出口导叶流道板黏结和螺旋管成形两项重大技术；温州黑蜻蜓无人机科技有限公司突破了电池续航瓶颈，通过搭载前后摄像头协同作业，达到了 RTK 厘米级定位精度；浙江科比特创新科技有限公司研发的新型"插翅虎"M9 垂直起降固定翼无人机正式转入量产，还首推了生态航电主板，并推出配备了 SK7 智能飞控模块、双智慧电源管理模块等模块化主板式航电系统硬件；海宁红狮宝盛科技有限公司突破了发动机部件激光切割、薄板充液成形、变形铝半液态铸锻复合加工等多项关键核心技术，部分飞机零部件的加工技术属国内首创，并达到国际先进水平；浙江中航通飞研究院有限公司开发了新一代国产教练机 AG100，作为一款全新设计的三座全复合材料的单发初级教练机，具有成本低、使用便捷、安全性高等优势，可满足飞行学员高频起落训练需要；浙江海骆航空科技有限公司研发的 HRXD 型下立式转子高速旋转试验器、RXW 型卧式转子高速旋转试验器，具备国内最强的高速转子强度试验测试能力；中建材衢州金格兰石英有限公司生产的"半导体高纯石英基础材料"被认定为 2021 年浙江省重点首批次新材料，技术水平达到国内领先，可实现替代进口；浙江华凯科技有限公司开发完成了针织助剂、燃油添加剂和 4 厘斯航空润滑油等新产品，不仅具备低温性能，还同时具备了优异的热氧化安定性能；美洲豹（浙江）航空装备有限公司研发完成了小卫星、天线罩主体、发动机隔离板等相关产品，与国内多家科研院所及企业达成战略合作协议。

五、对外贸易与合作

海宁红狮宝盛科技有限公司具有航空数字化制造、橡皮囊成形、三维五轴激光切割等航空高精密零部件加工技术，产品远销美国、欧洲、东南亚等地，出口交易达 13628 万元；余姚市三力信电磁阀有限公司在高性能流体电磁阀领域具有长达20余年的经验，产品遍布美国、韩国、欧洲等地区，2021年出口贸易额达到3500万元；中建材衢州金格兰石英有限公司生产的石英棒、石英管、石英晶圆，远销日本、德国等地区，出口总额为583万元；浙江科比特创新科技有限公司生产的无人机“入云龙”mc6-1550及其组件和无人机“插翅虎”M8等产品，销往东南亚、西班牙、韩国等地区。

六、重大基础设施建设

杭州市钱塘区航空航天产业园（5.4千米^2），重点打造大飞机配套、航空航天材料等产业以及创新中心；杭州市余杭区着力打造1千米^{2}的中法航空大学以及航空产业园；杭州空港新城（73千米^2），重点发展空港物流（保税物流）、临空制造、高新技术以及总部经济等。

嘉兴港区依托航空航天产业园，大力发展航空航天零部件、航空航天电子等产业；平湖市重点引进中意直升机生产项目和平湖实验室，重点发展航空发动机、航空电子系统、空间态势感知等产业；海宁正全力打造航空产业园，聚焦发展航材精密加工及装备制造、航电系统、航空新材料及航空核心零部件制造产业。

台州湾通用机场是发展千亿通航产业的核心设施，项目总占地约352亩，总建筑面积约2万米^2，飞行区指标为2B，跑道长度为1200米，2021年已完成投资3.3亿元，目前飞行区跑道已完成卸载及强夯和水稳铺设试验段。

七、行业管理

（一）加强产业规划政策落实

积极推动落实国家《“十四五”民用航空发展规划（2021—2025年）》《浙江省航空航天产业发展“十四五”规划》和《浙江省航空航天装备高质量发展实施方案（2021—2025年）》，加快航空航天装备产业由分散布局向重点平台集中布局，优化形成“高端制造—科技创新—运营服务”联动发展的“一湾两区两网”空间格局。坚持“全球合作、政府引导、企业主体”的基本原则，推动浙江民营经济深度参与航空产业发展，同时支持各地市发挥区域特色发展航空产业。

（二）加强技术创新补链强链

鼓励浙江省国家重点实验室、国防重点实验室、之江实验室等一批高能级研发平台整合航空资源，赋能航空产业发展。加强与浙江大学航空航天学院、北京航空航天大学、法国国立航空大学等院校的战略合作，推进产业创新、技术研发、人才培育和成果转化，为航空航天产业发展提供智力和产品支撑。围绕航空装备产业链短板弱项，组织相关企业研制赶超、开展关键技术攻关等，支持企业开展创新发展，稳步推进补链强链，提升产业链自主可控水平。

（三）加强重大项目落地推进

重点推进落实中法航空大学以及航空产业园、台州市航空航天产业配套园等一批重大项目。持续深化与波音、中国商飞公司、中国航发、航空工业集团、航天科技、航天科工等战略合作，深化合作内容，支持浙江省优势企业与其开展合作，争取航空航天央企及项目在浙布局。

（四）加强骨干企业培育发展

支持省内企业联合开展国际并购，支持西子航空、万丰航空、日发航空等一批制造业区域龙头企业和红狮宝盛、天扬机械等航空制造领军企业通过科技创新、合资并购、产业链延伸等方式做大做强。引进和培育一批航空适航资格培训、航空发动机关键零部件制造、航空维修、航空专业服务等领域的特色服务型企业。

安徽省

一、本地区基本情况

安徽省认真贯彻《安徽省民航业发展战略规划（2019—2035 年）》，持续推动民用航空产业发展，大力打造内陆开放高地，作为全国第 3 个全域低空空域管理改革试点省份，成立省低空空域协同运行管理委员会。在通用飞机、无人机、通航发动机、机载设备、特种设备、航空 / 航天电缆、惯性导航系统、航空仪表等民用航空装备的研发和生产上取得较好的发展成果，加速集聚整机制造、机载设备、部件制造、整机维护等民用航空产业。现有航空园区主要有：芜湖航空产业基地、合肥航空产业基地、六安通用航空产业园等。安徽省民用航空典型企业有中电科芜湖钻石飞机（简称钻石飞机）、芜湖钻石航空发动机（简称钻石航发）、航瑞航空发动机（简称航瑞发动机）、芜湖航天特种电缆厂、应流航空、中电科三十八所、合肥江航飞机、合肥联合飞机、合肥航太等单位。

二、生产经营情况

2021 年，全省重点民用航空企业实现主营业务收入约 85.2 亿元，同比增长 9.2%；实现利润 6 亿元，同比增长 1.6%。

三、主要产品

（一）民用飞机

DA20 单发两座轻型飞机、DA42 双发四座轻型飞机与多用途飞机、DV20 和 CA42 单发两座（三座）轻型飞机与多用途教练机、MPP 和 CU42 两款多用途飞机、S-52 轻型直升机、UH-120 超轻型通用无人直升机、多款单旋翼与多旋翼植保无人机、工业级固定翼无人机等。

（二）航空发动机

钻石航发研制的 AEC2.0 航空发动机、AE300 航空发动机、AEC180 水平对置航空发动机、300 千瓦级重油发动机；航瑞发动机研制的“云雀”“蜂鸟”“麋鹿”重油航空发动机；应流航空研发的小型涡轴发动机；卓尔航空研制的长捷小型航空发动机等。

（三）其他民用航空产品

综合航电系统、航空仪表、航空供氧系统与制冷系统、航空雷达、航发螺旋桨、波纹管、航空结构件、航空电缆、航空钣金产品和航空复合材料等。

四、产品开发与技术进步

钻石飞机自主研发的 CA42 国产双发四座多用途飞机取得型号合格证（TC），该机型核心部件在园区配套率达到 100%；钻石航发 AE300 生产线正在搭建，其关键零部件绝热管已为 ARJ21 飞机配套；航瑞发动机成功搭载国产大型无人机，研发的国内首款二级增压重油机——300 千瓦级“猛雕”重油航发点火成功；应流航空的 YLWZ-100 和 YLWZ-150 涡轴发动机已经完成相关试验科目；卓尔航空实现年产 5 万具各类航空螺旋桨生产能力，产品畅销全球 74 个国家和地区；合肥江航飞机供氧系统产品已交付，AC313 直升机配套供氧系统、ARJ21 配套产品已完成全部研制和交付；云翼航空拥有多种载荷的垂直起降固定翼无人机，自主研发了 J10 型系留无人机系统，可实现车站一体、一键自主起降、智能巡航等多种功能；合肥联合飞机研发的无人机最大起飞重量 700 千克，最大速度 180 千米 / 时，能够在 6 级强风环境下起降；合肥航太承担各类飞行器雷电、高强辐射场及电磁脉冲防护产品设计生产与试验工作；华明航空自主研发的基于 CTSO 标准航电系统技术，2021 年通过中国商飞公司验收，已交付使用；中航华东光电主要研制配套产品为 15.4 英寸[①] 触控显示组件和 3.8 英寸超

① 1 英寸 =25.4 毫米。

高亮数字像源，已为国产大飞机C919配套；陶铝新材料、自主航空新型铝合金正式进入装机状态。

五、重大基础设施建设

持续打造“两基地一园区＋中心”，推进芜湖通航产业基地、合肥航空产业基地、六安航空产业园建设，重点发展民用航空低空领域整机制造、关键零部件制造，以及民用航空装备系统集成与维保能力。

（一）芜湖航空产业基地

芜湖航空产业基地重点发展研发、制造、运营、维修、服务五大航空产业体系，初步实现了芜湖民用航空产业集聚发展，累计形成38个国家级、省级创新平台，累计获得授权专利619项、发明专利603项，主持或参与国家、地方行业标准540项。2021年新增航天三院“海鹰”无人机、深圳联合飞机等43个项目，同比增长34.38%。

（二）合肥航空产业基地

合肥航空产业基地掌握民用航空核心资源，搭建服务保障平台，丰富通航运营业态，共建产业生态体系，建立可覆盖安徽全省、全天候响应的通航飞行服务中心、应急航空救援指挥中心、无人机综合监管应用中心、通航信息服务中心等四大中心平台。

（三）六安通用航空产业园

六安通用航空产业园以应流航空为主导，建设动力、飞机和装备生产和试验设施，以及研发中心、质量中心、专家中心和职工宿舍，以及动力站房等配套设施。产业园以热部件优势为基础，以警民应用为核心，以中小型涡轴发动机为牵引，通过资源整合和产业链协同，重点发展航空发动机研发设计和装配制造、无人/有人直升机整机研发设计和装配制造、航空航天整机装备设计和制造。

（四）民用航空器维保中心

主动加入与服务长三角中轴枢纽，深度参与民航产业分工，围绕民用航空飞机整机、发动机、航电系统等核心零部件维修，航空器综合维修配套需求，鼓励民航企业将制造和服务深度融合，实现固投翻新，引导企业从提供单一产品向提供“制造＋服务”“产品＋服务”转变，推进航空器综合维保中心建设。2021年宿州航空职业学院正式迎来首批新生，学校开设无人机应用技术、民航运输服务、定翼机驾驶技术、空中乘务、民航安全技术管理、飞机机电设备维修等6个专业，面向服务航空产业，培养高素质技术技能型人才。

六、行业管理

（一）不断深化民航发展协调联动机制

省民航发展工作领导小组与省低空空域协同运行管理委员会分别统筹民航规划、项目建设、空域协调、产业发展、资源整合等行业重点工作，各单位协同发展，加快推进通用航空产业发展的决策部署，将有力促进全省飞行服务保障、通用航空运营、机场运营、研发制造、通航消费等通用航空领域全产业链的发展提速。

（二）不断加强民用航空产业研发创新能力

立体化构筑科创矩阵，积极参与长三角科技创新共同体建设，发挥合肥综合性国家科学中心、北航合肥创新研究院、芜湖通航产业集聚发展试验基地等重大创新平台功能，支持企业打造国家级中小型航空发动机科研平台，支持创建培育高层次科研创新平台、工程技术研究中心与重点实验室，支持芜湖筹建全国首个航空产业知识产权运营中心，搭建公共服务平台及配套支持体系，构建完善的航空产业研发创新力量。

（三）持续推动通用航空产业发展

以“两基地一园区＋中心”为牵引，其他地区协同，打造民用航空整机与关键零部件研发制造、综合维保和特色运营产业链融合发展体系，形成产业集聚发展。抓好低空空域改革试点机遇，培育发展一批低空空域固定翼通用飞机、民用直升机、轻型航空器、无人机等通用航空器的整机和零部件研发、制造和维修企业，壮大低空空域产业市场。

（四）持续强化民航运输、通用航空与低空空域安全监管

强化机场及各驻场单位的安全生产主体责任，强化市、县政府对非法干扰活动处置、机场净空、电磁环境保护及无人机管理的主体责任，形成上下联动、信息互通的监管机制，实现对同一空域的精细化、分层次管理，化解空域安全的矛盾，保障民航运输、通用航空与低空空域飞行安全。

福建省

一、本地区基本情况

福建省民用航空工业以民用航空维修、零部件加工制造、水陆两用飞机和无人机制造为主，主要集中在厦门航空工业区和泉州出口加工区。其中，以厦门太古飞机工程有限公司为龙头，在厦门航空工业区聚集了厦门太古发动机服务有限公司、厦门霍尼韦尔太古宇航有限公司、厦门豪富太古宇航有限公司、厦门汉胜秦岭宇航有限公司、通用电气发动机现场支援（厦门）有限公司、美捷特（厦门）传感器件有限公司、厦门太古起落架维修服务有限公司、厦门新科宇航科技有限公司、福莱帕特（厦门）航空部件服务有限公司、厦门臻探航空科技有限公司等企业，已成为全国最大的民航飞机维修基地，具备了飞机结构维修、老龄客机改货机、发动机维修、起落架维修、辅助动力系统维修、航电系统维修的能力，可提供飞机发动机和零部件等全方位支援服务。

二、生产经营情况

截至 2021 年底，列入福建省统计局统计的 11 家规模以上飞机维修及制造企业拥有总资产 79.9 亿元。当年全行业实现主营业务收入 72.91 亿元；实现利润 3.95 亿元。

三、主要产品

（一）航空维修和改装服务

厦门航空工业区厦门太古飞机工程有限公司等有关企业能够为飞机结构、发动机、起落架、辅助动力系统、航电系统进行维修。飞机大修及改装能力涵盖波音 737、波音 747、波音 757、波音 767、波音 777，A320、A330、A340、A380 系列及 MD-11 机型。拥有最高级别（D 检）的大型检修、飞机结构改装、客舱内部翻新及改装、私人飞机设计与整装服务、航电系统升级、褪漆及喷漆、客机改货机能力等。

（二）无人机生产制造

福建清航装备科技有限公司为福建省主要无人机生产企业，现有产品为中型直升机和复合固定翼（多旋翼 + 固定翼）无人机，型号 JZ-10、JZ-60、JZ-300，最大起飞重量 20 ~ 120 千克，2021 年产值 2476 万元。此外，福建方圆翔飞航天科技“方圆”六旋翼、固定翼环保、警用、森林防火、防汛、国土监察等系列无人机，厦门航发 HF 系列无人机，厦门致睿智控“致睿”六旋翼系列无人机等生产规模相对较小。

（三）支援服务

厦门航空工业区厦门太古飞机工程有限公司等有关企业可为飞机发动机和零部件提供全方位的支援服务。

（四）维修技术培训

厦门航空工业区厦门太古飞机工程有限公司等有关企业可为全球新机型飞机维修提供技术培训服务。

四、产品开发与技术进步

（一）整机维修和改装

厦门太古飞机工程有限公司是除波音外全球首家实施波音 747-400 客改货和国内第一家为空客 A380 飞机提供航线维修服务的飞机维修机构，建立了亚洲首个获得波音和空客批准的公务机及私人飞机客舱整装中心，除波音外全球首家波音 747-400 客改货项目的飞机维修机构。

（二）航空发动机制造

厦门林巴贺航空发动机股份有限公司是国内一家具有核心自主知识产权的航空活塞式发动机制造商。

（三）其他产品

厦门太古起落架维修服务有限公司是一家可提供飞机起落架全面性维修服务及相关经营业务的公司，从事波音737、波音747、波音757、波音767、波音777等系列起落架维修，并延伸至空客A320起落架维修。厦门中航秦岭宇航有限公司是同时具备整台发电机维修和发电机子部件深度维修能力的企业，主要从事波音和空客飞机上的电源系统（EPGS）的维修服务。福莱帕特（厦门）航空部件服务有限公司是亚太市场航空部件维修及大修服务领域的标杆。

五、行业管理

（一）加强政策措施支持

通过支持申请工业产业转型升级专项引导资金、战略性新兴产业发展专项资金、省科技成果转化专项资金，支持民用航空产业链相关企业实施重大项目，开展研发攻关，促进优势产品加快市场化应用和产业化发展。

（二）加快引导新产品开发

依托省电子信息产业和先进制造产业优势，积极引导发展通用航空通信、导航、监视、机载设备、ADS-B、机场特种装备等产品的研发与制造。

（三）加强新通航项目引进

支持企业和社会资本通过自主研发、对外合作、整体收购、合资合营等方式，进入通用航空研发、设计、制造、组装和维修等领域。积极引进国内外通航研发制造企业到福建省投资兴业，加快培育发展一批多用途固定翼通用飞机、民用直升机、轻型航空器、无人机等通用航空器的整机或零部件研发、制造和维修企业。

江西省

一、本地区基本情况

江西是新中国航空工业的摇篮，新中国第一架飞机诞生地，是中国唯一同时拥有旋翼机和固定翼机研发生产能力的省份。70 年来，江西省坚守航空报国初心，秉持航空强国使命，攻坚克难、勇攀高峰，成为我国航空工业生产力布局中的重要组成部分。2021 年，江西航空产业紧紧围绕省委、省政府提出的“工业强省”“航空强省”的发展战略，着力构建航空制造、民航运输、通航服务、临空经济“四位一体”的现代航空产业体系，持续推动江西省由航空大省向航空强省跨越，航空产业取得了快速发展。截至 2021 年底，江西省拥有航空企事业单位 115 家，其中航空制造整机及配套单位 82 家，航空运营及服务单位 21 家，航空科研及教育单位 12 家。江西省拥有 2 个飞机设计研究所，3 所航空类大学和职业学院，2 个国家级企业技术中心，12 个省部级国家重点实验室和工程中心，3 个航空专业博士后科研工作站、70 个硕士点，基本形成了集科研、院校、制造、运营、审定、试飞为一体的较为完备的航空产业体系。江西省航空工业系统有职工 3 万余人，专业技术人员 9000 余人（技术领军人才 300 多名），高级经营管理人才 200 多名。

江西省民用航空产业布局上形成了以南昌航空城、景德镇航空小镇为重点，吉安桐坪、九江共青城等航空小镇、赣州市民用无人驾驶航空试验区，以及上饶鄱阳无人机试飞基地为依托的“双轮驱动、多点支撑”的发展格局。按照“一枢纽、四中心、五基地”思路规划建设的 50 千米^2 的南昌航空城已初具规模，2021 年底，已落户航空项目 67 个；以景德镇市高新技术开发区为主体，以打造吕蒙航空小镇为载体，规划用地 12 千米^2 的景德镇直升机研发基地日臻完善，2021 年底，已落户航空项目 37 个。

二、生产经营情况

2021 年江西民用航空产业实现营业总收入 18.9 亿元，同比增长 21%，利润总额 1.4 亿元，同比增长 17%。

三、主要产品

（一）民用飞机

洪都集团民用初教 6 飞机；昌飞公司 1 吨 S300 型、2 吨 AC311 系 列、6 吨 S-76D 型、13 吨 AC313 型等多种民用直升机型号；直升机研究所 AR-500 无人直升机；北京通用航空江西直升机有限公司拥有 JH-1 小“青龙”无人直升机、JH-2 直升机、小“白虎”无人直升机、小“麻雀”便携式单兵共轴无人机、“天眼工程”无人机等型号；壮龙、科比特、新和莱特等无人机公司拥有植保、消防救援、侦查等多功能、多型号无人机。

（二）民用航空产品

洪都集团参与国产大飞机 C919 飞机前机身、中后机身项目、CR929 飞机中后机身项目复材壁板试验件、国际转包等。昌飞公司承担 C919 项目前缘缝翼和后缘襟翼的研制。江西昌兴航空装备股份有限公司主要产品有航空工装、金属零部件及非金属零件，包括直升机桨叶柔性梁成形模自动化设备、飞机中央翼下壁板整体复合材料成形模、C919 客机平尾外伸段主型架、冷空反射镜反射面铺层模、无人机机翼整体成形模、平尾翼尖整流罩成形模、C919 后机身前段复合材料模具、波音 737MAX 客机平尾装配型架。

（三）相关产业的产品及服务

江西省积极开展国产民机试飞服务保障，以瑶湖机场和洪都集团为主要承载体，参与国产民机试飞服务。2021 年，C919、ARJ21-700 两型飞机在瑶湖机场试飞 78 架次，训练 75 架次，滑行71架次，共计224架次。昌飞公司积极开展民机租赁业务，2021年共完成11架AC系列民用直升机租赁合同签订。

四、产品开发与技术进步

（一）新产品开发情况

2021年，昌飞公司开展大型直升机AC313A直升机研制，完成铁鸟机总装及首飞机总装。北京通用航空江西直升机有限公司正在进行JH-5无人驾驶消防直升机、生化探测型无人直升机，以及小“青龙”干扰型无人直升机研发。江西壮龙无人机科技有限公司正在研发“大载重、长航时、高安全、易操控”的大型油动直驱多旋翼无人机。

（二）承担及开展的民用航空科研项目情况

2021年，昌飞公司完成AC311A外吊挂随机取证工作、AC311A电力巡线设备补充型号合格证（STC）的取证试验、AC311A农林喷洒设备零部件制造人批准书（PMA）的取证试验以及索降设备的验证试飞、拓展AC311A加装医疗救援设备STC取证等工作，丰富AC系列直升机任务作业能力。直升机研究所开展AC311A直升机飞行包线的拓展工作，后续将在西藏地区开展进一步拓展工作。洪都集团按照民机复材工艺研发的特点，从小到大，由简单到复杂原则开展工艺研发，2021年完成了M3层级3米壁板试验件，为后续研发积累了工程经验和数据。北京通用航空江西直升机有限公司正在进行高性能直升机用直线舵机研发。

（三）重大技术进步情况

江西昌兴航空装备股份有限公司液体成形模具使成形出来的复合材料构件成本降低，效率成倍提高。

五、对外贸易与合作

2021年，受疫情和中美贸易摩擦影响，民用航空工业对外贸易与合作锐减。2021年，昌飞公司完成S-92项目尾斜梁4架份、尾斜梁备件42件；交付波音737飞机零部件256件，交付波音767飞机零部件6109件；完成S-92项目3年以上历史欠款1400多万元回款；完成波音767项目回款201792.18美元；完成S-76项目清算回款980万美元。在对外合作方面，景德镇高新区与乌克兰DB公司深化合作，创投公司与乌克兰DB公司共同投资设立中乌直升机公司项目，全力推进AK-3系列民用直升机的国产适航取证和规模化生产进程。

六、重大基础设施建设

2021年江西民用航空工业以南昌航空城和景德镇航空小镇为主要承载体，加大基础设施建设力度。占地面积50千米^{2}的南昌航空城，基础设施计划总投资293.8亿元，到2021年底，已完成投资280亿元。投资18亿元的中国商飞江西生产试飞中心已竣工并交付。截至2021年底，占地面积12千米^{2}的景德镇航空小镇已累计投入近30亿元，新建和改造道路31条，完善小镇路网体系，着力打造宜业宜居、产城融合发展的特色航空小镇。规划用地170亩、计划投资1.36亿元的浮梁通用机场项目已完成立项审批。昌兴公司总投入4.51亿元、占地83.7亩的新厂区已基本建成。昌飞公司新建的直升机维修厂房已完成桩基工程。

七、行业管理

（一）深入推进产业链工作

相继出台了《江西航空产业“十四五”高质量发展规划》《支持低空经济发展的若干措施》等文件，发布了《2021年江西航空产业工作要点》。组织召开了2021年全省航空产业领导小组暨航空产业链链长制工作会议，部署推动全年航空产业发展工作。组织省内近百家企业利用产业链链长制、驻企特派员等平台，为航空企业和项目解决了19个在发展过程中遇到的困难和问题，问题办结率100%。

（二）持续推进产业集聚

截至2021年底，全行业布局重点项目100个，其中在建项目69个，完工或部分投产31个，总投资903亿元。南昌航空城落户项目67个，景德镇航空小镇落户项目37个，产业集聚势头正在凸显。创新产业链招商模式，推动中国商飞全球供应商大会、江西－大飞机产业培育会、中国航空产业大会、南昌飞行大会等系列重要会议、重要活动在江西省顺利召开。在景德镇成立江西航空产业配套协会，进一步促进航空产业铸链、强链、补链。

（三）加速推进重大项目

中国商飞江西飞机制造中心 2021 年 6 月全面竣工投产，并实现了首批 2 架 ARJ21 飞机的完工交付，全年完工交付 5 架 ARJ21 飞机。江西航空公司接收了 5 架 ARJ21 飞机并实现商业化运营，积极探索国产民机运营的“江西模式”。多型无人机实现首飞。中发天信航空发动机生产科研基地、宝航新材料研发基地建成完工，CR929 复材研制、中航光电电缆等一批重大重点项目正在快速推进。

（四）不断繁荣通航市场

继续推动贯彻落实《关于全省各设区市购买通用航空公共服务的暂行办法》，全省通航运营单位增至 13 家。“江西快线”开通了南昌至井冈山的通勤航线。江西低空空域管理改革试点拓展方案获国家空管委批复，赣州被中国民航局批复成为全国首批 13 个民用无人驾驶航空试验基地（试验区）之一。“通航 + 旅游”“通航 + 运动”“通航 + 应急”等通航服务新业态蓬勃发展。

（五）积极完善产业平台

江西适航审定中心开展民机适航取证。华赣航空产业投融资平台全面运营，参与多个航空产业重大项目投融资。积极创新体制机制，江西先进复材研发中心、北航江西研究院等一批新型研发机构全面运营，江西航空研究院成功挂牌，进一步提升江西省航空产业的研发设计能力。

山东省

一、本地区基本情况

2021年，全省列入统计范围的重点民用航空生产及维修企业有5家，分别是山东太古飞机工程有限公司、山东翔宇航空技术服务有限责任公司、东方蓝天钛金科技有限公司、威海广泰空港设备股份有限公司和山东艾诺仪器有限公司，从业人员3548人，其中工程技术人员974人，研究与试验发展人员503人。

二、生产经营情况

2021年，全省民用航空工业列入统计范围的单位完成工业总产值26.45亿元，其中，其他民用航空产品及零部件产值16.06亿元，民用航空器修理产值（不含发动机）7.33亿元，其他民用航空产品及零部件修理产值1.58亿元，民用航空器机载系统和设备修理产值1.31亿元，民用航空器零部件产品产值1670万元。实现业务收入31.33亿元、利润1.97亿元。

三、主要产品

H135直升机、“泊鹭”水陆两栖轻型运动飞机、无人飞行器，航空铸锻件、航空铝型材，涡轮增压器、航空液压件、钛合金紧固件，各类合金铆钉，飞机轮胎、碳飞机刹车盘，各型空港地面设备、航空地面电源，民用飞机及航空器维修服务等。

四、产品开发与技术进步

山东太古飞机工程有限公司：航空零部件制造能力方面，维护和拓展CAAC-PMA & CTSOA和EASA-POA等资质能力，完成PMA增项申请6个批次，新增PMA部件299个，截至2021年底，具备6300余件号的部件生产能力。工程设计研发方面，获得关于客舱布局改装设计大改的补充型号合格证（STC），开启了技术研发和飞机改装设计工作的新局面；完成DMDOR超手册修理审批30项，设计改装项目30项，DOA改装设计项目4项。

山东翔宇航空技术服务有限责任公司：现有科技成果转化有：已授权发明专利3个、实用新型专利17个、外观专利1个、计算机软件著作权12个、已受理的发明专利7个，累计承接山东省重大科技奖项1项、山东省技术创新项目36项，在维修航空与工程等专刊累计发表论文10篇，制定企业标准4个，已形成从产品功能分析、材料分析、图样设计、原理设计、工艺设计、样品制造到后续产品试验一条完整的多层次的研发体系。

山东艾诺仪器有限公司：先后研发电源供应器（飞机地面静变电源、变频电源、直流电源、中频电源）、精密测试电源、交直流电子负载、航空蓄电池测试仪等一系列产品。2021年最新研发储能式飞机地面静变电源，采用动力锂电池蓄放电，合理利用峰谷电，可全面替代高噪声、高排放的柴油电源车。截至2021年底，共持有有效授权知识产权78项，其中发明专利10项，主持制定1项国家标准。

东方蓝天钛金科技有限公司：2021年紧固件市场完成19项研制任务获取，新产品加工工艺取得了突破性进展，托板螺母产品、高压转子间螺栓产品开发成功，产品加工规格实现了M16规格到M24规格再到M30规格的突破，同时积极参与由中国商飞公司发起的民机紧固件国产化二期项目。2021年将12%的收入投入研发，取得知识产权管理体系认证证书，累计获取专利37项、软件著作权17项。

威海广泰空港设备股份有限公司：2021年完成新产品研发67项，申请专利112项，6种产品属于行业首创。主要研发了纯电动飞机除冰车、自制底盘机场主力泡沫消防车、25米登高主战消防车、PCR生物安全实验室检测车、自主总线平台的火灾报警系统、Ⅰ型无人机等装备。

五、对外贸易与合作

山东省航空装备制造企业积极参与国际交流与合作，进一步提升国际市场竞争力。从列入统计范围的企业相关情况看，山东太古飞机工程有限公司持有 CAAC、FAA、EASA、JCAB 颁发的维修许可证，是亚太地区较具影响力的飞机维修改装基地；山东翔宇航空技术服务有限责任公司持有 FAA、EASA 颁发的维修许可证，与新加坡航空公司、德国汉莎、庞巴迪等公司保持业务合作和技术交流；山东艾诺仪器有限公司飞机地面静变电源出口埃塞俄比亚，积极参与援建柬埔寨暹粒机场、巴基斯坦瓜达尔港机场，打破了欧美航空电源对国外民航市场的垄断；威海广泰空港设备股份有限公司与瑞士国际空港服务有限公司签订 3 年框架采购协议，部分产品完成了 CE 认证和澳洲认证，成功获得中航工程安哥拉机场项目。

六、重大基础设施建设

（一）商河通用机场和通航产业园项目

商河通用机场位于济南市商河县玉皇庙镇科源街与玉皇路交叉口西南侧，由济南轨道交通集团和商河县人民政府共同投资建设，项目占地面积 538.80 亩，概算投资 5.78 亿元，2021 年 10 月底，机场一期工程已全部建成。依托商河通用机场，结合国土空间规划调整，布局规划了占地面积约 12.42 千米^2、一期占地 6.20 千米^{2}的通航产业园。目前，通航产业园空间和产业规划已编制完成，并通过专家评审论证。围绕通航产业园的“区域航空应急救援基地、齐鲁通航文旅休闲目的地、济南通航高端制造基地”三大功能定位，拟重点发展高端通航设备制造、无人机和电动飞机研发制造、航空会展、文旅研学等相关产业。目前，已成功引入时代低空、济钢防务 2 家“中科系”企业，确定了低空监视服务网、遥感直升机基地、低空应急救护商河中心、浮空器制造、卫星遥感火点监测等九大合作项目，引入济南空港管理咨询公司飞行服务站和无人机训练考试基地项目以及万户宇航（山东）工业公司 3 座电动飞机研发生产和航校建设项目。

（二）青岛航空产业园项目

位于西海岸新区海西路西、开城路两侧，总投资 60 亿元，规划面积 900 亩，首期建设面积 150 亩。产业园以高端无人机、轻型航空发动机和舰船用燃气轮机三大产业为龙头，以其为核心吸引聚集相关配套和上下游企业入驻园区，形成无人机、航空发动机、舰船动力产品等技术的研发、生产、销售、售后服务等全产业链，形成产业聚集效应。

（三）空中客车 H135 直升机总装线项目

位于即墨高新技术产业园区，由德国空客直升机集团和中方共同出资，包括建设空客直升机集团在欧洲以外的第一条 H135 总装线以及配套的直升机交付中心、维修服务中心、航材物流中心、飞行员和机务人员培训中心。2021 年下线 6 架机，累计下线 19 架机。

（四）“赛捷”公务机航空制造基地项目

位于青岛莱西市店埠镇航空产业园，总投资 20 亿元，占地 660 亩，规划建筑面积 44 万米^2。项目打造以“赛捷”SJ30 系列喷气式公务机整机制造为核心，以零部件制造等其他业务为外延的国内唯一、国际一流垂直整合高端航空装备制造及服务产业基地，预计年产 SJ30 公务机 45 架以上，综合年产值超 30 亿元。目前正在进行车间建设。

（五）万丰莱西通航产业园项目

项目位于青岛莱西市店埠镇航空产业园，总投资 20 亿元，主要从事两款钻石飞机（DA50、HK36）的整机制造及飞机复合材料零部件制造。目前已完成车间综合验收，开始部分试生产。

（六）东营空港产业园

园区规划面积 20.11 千米^2，其中起步区 5 千米^2，按照与胜利机场一体化布局、融合发展的模式，重点发展航空制造业及临空高端服务业，着力打造山东北翼空港经济中心和全国最大的民机试飞基地。园区已引进中国商飞民机试飞中心东营基地、北京航空航天大学航空导航与飞行校验测试基地等重点项目，山东南山飞行学院、青岛九天飞行学院等培训机构长期驻训。

河南省

一、本地区基本情况

河南省民用航空产业以生产无人机为主，辅以无人机驾驶培训、民用飞行器维护等产业，主要分布在郑州、安阳、周口等地，已建成郑州市通用航空试验区、安阳无人机产业园、西华县无人机产业园三大通用航空产业基地。安阳获批省级专业无人机孵化器，拥有1万米^{2}孵化场地，举办安阳民用无人驾驶航空试验区城市场景运行建设论坛暨第二届安阳无人机飞行博览会活动；协助举办中国民航局无人驾驶航空器服务提供专项小组2021年全会。安阳全丰航空植保科技股份有限公司建设有航空植保业内首家获农业部批准的航空植保重点实验室，并与欧洲科学院院士、国家“千人计划”特聘专家兰玉彬合作建立了精准施药实验室。安阳无人机产业园布局有“一区两基地三中心”：一区是国家首批民用无人驾驶航空试验区；两基地是无人机研发制造基地和5G泛在低空测试基地；三中心是无人机飞行测试中心、5G无人机指挥控制中心和河南无人机质量检测中心。

二、生产经营情况

2021年，河南省民用航空工业调查中，纳入统计口径的民营企业安阳全丰航空植保科技股份有限公司，实现工业总产值2536万元，营业收入7915万元，利润总额138万元。

三、主要产品

（一）民用飞机

六旋翼无人机，垂直起降固定翼无人机，固定翼无人机，油动单旋翼无人机，油动单旋翼智能悬浮植保机、电动多旋翼智能悬浮植保机等多种植保无人机，自转旋翼机。

（二）机载系统和设备

红点电池，针对中型多旋翼、复合翼、固定翼等无人机设计的飞行控制系统，专门为农业植保多旋翼无人机设计的飞行控制系统，“顺风耳”智能装备监控终端。

（三）相关产业的产品及服务

国家体育总局安阳航空运动学校开展有民用航空器驾驶员飞行培训，具有固定翼私用飞行驾驶执照和直升机私用、商用飞行驾驶执照培训资质，同时可向社会提供民用飞行器的停泊、维护等服务。安阳太行低空空间应用职业培训学校建设有无人机理论考场与实践考场，面向全国培训无人机驾驶员及无人机装调检修工两种工种。民用航空无人驾驶试验区实体运营单位——河南云洹网联无人机科技有限公司可为无人机企业提供平台对接服务，为试验区提供无人机航管服务，为政企客户提供无人机飞行服务，为研发制造企业提供5G网联无人机改造服务，为客户提供数据服务。

四、产品开发与技术进步

安阳全丰航空植保科技股份有限公司以“植保无人机智能农业装备制造、全程化农业服务、工业互联网”为三大核心进行研发投入，2021年投入研发项目11个，研发费用1898万元，申请专利14个，授权7个。

河南三和航空工业有限公司专注大载重无人机领域，从载重50千克，发展到城市消防载重100千克量级，于2021年完成载重200千克量级的SG500产品型号定型，2021年珠海航展推出三和航空“无人机智能控制系统”“直线舵机”、轻型飞机“综合仪表”系统，同时布局研究无人直升机螺旋桨加工技术。

河南翱翔航空科技有限公司申请专利共计30余项，并取得“无人机地面控制箱”“无人机自动驾驶仪软件”的著作权。

五、重大基础设施建设

安阳无人机产业园建设完善的产业发展配套基础设施，推动产业快速发展。

（一）河南省无人机质量检验中心

在获批省级无人机质量检验中心的基础上，扩建了风洞、电磁兼容、IP 等级防护等 8 个实验室。目前共有 15 个实验室，可开展无人机的外观性能、摔震性能、环境适应性能、可靠性能、飞行控制性能、喷雾性能、抗风等性能检测。其中风洞实验室、电磁兼容实验室是检测中心的核心和拳头检测项目。

（二）无人机科创园

建设 1 万米 ^{2} 国家级科技企业孵化器和 3.6 万米 ^{2} 无人机研发制造企业孵化基地。可容纳 30 ~ 50 余家科技研发企业及 20 家无人机生产企业同时孵化。

（三）5G 泛在低空技术应用示范基地

项目规划建设用地 80.3 亩，主要建设内容包括 5G 泛在低空测试基地、5G 无人机管控云平台、5G 模组研发生产、5G 无人机终端产品研发制造、5G 终端产品电磁兼容和环境实验室及配套的生活设施、研发生产设施和研发办公设施等。

（四）5G 泛在低空测试基地

联合中国联通建设了覆盖空域 1200 千米 ^{2} 的 5G–SA 对空专网，成为全国首个 5G 泛在低空飞行测试基地。

（五）无人机飞行测试中心

占地 110 余亩，集飞行培训、展览、表演赛事于一体。建设有 8 条旋翼无人机测试跑道（15 米 ×200 米）和 1 条固定翼测试机跑道（30 米 ×200 米）、四块 3000 米 ^{2} 飞行场地，可供入驻企业随时进行无人机新机型飞行测试。

（六）规划建设地信产业园

占地 16.7 亩的地信大厦办公用房面积 10000 米 ^{2}，拟在两年时间内引进 20 ~ 30 家专业测绘企业，建设豫北地区最全面、最专业的无人机测绘园。

六、行业管理

河南省 2021 年印发实施《河南省“十四五”制造业高质量发展规划》，大力支持无人机高端装备发展，加强无人机设计、制造、测试、集成开发等关键技术攻关，积极研制针对农林植保、航拍、航空测绘等多场景应用智能无人机，支持建设无人机产业园区和试飞基地。

郑州市 2021 年印发实施《郑州市智能装备产业链现代化提升方案》和《郑州市 2021 年汽车及装备制造产业升级实施方案》，突出发展植保、物流等无人机产品，加快突破智能避障、自动巡航、群体作业、飞行控制等关键技术，加大引进国内外优势新兴智能装备企业和培育小微企业力度，通过推广应用、成果转化、企业孵化等方式，促进产业集群形成、发展、壮大。

安阳市人民政府办公室 2021 年出台《关于安阳民用无人驾驶航空试验区建设的实施意见》，明确试验区建设任务及建设规划。

湖北省

一、本地区基本情况

2021年底，湖北省民用航空工业企事业单位共计50余家，涵盖特种飞行器、通用飞机、无人机、航空仪表、飞机座椅、复合材料、飞机维修等领域。特种飞行器、航空救生装备产品研发制造和总体航空维修能力在全国领先。

二、生产经营情况

2021年，湖北省纳入全国民用航空工业统计管理信息系统的3家航空企业实现主营业务收入约16亿元，重点企业保持快速发展态势。

三、主要产品

（一）民用飞行器

“海鸥”300轻型水陆两栖飞机、AG50轻型运动飞机、卓尔“领航者”Skyleader 600单发双座飞机、“领航者”JA600飞机、“晨龙天使”AL8飞机、“海王”水陆两栖轻型运动飞机，AS700载人飞艇、载人观光系留气球，涵道风扇动力系统，多旋翼、固定翼等系列无人机，热气球、滑翔伞、动力伞、软翼轮式飞行器、柔翼无人机等轻型民用航空器。

（二）航空设备及系统

各类民机座椅，驾驶舱门系统，水/废水系统，航空电动机系列，发电机及发电机组系列，以涡轮膨胀机与换热器为核心的环控系统系列，直升机加油及抛放装置，新型塔台综合管理台，机载设备，辅助设备，无人机通信指挥车、无人机地面站、无人机地面防空车、无人机回收系统、无人机防控系统等。

（三）民用飞机零部件制造

起落架零件、干燥器组件、压力平衡阀、卡箍标准件，迎角传感器、谐振式结冰探测器、图像式结冰探测器、过冷大水滴结冰探测器，发动机支架组成、飞行员及乘客座椅组成、飞控系统、机身结构件及钣金件等，C919风挡雨刷、干燥器、防冰伸缩管、C919风门组件机载产品，ARJ21、新舟60、C919系列拉杆、制冷冲压风门、应急冲压风门等，各类航空紧固件，用新型材料芳纶蜂窝制造的整流罩、机翼前缘、襟翼、方向舵、尾锥、地板、座椅等。

（四）其他民用航空产品

个体防护救生装备、应急救生装置、弹射动力装置、降落伞、救生开伞器、航空运动产品、腐蚀防护产品、航空装饰件、客货舱地板、精密测绘仪器等系列产品。

（五）航空维修及服务

民航整机定检维修、喷涂及改装。波音系列、空客系列、CRJ、ERJ、俄制飞机等多个机型的液压、气动、电气、燃油、飞行操纵、机载应急设备、起落架、复合材料、直升机旋翼和旋翼传动部件、通航发动机、螺旋桨等附件的维修。航空器舱内设备、飞机内饰等，采用冷气动力喷涂、超声速喷涂、等离子喷涂等对飞机结构件的维修。

（六）相关产业的产品及服务

培训服务种类齐全，包括铝合金结构修理、机身门窗修理、防腐处理、复合材料修理、喷漆等航空部件修理培训，轻型飞机、无人机飞行及培训服务。蔚蓝集团、湖北龙昊航校、卓尔宇航集团、泊鹭（荆门）公司、湖北电鹰科技公司等单位的轻型飞机、无人机驾驶培训业务。

四、产品开发与技术进步

中国特种飞行器研究所正在加紧进行AG600大型灭火/水上救援水陆两栖飞机、“海鸥”300轻型水陆两栖飞机、AG50轻型运动飞机等多个型号研制任务。开展浮空飞行器、水面飞行器、通用飞机、腐蚀防护与控制等特种飞行器领域关键技术研究。大型灭火/水上救援水陆两栖飞机 AG600 的铁鸟综合试验台建设及联调联试等工作按要求全面完成。2021 年获航空工业集团科技进步奖一等奖 2 项，三等奖 4 项。年度申请专利 65 件；报送航空科技报告 40 篇。4 项国标和 12 项航标立项，参编 1 项团体标准。

卓尔宇航集团在轻型飞机、飞行模拟器以及特技飞机等领域不断取得进步。产品类型涵盖轻型飞机、工业级无人机以及飞行模拟器等。

湖北超卓公司 2021 年实现工业总产值近 1.5 亿元，自主研发的冷喷涂移动增材制造平台，具备长途机动运输、野外及场站条件下对大型装备结构损伤原位增材修复能力。在 2021 年完成多项飞机部附件结构损伤增材修复技术攻关、飞机主机表面损伤增材修复技术研究、飞机承力结构疲劳裂纹修复技术攻关、航空发动机附件传动机匣高精度轴承安装底座增材修复技术攻关。

武汉航空仪表有限责任公司防除冰系统已形成系列产品，能够提供飞行器防除冰系统解决方案。公司成为国内防除冰系统产品主要供应商，承担国内大部分防除冰预先研究课题，拥有 13 项专利、参加编写近 20 项航空行业标准。目前承担及参与的民机型号项目包括 AG600 飞机、ARJ21-700 飞机磁致伸缩式结冰探测器、ARJ21-700 飞机分离式迎角传感器、CR929 飞机机翼防除冰系统地面试验件、新舟 700 飞机结冰探测系统及电加热装置、运 12F 飞机气囊除冰系统等。

武汉航达公司保持平稳快速发展。公司目前已取得各类专利 49 项，自主开发大型试验设备近百台（套），建立各种飞机附件维修能力超过 7658 项，在国内同类型企业中维修能力领先，在气动、液压、机电等附件的维修方面积累了丰富经验，业务范围涉及波音系列、空客系列、中国商飞公司 ARJ21、多尼尔、加拿大喷气飞机、亚马逊系列飞机、俄制飞机等各种在用机型的各类附件，以及各种飞机发动机附件。

航宇嘉泰最新研制的新一代民机旅客座椅平台已通过波音、空客公司审查。公司获得有效专利 84 项，其中发明专利 12 项、实用新型专利 61 项、外观设计专利 11 项。公司是国家“专精特新”小巨人企业、第一批国家重点“小巨人”企业。

五、对外贸易与合作

武汉航达公司和国际知名原始设备制造商（OEM）厂家合作，并与联合技术系统公司、霍尼韦尔、美捷特、赛峰、利勃海尔、优尼森、帕克、伊顿、波音等 OEM 厂商分别建立了备件供应与技术支持以及授权维修等全方位的合作关系，武汉航达公司为俄罗斯航空、冰岛航空、韩国济州航空、韩国德威航空、印度 Go Air 航空、印度捷特航空、印尼鹰航、斯利维查雅航空提供各种飞机维修服务。

航宇嘉泰与 Factory design 和 Tangerine 合作开展新型经济舱座椅平台国际联合研发项目。与英国汤普森公司合作，形成双向的产品线延伸，在强度校核、试验大纲、试验、试验报告和适航验证等方面进行交流，开展高端经济舱座椅国内引进转移工作。

卓尔宇航集团与欧洲多家知名飞机制造公司加强合作，与捷克领航者飞机公司、德国挑战者特技飞机公司联合开展有关电动飞机等研制。

六、重大基础设施建设

（一）湖北超卓公司金属增材制造项目

该项目总投资 5 亿元，占地近 94.9 亩，建筑面积约 6.3 万米 ^{2}，分两期建设。一期包括增材制造生产基地项目、钛合金粉末的冷喷涂工艺研发项目、高性能靶材研发中心建设项目；二期包括智能制造项目。在项目建设完成进入稳定经营期后，规模效益明显，测算达产后年销售收入可达到约 2 亿元。

（二）AG600 飞机保障条件建设

包括飞控系统、液压系统、起落架系统、航电综合系统、灭火任务系统等系统设计研发和试验验证条件，总投资超过 8000 万元，新增工艺设备 24 台（套），改造工艺设备 6 台（套），对厂区完成适应性改造；目前项目已进入全面联试联调阶段。

七、行业管理

（一）强化政策引领，优化产业环境

与湖北省发改委共同印发《湖北省航空航天产业发展“十四五”规划》。推进湖北省航空

航天产业链建设，编制《湖北省航空航天产业链基本情况及工作方案》《湖北省航空航天产业链工作专班方案》，并与省发改委、省经信厅等有关部门做好对接，组建产业链工作专班。2021 年 8 月和 11 月，分别组织召开全省航空航天产业链专题会和建设研讨会。

（二）规范行业管理，服务产业发展

对全省 20 余家航空重点企业进行走访调研，收集汇总企业生产经营情况。编制《湖北省航空航天产业链工作手册》和系列调研报告，建立全省航空航天产业链专家咨询组，召开专家组咨询会，整理形成了《航空航天产业链问题清单及政策建议》。完成了《新材料在航空航天产业链中的应用研究》的调研课题，积极向省领导和有关部门沟通有关情况。指导通航产业联盟举办推进新材料在航空航天领域应用工作座谈会、电动飞机论坛等多场活动。

（三）建设重点项目，带动产业发展

有关专项资金中，把航空航天产业发展作为重点支持方向。AG50 轻型运动飞机完成适航验证机首飞，完成了全部科研试飞，已进入取证最后阶段。AS700 载人飞艇完成了 01 艘艇首飞前各项试验及工作首飞，02、03 艘艇适航取证构型完成优化。无人型飞艇完成初步设计，正在开展详细设计。

湖南省

一、本地区基本情况

截至2021年，湖南省航空工业企业近500家，规模以上航空工业企事业单位约50家，从事航空关联产业人员约3万人。目前，湖南航空工业已形成了以碳纤维及碳/碳复合材料、PMI（聚甲基酰亚胺）、高强硬质合金等材料为主的上游产业，以惯导器件、显控设备等关键分系统及零部件为主的中游产业，以中小航空发动机、飞机起降系统及通用飞机、无人机整机为核心的下游产业，构建了较为完整的产业体系。

二、生产经营情况

2021年，湖南航空产业实现产值约498亿元，同比增长16.8%，产业发展的质量效益不断提升。

三、主要产品

湖南省民用航空产业主要产品包括民用航空发动机及配套零部件、民用燃气轮机、轻型运动飞机及民用无人机、航空材料等。

（一）航空发动机及燃气轮机

航空发动机领域的1000千瓦级民用涡轴发动机、5000千瓦级民用涡桨发动机等型号研制进展顺利。其中，1000千瓦级民用涡轴发动机已装载直升机进行了首飞，取得成功；5000千瓦级民用涡桨发动机工程样机转速和性能均已达标。航空发动机密封系列产品包括金属封严环、涨圈、石墨封严、指尖密封、刷丝密封、蜂窝密封等。燃气轮机领域已形成80千瓦级燃气轮机、75千瓦级燃气涡轮发电机组、60千瓦级燃气涡轮发电机组系列产品。

（二）航空整机

具有自主知识产权的SA60L阿若拉飞机实现销售41架，在国内轻型运动型飞机板块的市场占有率达80%；“飞玥”“雷霆”等无人机批量应用于公安、消防等领域。SA160L五座机、HW52V（300千克级）无人机已经进入样机实飞阶段，SA750多用途运输机正在试制。

（三）起落架系统

研制成功C919起落架系统，并已形成配套。产品覆盖飞行器起落架系统集成、起落架零组件、起落架液压附件和航空产品结构件。中小型起落架的主要配套机型有：彩虹系列CH4BJ、CH5、BJ、CCB，无人机系列BZK等。

（四）其他民用航空产品

碳/碳复合材料、T18稀土铝合金、增材制造用高强铝合金粉末、钛合金大型锻件及超大规格棒材、新一代铝锂合金大型构件等均达到国际先进水平，镁锆、镁钕系列中间合金产品作为航空发动机外壳材料国内领先。

四、产品开发及技术进步

飞机起落架系统、机轮系统分别荣获国家技术发明奖一等奖等3个国家级奖项；拥有国内自主研发的GPU芯片，广泛为航空显示系统提供“中国芯”；高精度激光惯导系统技术国际领先、市场占有率全国第一；亚安智控和江苏北斗研究院联合开发的亚安北斗机载平台，利用北斗卫星导航系统与自建的基站，构建了亚安差分系统，实现了无人机的厘米级精准定位；湘潭大学的热障涂层检测评价技术国内领先，目前正在湖南江冶涂层技术有限公司进行制备产业化；湖南科技大学拥有国内领先的镀膜技术和原子气室制备技术，用于生产高温高精度原子磁力仪/原子陀螺仪等核心器件。

五、重大基础设施建设

（一）重大基础设施建设

一是株洲规划建设58.1千米^{2}的航空城，包括发动机研制区、整机制造与通航运营区、科技创新发展区、生活配套区等4个功能板块。先后投入资金70余亿元，修建航空大道、南方中学新校区、凤凰山航空主题公园等。株洲通用机场纳入全省首批低空改革试点空域，凤凰山航空小镇获评省级特色小镇。二是娄底境内的桥头河通用机场建设和娄底春田机场建设是“十四五”规划的重点项目，目前正在加紧建设。

（二）重大项目建设

一是超大型铝合金材料/构件制造产业化项目。项目一期聚焦航空航天、关键铝合金材料与结构件方向，投资20亿元，主要生产高性能铝合金和铝锂合金铸锭、锻压件、挤压件、环筒件、薄壁件及结构零组件，达产后可实现年产值30亿元。二是高端密封产业园建设项目。项目总投资10亿元，主要针对航空发动机密封产品在材料制备、精密制造工艺和试验验证等方面存在的技术及生产短板，满足各重点型号发动机及密封衍生产品研制生产需求。

六、行业管理

（一）完善政策体系

2021年，湖南省印发了《湖南省通航制造业“十四五”发展规划》《湖南省中小航空发动机及航空航天装备产业“十四五”发展规划》，提出着力打造世界一流的中小航空发动机产业集群和全国一流的航空航天配套及集成产业基地、民用飞机配套产业基地、北斗导航系统应用示范区、通用航空产业运营中心等发展目标；长沙市先后出台了《长沙市“十四五”大飞机产业发展规划（2021—2025年）》《长沙市促进大飞机产业发展三年行动计划》《长沙市促进大飞机产业发展的若干政策（试行）》。

（二）深化对接合作

2021年，湖南省与中国商飞公司、航空工业集团先后签署了《“十四五”重点领域深化合作备忘录》《通航产业发展合作协议》，共同推动将湖南打造成全国一流的民用飞机配套产业基地和通航产业综合应用区。长沙市组建了长沙市大飞机产业联盟，并已与中国商飞大飞机产业链供应链促进中心等签署了《推进大飞机产业合作备忘录》，以联盟为抓手，加快推动湖南航空产业高质量发展。

广东省

一、本地区基本情况

广东省民用航空工业以广州、深圳、珠海等地市为中心，主要分布在无人机、通用飞机制造及维修、机载设备、航空材料领域。2021年，广东省共有7家企事业单位（不含中央在粤企业）纳入全国民用航空工业统计管理信息系统，分别是：广州飞机维修工程有限公司、广州航新航空科技股份有限公司、深圳市大疆创新科技有限公司、深圳市多尼卡电子技术有限公司、深圳中集天达空港设备有限公司、珠海保税区摩天宇航空发动机维修有限公司、广东西北航空科技股份有限公司。以上7家企业从业人员共20682人，其中工程技术人员8385人、研究与试验发展人员4358人。

二、生产经营情况

2021年，广东省纳入全国民用航空工业统计管理信息系统的7家航空企业实现主营业务收入385.39亿元，同比增长18.1%；工业总产值398.53亿元，同比增长21.4%；转包生产交付金额29361.17万美元，同比增长4.6%；利润总额84.33亿元，同比增长25.7%。全年交付民用航空产品320.01亿元，同比增长83.3%。其中：无人机272.28亿元（共997.3万架），同比增长212%，民用航空器机载系统和设备0.0347亿元，民用航空器零部件0.4亿元，其他民用航空产品及零部件18.49亿元。

三、主要产品

（一）民用航空器

小型多旋翼飞行器、可折叠便携式多旋翼一体机等产品。

（二）航空系统及设备

飞行控制系统及地面站系统、飞行平台、云台系统、数字图像传输系统、无线遥控和成像终端、飞行参数记录系统、综合数据采集与振动监测系统、直升机健康与使用监测系统（HUMS）、直升机仪电设备综合维修检测系统、飞机泊位引导系统、智能监控系统、空港自动化物流处理系统、航空货物处理系统、现代物流仓储系统、行李处理系统、驾驶舱语音记录仪、机载无线局域网系统、机载音频播放器、机载视频播放器、机载驾驶舱视频监控。

（三）航空维修、改装及服务

飞机、机载设备、零部件及附件的维修，航线维护，适航及服务改装，基地维修，发动机的维护、修理和翻修。

（四）其他民用航空产品

旅客登机桥、航空食品车、升降平台车、机上服务用品等。

四、产品开发与技术进步

2021年，广东省民用航空工业企业研发人员有4358人，占从业人员总数的21.07%。投入研发费用49.71亿元，占营业收入总额的12.8%，新增取得授权的民用航空产品发明专利1625件。

1. 广州飞机维修工程有限公司（GAMECO）：GAMECO是国家“高新技术企业”及广东省飞机维修工程技术研究中心企业，2021年入选广东省科学技术厅、广东省知识产权局、中国建设银行科技金融创新中心和南方报业传媒集团联合评选的“智造之光”（科创先锋榜）。目前，公司每年开展科技创新项目100余项。公司拥有发明专利36项，有效的实用新型专利185项，有效的外观专利6项。为了适应当前新机型、新技术发展，GAMECO以大数据分析、智能机器人、移动信息化等技术为基础，积极探索“智能维修”。

2. 广州航新航空科技股份有限公司：2021年公司被国家高新技术企业认定管理领导小组办公室认定为国家级“高新技术企业”，2020年获评省级企业技术中心，近3年来每年研发投入均占销售收入8.5%以上。自2008年以来相继申请了近百项知识产权，其中包括近30项专利，自动测试系统、自动测试软件、无线电罗盘测试软件、塔康精密测距机载设备测试软件、全自动数字开调测试软件、无线电高度表测试软件、模块化通用测试系统、无线电高度收发机测试软件等综合检测领域90多项软件著作权。

3. 深圳市大疆创新科技有限公司：公司国内外专利年均申请总量增长保持2～3倍，截至2021年年底，公司全球专利申请量累计超18000件，其中PCT专利（国际专利）申请量超5400件，发明专利占比超40%。商标布局全球57个国家和地区，注册1700多件。

4. 珠海保税区摩天宇航空发动机维修有限公司：公司目前能为全球运营V2500-A5、CFM56-3/-5B/-7B、LEAP-1A/-1B以及PW1100G-JM等航空发动机的客户提供优质、高效以及便利的维修服务，现有的7款发动机维修产品涵盖了波音737系列及空客A320系列飞机选装的所有发动机。公司还提供备用发动机租赁、现场及在翼维修、航线可更换件支持（LRU）和24小时航线应急支援（AOG）等多种附加服务。在发动机部件维修上，公司具有9个资源论证修理的维修授权，开发了4000多个维修项目，取得了14000多个零部件的单件适航放行资质。目前公司通过自主研发已获得授权发明专利7项，实用新型专利38项以及软件著作权17项。

5. 深圳中集天达空港设备有限公司：是全球唯一能提供机电桥、液压桥、混合桥的厂家，包含从小型支线飞机到空客A380飞机等全系列旅客登机桥，开发出多个全球技术领先的自主创新产品，如无人驾驶旅客登机桥、飞机泊位引导系统等。2021年，共申请专利21项，其中发明专利17项。公司在世界同行业中，知识产权占有数量处于领先地位，其中旅客登机桥授权专利数量超过第二名以后竞争对手的总和。

五、对外贸易与合作

（一）对外贸易

2021年广东省民用航空工业出口交货值为184.5843亿元，同比增长77.56%。

（二）对外合作

1. GAMECO：拥有中国民用航空局（CAAC）、美国联邦航空局（FAA）、欧洲航空安全局（EASA）在内的超过25种的民用航空器维修许可证。2021年GAMECO与波音公司签署5年的综合航材寄售管理项目合作协议意向书。波音公司宣布将于2022年增设两条全新波音767-300BCF改装生产线，扩展GAMECO的货机改装能力。GAMECO与霍尼韦尔国际公司签订航材采购协议，以及专有信息使用补充协议。

2. 广州航新航空科技股份有限公司：公司与空客公司签署维修服务协议。

3. 深圳市大疆创新科技有限公司：2021年出口额22.35亿美元，在9个国家设有17间分支机构，销售与服务网络覆盖全球100个国家和地区。大疆创新占据全球消费级无人机市场七成以上的份额，在全球民用无人机企业中排名第一。

4. 珠海保税区摩天宇航空发动机维修有限公司：公司成为了PW1100G-JM发动机的网络供应商，也是CFMI公司的合作伙伴。公司与股东之一的德国MTU联盟下的成员企业通过SMAP销售平台共享技术，形成了各有特色、相互融合的标准MTU销售流程。公司与德国MTU其他下属维修企业在全球范围内展开多种发动机机型的销售合作。与MTU集团旗下企业在资源、能力、技术、管理、营销、服务和人力资源等方面开展广泛的合作。通过与MTU各维修基地之间进行全面的技术交流，公司在零部件清洗、高压水剥离、无损探伤检测、表面处理、焊接、机加工、等离子喷涂、热处理、电镀、涂层剥离和高速磨削等方面具备了行业内最高标准的技术能力。

5. 深圳中集天达空港设备有限公司：登机桥产品已销售至全球五大洲80个国家和地区近300个机场，被誉为“装备制造业的隐形冠军企业”。在世界同行业中，公司生产和技术研发能力最强、拥有知识产权数量最多。公司的登机桥产品在技术和产能方面排名综合实力第一，全球市场份额近40%。在美国、欧洲、东南亚等地区设有销售、制造、服务机构。

六、重大基础设施建设

1. 广州白云国际机场南航GAMECO飞机维修设施三期维修机库工程项目。建设期为2019—2021年。2021年12月21日，GAMECO三期机库工程如期竣工，三期维修机库总占地面积为50482.7米^2，总投资额约为8.86亿元。

2. GAMECO飞机附件维修基地项目。建设期为2020—2022年，占地面积约100亩，总建筑面积约5.4万米^2；于2020年6月奠基，预计2022年9月正式投产。

3. 美华航空电子研发建设项目。建设期为2018—2023年，项目总投资250000万元，包括拟建供教学培训的厂房4栋（分操作培训、授课培训使用），总建筑面积约230903米^2。项目建成后将涵盖飞行培训、空乘空保培训、签派员培训以及航空博览等业务。

4. 珠海摩天宇金湾区分厂项目。珠海金湾分厂首期投资15亿元，将专注于维修普惠公司的PW1100G-JM和V2500发动机，年产能初步定为260台，预计员工总数600名。金湾分厂将建设拥有6.5万磅力①的试车台，试车台项目已于2021年6月正式开始施工，测试能力为每年300台，计划于2022年第四季度投入使用。金湾分厂将于2024年整体投入运营，全面投产后，珠海摩天宇总年维修产能将达到700台。

5. 珠海摩天宇保税区发动机维修培训基地项目。公司将投资7000万元在珠海保税区建设面向社会的发动机维修培训基地，用于培养高素质人才。培训基地预计2023年第一季度完工。基地将结合德国双轨制职业教育模式，将理论与实操相结合，每年可为公司培养约100名发动机维修机械员。

七、行业管理

（一）加强规划引领

进一步落实《广东省培育高端装备制造战略性新兴产业集群行动计划（2021—2025年）》，大力支持广州市与中科院开展空天科技合作，推动广东中科空天科技研究院及产业化基地建设；支持珠海航空产业园建设，推动中航通飞AG600水陆两用飞机批量生产、通用航空科研及试飞设施建设和支持珠海摩天宇发动机维修项目建设。围绕高端装备补链、强链等研发制造，推动产业链各环节协同发展，完善产业链上下游配套，打造全产业生态系统，力争将广东省打造成航空装备制造的重要基地。

（二）出台扶持政策

2021年7月，广东省政府办公厅印发《广东省人民政府关于印发广东省制造业高质量发展“十四五”规划的通知》，围绕建设全球先进制造业基地和产业创新高地，培育发展一批战略性产业集群，前瞻布局航空装备产业，着力突破航空装备发展瓶颈和短板。2021年9月，广东省政府办公厅印发《广东省综合交通运输体系“十四五”发展规划》，围绕建设现代化综合交通运输体系，建设国际一流的航空枢纽，按照功能互补、运营协同的要求，统筹推进全省航空发展。积极推进高速铁路、城际铁路、城市轨道交通引入枢纽机场。2021年3月，广东省政府办公厅印发《广东省人民政府关于印发广东省支持重大先进制造业项目建设若干政策措施的通知》，进一步发挥了制造业投资推动工业经济增长的牵引带动作用，加快了航空装备制造业项目投资建设，促进航空装备产业集群高质量发展。

（三）推动产业集聚

《广州市临空经济区条例》（简称《条例》）已于2021年8月5日在广州市第十五届人民代表大会常务委员会第五十二次会议通过，并于2021年9月29日经广东省第十三届人民代表大会常务委员会第三十五次会议批准，将于2022年1月1日起施行。《条例》对临空经济区的规划、建设、发展以及与临空经济区经济社会发展相关的管理、服务等活动进行规范。深圳持续推进粤港澳大湾区重要国际航空枢纽建设，已初步形成集低空交通、跨境运输、医疗救护、应急救援、城市巡查、空中游览等多用途为一体的通用航空服务体系。珠海市实施

① 1磅力=4.45牛。

《珠海市加快通用航空产业发展工作方案》等政策措施，通过加大研发投入、扩大通航制造业规模、拓展通航消费、培育航空航天专业人才、加大金融支撑等措施，推进航空航天产业链不断延伸。在龙头企业中航通飞带动下，航空航天产业链上下游企业纷纷落户珠海，德国摩天宇发动机维修、国家级航空标准件集成供应基地第三方检测中心、亚洲最大的南航翔翼飞行训练中心、中航爱飞客航空俱乐部等产业形态多元发展。

重庆市

一、本地区基本情况

重庆航空工业包括以重庆金世利航空材料有限公司、重庆丰鸟无人机科技有限公司、重庆通用航空有限公司、重庆亿飞智联科技有限公司、重庆三耐科技有限责任公司等为代表的企事业单位 30 多家，主要为通用航空有人机整机和复材零部件研制企业、工业无人机整机研制企业、航空发动机研制企业、无人机机载系统和设备研制企业，以及航空材料和发动机叶片研制企业，从业人员约 1000 人。

二、生产经营情况

2021 年，重庆市航空工业主要单位实现主营业务收入 30478 万元，缴纳税收 1302 万元。

三、主要产品

（一）无人机

重庆国飞通用航空设备制造有限公司生产的多旋翼特种无人机、无人机方舱、无人机压缩空气泡沫消防车；重庆亿飞智联科技有限公司生产的垂直起降固定翼无人机（电动、油动）；重庆驼航科技有限公司生产的重载运输无人直升机；重庆丰鸟无人机科技有限公司生产的中大型无人运输机；重庆交通大学绿色航空技术研究院生产的敏捷绿色长航时无人机。

（二）航空发动机

重庆宗申航空发动机制造有限公司生产的 C12H、C80、C115、C145 系列航空活塞式发动机；重庆交通大学绿色航空技术研究院生产的高功重比轻型共轴航空活塞式发动机。

（三）航空材料和部件

重庆三耐科技有限责任公司生产的高温合金原材料产品包括 K4169、K465、K403、K417、K417G、K438、DZ417G、DD5 等各类常见牌号等轴晶、定向柱晶和单晶铸造高温合金母合金锭，其生产的精密铸件产品包括各种等轴晶、定向柱晶和单晶铸造航空发动机高低压涡轮工作叶片、涡轮导向叶片，小型航空发动机整体涡轮盘和导向器，轻型燃气轮机涡轮叶片、叶轮和导向器，以及各类结构件等；重庆金世利航空材料有限公司生产的航空发动机用钛合金棒材、中小型燃气轮机用钛合金棒材等产品；重庆两航金属材料有限公司生产的主导产品有飞机发动机机匣，油箱骨架等航空航天配套钛合金铸造产品。

四、产品开发与技术进步

（一）重庆丰鸟无人机科技有限公司

2021 年，丰鸟科技深圳研发中心启动了有人机无人化改装 SFN-01 项目。承担及开展的科研项目：一是大型通用货运无人机系统研制及应用项目。本项目的总体任务是研制一款大型支线物流无人机及配套的地面系统，并完成典型物流的应用演示，目前项目正在进行，预计在 2023 年 8 月完成项目演示验证。项目全部完成后，预计将在无人机物流领域开展多次验证和应用，通过磨合改进，未来形成成熟产品并进入市场，将极大拓展大型商用无人机的应用场景。未来通过物流无人机的运营，逐步摸索大型无人机集群协同运输、自主运行等新型运营模式，快速促进国内物流向电子化、智慧化发展。二是低空智联网通用航空器应用及演示验证。开发基于低空智联的通用航空器（含无人机）应用演示验证场景模型，构建多场景演示验证平台，完成支线物流场景、终端区运行场景、应急救援场景、城市物流场景、重大活动安排场景、智慧城市场景和边海防场景等 7 个场景的集成演示验证，实现 5G 网络、雷达 / 无线电 / 光电、星基等技术在低空智联环境下通用航空器（含无人机）监测控制方面的应用验证，项目正在进行。

（二）西北工业大学重庆科创中心

国家级、省部级项目取得新突破，中心首席科学家李金山教授牵头主持的国家重点研发计划已通过科技部组织的专家评审，获批重庆市技术创新与应用发展专项重点项目2项、重庆市自然科学基金21项，项目合同总金额共计1536万元（含产业化团队参研承担950万元）。科技创新成果丰硕，本年度发表国际科技论文14篇，国内科技论文4篇，申报国家发明专利7项，实用新型专利7项，授权6项，获得软件著作权1项。积极搭建产学研合作平台，自主研制的针对航空发动机环件残余应力自动化测试系统验收成功，首台（套）残余应力检测设备正式上线，正与中国航发等单位洽谈推进成果转化应用。

（三）重庆金世利航空材料有限公司

开展的研发项目主要有“航空钛合金挤压型材”项目、“1500兆帕超高强钛合金研制”项目等。

（四）重庆亿飞智联科技有限公司

具备整套无人机核心的飞控、数据链、吊舱等自主研发技术，整机匹配度比较高，产品性能稳定；已拓展吊舱技术的深度研发，开发了满足直升机吊舱技术要求的3千克级制冷型红外吊舱；研发的200千米数据链，实现了远距离高清视频实时回传，现又通过“机－机中继”技术，可实现作业范围达350千米的作业距离；与隆鑫和宗申发动机联合开发试制，使用国产发动机，使产品的开发进度、飞机匹配、产品售后等更便捷和便利。抗干扰技术具备领先优势，对“远距离，长航时”的无人机产品应用，具备比较成熟的作业经验和技术；研发了机载端小型定向天线，将发射信号的角度缩小到指定方向，具备很高的隐蔽能力。

（五）重庆交通大学绿色航空技术研究院

投入250万元开展油电混合动力敏捷无人机研制，于2021年10月在西安成功首飞，现正在开展产品改进；投入300万元开展轻型分体式多旋翼电动飞行汽车研制，现项目按计划正常研制，拟在2022年完成首飞。

（六）重庆三耐科技有限责任公司

目前处于试制阶段的主要产品有高低压涡轮导向叶片。此外，公司成功突破三联体叶片整体铸造技术和变形控制技术，应用该技术制造的发动机高压涡轮导向叶片已经通过主机厂评审和热冲击试验，其冶金性能良好，尺寸精度高，具备交付条件。

五、对外贸易与合作

重庆金世利航空材料有限公司2021年积极开展对外贸易，实现外贸收入34.74万美元；重庆亿飞智联科技有限公司从2020年至今与瑞士的Helvetis S.A.客户合作，购买其无人机E25一套，金额7.2万美元；重庆交通大学绿色航空技术研究院举办国际绿色航空科技（重庆）论坛，与国内外行业专家深入探讨绿色航空科技发展前沿理论，助推绿色航空科技重大理论和核心共性技术突破，共同推动绿色航空科技创新和产业发展；重庆宗申航空发动机制造有限公司在法国、波兰、俄罗斯、加拿大等国家实现整机销售，累计创汇400余万元，目前正积极构建海外销售代理点与维修点。

六、重大基础设施建设

巫山、武隆民用机场建成投用，重庆新机场选址、万州机场改扩建工程、黔江机场航站区改扩建工程加速推进，龙兴、大安、梁平通用机场投入运行。

七、行业管理

为支持重庆航空产业高质量发展，重庆市出台了《重庆市民航发展“十四五”规划》）（简称《规划》）。《规划》提出要培育壮大主基地航空公司，研究整合基地航空公司，积极培育壮大与国际航空枢纽战略相契合的主基地航空公司，加强战略合作和政策扶持，给予主基地航空公司在航站楼和停机坪使用、航权时刻安排和资源配置等方面的优先保障。

四川省

一、本地区基本情况

四川是我国四大飞机制造基地之一，拥有众多科研院所、生产制造企业和实验研究基地，具有较完整的飞机和航空发动机总体设计、总装制造、系统集成和验证试验体系，民用航空工业领域发展程度较高，产业基础、技术能力、人才资源位居全国前列。

目前四川省从事航空及相关领域的企事业单位 230 余家，主要由中国航空工业集团有限公司、中国航空发动机集团有限公司、中国电子科技集团有限公司在川企事业单位，以及地方民口配套单位构成，从业人数近 10 万人。已建成国家级重点实验室 2 个，国家级企业技术中心 12 个，拥有我国唯一的高空模拟试车台和唯一的飞行器空气动力性能验证评估平台，在飞行器总体设计制造、航空发动机研制、航电系统研制和航空先进材料制造等方面处于国内领先水平。

二、生产经营情况

2021 年纳入四川省民用航空工业统计系统的企事业单位（含央属企业、地方民品配套单位）实现工业总产值 99.69 亿元，同比增长 22.8%。

三、主要产品

（一）民用飞机

主要发展大飞机机头及通用飞机、警用无人机、植保无人机、多功能无人机、靶机等多种民用飞机。主要包括：新支线客机 ARJ21、大型民用客机 C919、大型宽体客机 CR929 的机头系统；AG600、新舟 60、新舟 700、AC312、“海鸥” 300、“小鹰” 500 等飞机部组件；通用型支援保障无人机、多载荷无人机、电动旋翼无人机、共轴双桨无人机、垂直起降固定翼工业无人机等无人机系统。

（二）航空发动机

主要发展民用航空发动机的各类机匣件、环形件、蜂窝密封件、钣金件、吊挂件等零部件生产，产品应用机型包括 GE 航空公司的 LEAP 系列、GE9X 系列、GEnx 系列、GP7200、Passport20、CF-34，罗罗公司的遄达 XWB、遄达 1000、遄达 7000、遄达 700、RB211、BR725 及“珍珠”系列，霍尼韦尔公司的 HTF7000 系列和 HTS900 系列，以及国内商用发动机长江 1000A、长江 2000AX 及 S100 项目系列零部件。

（三）机载系统和设备

主要发展机载航电系统、机载电源系统、航空燃油测量与控制系统、航空发动机点火系统和航空发动机传感器、信号器、信号处理装置、密封类、滑油屑末检测类产品等。机载航电系统主要发展 C919、新舟 700、AG600 等重点民机型号的通信导航系统、信息系统、客舱系统、数据链产品；机载电源系统主要发展 C919、AG600、ARJ21、新舟 60、新舟 700 飞机的蓄电池，伊尔 -76、波音系列及空客系列飞机的蓄电池，AC311/312E/312C/313 直升机的蓄电池，通用飞机（小型飞机）的蓄电池，“翼龙” Ⅰ、“翼龙” Ⅱ无人机的蓄电池等民航飞机用蓄电池及电源系统；航空燃油测量与控制系统、信号处理装置等主要发展 C919、AG600 等民用飞机和发动机型号配套产品。

（四）其他民用航空产品

主要发展飞机结构件、起落架、航空模锻件等民用航空产品。为 C919、A320、A330、A350、波音 787、运 12/12F、“小鹰” 500、AC313、A312C 及 AG600 等机型大量供货；发展碳纤维航空复合材料、航空钛合金、功能涂层材料等，在飞机结构件、磁性材料、密封件、易熔合金等领域广泛应用；承接 A320 前 / 后登机门、A350下垂板和扰流片、“湾流”G280公务机机头和后机身，以及波音787方向舵等项目的转包生产。

（五）相关产业的产品及服务

主要发展空管通信、机场配套设施、整机修理加改装和发动机维修服务等。空管通信设备主要有ADS-B地面站、二次监视雷达、低空空域协同运行中心、测试应答机、测距仪、多普勒甚高频全向信标、移动式管制中心系统、机动式ADS-B管制系统、飞行指挥车、AeroMACS机场宽带无线通信系统。机场配套设施主要包括机场新能源特种车、行李货物智能分拣输送系统、机场冷链驳运车、智能旅检系统、值机设备、航空集装器等一系列机场航空物流专用设备。维修服务主要发展CFM56系列、LEAP系列发动机维修，A320系列飞机整机深度维修、航线维修，飞机FMC、FCC、FMGC、FCU、MCP、ELAC、FWC、SDAC、ATC、ILS、GLU、ADF、VHF、HF、ADC、PSCU、SPU、SCU等电子/电气部附件维修，飞机IDG、APU、ACM维修等业务。

四、产品开发与技术进步

（一）新产品开发情况

在民用飞机领域，成飞民机完成3架AG600机头大部件、机头鸟撞等试验件交付；完成CR929总体装配方案策划，首次实现通过自动钻铆技术完成机头上顶部壁板组件的开铆；完成波音777门框和前壁板组件首架交付；完成A320后登机门3D项目。成飞公司实现长江1000A短舱“零超差”交付。在航空发动机领域，中国航发成发完成AES100和长江系列发动机多项产品研制任务，产品类型涵盖风扇增压级单元体、涡轮级间机匣、安装系统和工艺喷管组件等。在机载系统和设备领域，长虹电源为AG600飞机新研的20GNC50-（4）B、20GNC28-（2）A蓄电池组，以及配套的CDK34充放电控制器已交付珠海通飞公司，20GN27蓄电池组已开始为ARJ21飞机少量供货。新川航空自主研发了滑油在线定量屑末监测装置、航空发动机转速/压力/流量/液位等传感器、机械密封技术等。九洲空管C919客舱广播内话子系统扬声器、ARJ21客舱扬声器取得民航CTSOA适航证书，C919客舱广播内话子系统手持受送话器完成了民航适航审查。泛华航空完成C919密度传感器、温度传感器、线束，AG600飞机油量测量指示系统，新舟700燃油测量系统的设计、评审、试验及装机件交付等相关工作。在其他民用航空产品领域，二重万航模锻民机项目完成C919项目吊挂、滑轨、平尾锻件，AG600项目主起落架外筒、套筒、扭力臂，赛峰项目A350主起落架活塞杆等31项新产品开发。

（二）承担及开展的民用航空科研项目情况

民航成都物流承担了国家自然基金民航联合基金培育项目“基于AMR集群的未来机场行李智能处理关键技术研究”“基于电子标签的航空旅客行李全程跟踪技术研究”等7个国家和省级民用航空科研项目。成飞民机组织AG600项目开展工装集成及试验件快速研制方案，主要装配型架套数由60套缩减至36套，工装成本节约700余万元，厂房面积节约23%。四川凌峰液压新开发AC332型机1项阻尼器已完成方案评审，并全面开展研制生产。华太航空取得中国民用航空西南地区管理局颁发的钻石飞机ADS-B系统改装设计批准书（MDA）、ARJ21门锁装饰罩补充型号合格证（STC）、旁通阀超规范修理方案批准（DER）。明日宇航飞行器铝合金结构件高效铣削工艺技术已应用于多家航空主机厂加工飞行器铝合金结构件的生产中，通过了四川省科学技术成果鉴定。泛华航空开展光纤传感器、等离子点火系统、发动机PHM等领域相关技术产品预先研究项目38项，光纤传感器、等离子点火系统已完成工程样机研制，静电传感器项目和密度传感器国产化项目关键技术研究实现重大突破。

（三）重大技术进步情况

在民用飞机领域，成飞民机实现CR929宽体客机项目首个大部件自动钻铆开铆，实现预装配、自动钻铆工装快拆共用，机头上顶部壁板装配工位缩减工装成本30余万元；推动制定孔系定位标准，并在产品设计中充分贯彻工艺需求，零件开孔率达到95%以上，装配周期由5个月缩减至2.5个月；全流程梳理和优化

A350 项目复材组件喷漆工艺，实现喷漆表面质量大幅提升，交付速率在年初的基础上提升了 100%，节约材料使用成本 30% 以上。在航空发动机领域，中国航发成发整体机匣高效加工技术、数控弯管技术、零点定位快换工装技术等 12 项关键核心技术取得新突破；成都航利航空“军 / 民用航发燃油喷雾系统关键技术及应用”获四川省科学技术进步奖三等奖。在机载系统和设备领域，长虹电源研制的航空锂离子蓄电池组系统已批量应用于“翼龙”系列等飞机，其综合技术质量达到国际先进水平。在其他民用航空产品领域，二重万航模锻在赛峰 A350 项目主起落架活塞杆锻件研制过程中采用全过程工装保证技术、“制坯 + 模锻连续生产”的新工艺模式，成果已推广应用到钛合金产品；四川航泰完成优化标准深孔打孔加工能力建设、异形件、薄壁件激光切割技术等工艺技术攻关 9 项，完成技术改进项目 10 余项；九洲空管完成了多点定位航迹跟踪处理技术、ADS-B 多目标 / 多重接收（抗交织）技术、星基 ADS-B 监视等 9 项关键技术研究，并实现了在相关产品和平台上的应用。在相关产业的产品及服务领域，民航成都物流研制的大型机场旅客行李智能处理与全流程智慧化管控关键技术荣获中国智能交通协会科技进步奖一等奖。四川海特高新突破飞机电源系统、通信系统、导航系统、设备 / 设施系统、防火系统、水 / 废水系统等 30 多项部附件维修测试技术并获得 CAAC 适航批准。四川奥特突破 IDG、热交换器、供氧系统等飞机部附件维修、测试技术 78 项，并获得 CAAC 批准。

五、对外贸易与合作

（一）对外贸易情况

2021 年全球范围内新冠疫情持续反复，世界民用航空市场总体需求仍处于低位，加之前期累计的存货有待消耗，客户整体需求尚未明显反弹，在疫情得到全面控制之前，市场恢复时间还存在较大不确定性。中国航发成发三大外贸航空项目（GE 航空、罗罗及霍尼韦尔）销售均遭受较大程度的影响，全年订单总体维持在较低水平，整体航空业务销售规模与 2020 年相当。

（二）对外合作情况

2021 年，中电科航电在继续夯实前期与柯林斯、泰雷兹、钻石公司等国际公司合作成果的基础上，加速自主创新，通过国际化视野在通信导航系统、客舱系统和通用航空等多领域进行提前布局，加强自主研发。二重万航模锻继续深化同全球最大起落架制造商法国赛峰公司的业务合作，目前已开发的涉及四款国际民用飞机的 11 项起落架模锻件产品已进入全面批产阶段，5 项双通道机型起落架模锻件项目已陆续进入首件研制及小批生产阶段。

六、重大基础设施建设

四川成都航空产业园一期、二期机加生产区、热处理中心项目、成飞民机国产大飞机机头批生产基地项目已建成交付，正在设备安装调试与试生产阶段，将于 2022 年 6 月实现机加生产区入驻企业全面投产。三期钣金、装配、工装生产区 50 余万米 ^{2} 厂房建设已全部动工，按既定目标推进，全力推动四川成都航空产业园 2022 年底前实现全功能运营。

自贡航空产业园 2021 年新建成 2500 米长能满足各型通用飞机和无人机飞行需求的自贡兰田通用机场；建成综合服务中心、“双创中心”、科技成果转化中心、标准厂房、机库等产业创新载体和成飞自贡无人机产业基地，形成 8 千米 ^{2} 承载能力。

2021 年，中国航发成发共计投资 4300 万元，新增蓝光三维扫描仪、固化炉、高速铣削加工中心等工艺设备，大力推进长江系列民用发动机研制和 GE、霍尼韦尔、罗罗等转包任务交付保障。国营川西机器厂投资 5000 万元建成 APU 维修厂房，形成霍尼韦尔 GTCP131-9A 型 APU 年大修 100 台能力。泛华航空完成了 006# 燃油综合试验厂房建设工作，提升了公司燃油测量系统检测验证中心系统集成验证能力。九洲空管持续推进国家工程中心实验室建设，完成软件功能环境搭建和开发验证平台建设，初步建成了开放式、在线、协同、面向服务的集设计、仿真、演示、验证、评估和测试于一体的多功能实验室，可连接远程设备、数据和服务。四川航泰持续推进用地 147.97 亩、总投资 3 亿元的航空装备生产基地项目建设。成都德坤航空设备制造有限公司投入超过6亿元，购置五轴和三轴数控加工设备35台（套）、FMS自动化生产线、热处理生产线、机钣钳零件生产线及热处理生产线等设施设备。四川飞机维修工程有限公司投资6300万元，建成天府宽体机维修机库，形成A320飞机8C定检维修能力。四川国际航空发动机维修有限公司成功完成LEAP-1A/1B试车台升级改造，成为中国第一家获得LEAP-1B发动机试车资格的企业。二重万航模锻完成10吨无轨装出料机、0.8吨智能操作机、1吨无轨装出料机、9米电加热炉等18台（套）设备采购工作。

七、行业管理

（一）加强民用航空产业发展顶层设计

持续推进以航空与燃机产业为重点的四川省"5+1"现代产业体系建设，围绕《四川省航空与燃机产业培育方案》，制定《2021年度航空与燃机产业发展工作要点》。发挥省领导联系指导航空与燃机产业机制作用，定期召开联席会议推进工作，加快打造航空整机、航空发动机、无人机3个航空产业集群。印发《四川省"十四五"航空与燃机重大科技专项实施方案》，以推进航空与燃机重大产品国产化为核心，以提升航空与燃机产业关键部件和零配件自给能力为重点，开展航空发动机、燃气轮机、航空大部件、航空电子、航空再制造等领域关键核心技术攻关和重大创新产品研发，助力四川省航空与燃机产业高质量发展，努力为国家作贡献。

（二）纵深推进低空空域协同管理试点

2021年，在巩固首期低空空域协同管理试点成效基础上，进一步补强运行保障短板、深挖协同运行潜能、谋划深化试点方向，协同管理空域内飞行量大幅度增长，运行场景呈现更加丰富。编制完成深化试点方案，完成基于目视自主飞行规则融合运行问题研究课题和低空地理GIS系统项目，进一步对通信和监视基站设备进行测试调试，基本实现了成都平原信号全覆盖，开发了低空用户手机APP软件，提升了低空运行监管服务能力。全年共计飞行14万余架次、5万余小时，同比分别增长40%、85%。

（三）强化产业发展要素保障

设立8.76亿元航空产业引导基金、10亿元通用航空基金。6家优势航空企业纳入四川省上市培育库，1家企业在上海证券交易所科创板上市。落实国家重大技术装备关键零部件进口免税，实施首台（套）、首批次、首版次保险补偿试点等政策，支持航空领域技术创新和产业化发展，财政扶持资金超过1亿元。

贵州省

一、本地区基本情况

贵州省是国家重要的航空工业基地，在原有“三线”建设基础上，形成较强的配套产业优势。依托在黔航空工业企业形成了以无人机、高级教练机、中小推力航空发动机为主的航空产业体系。全省参与民用航空生产及配套的企业有 38 家，其中，中国航空工业集团有限公司在黔企业 14 家，江南航天集团在黔企业 4 家，中电振华集团在黔企业 1 家，中国航发集团在黔企业 5 家，民营企业 9 家，运营服务企业 5 家，已有 13 家企业的产品参与国内民用飞机重点项目配套。

二、生产经营情况

2021 年贵州省以航空航天为重点的装备制造业完成规模以上工业总产值 1195 亿元，同比增长 19.5%。

三、主要产品

（一）整机

贵飞公司是我国在西南地区布局的重要整机生产基地，主要从事各类无人机、教练机制造等，其中无人机技术位列航空工业集团前列；贵州通用飞机制造有限公司是贵州省通用飞机制造企业，主要从事于通用飞机设计制造、航空航天精密零部件、航空复合材料零部件、紧固件、标准件等制造，2021 年，该公司研发生产的“自由鸢”GGAC-100 型通用飞机完成型号合格证（TC）验证试飞，已取得中国民航局型号合格证。

（二）总成和系统

中国航发贵州黎阳航空动力有限公司生产中小推力航空发动机（涡扇发动机），助力实现省内关键航空零部件的技术自有化；红林公司生产航空发动机主燃油调节器、加力燃油调节器、油气分离器、滑阀、活塞等；贵阳航空电机公司生产航空二次电源（DC/DC、AC/DC、DC/AC、AC/AC）系列产品、配电产品、电机类产品和结冰信号器等；华烽公司主要生产航空电机、电连接器、飞行员操纵装置；新安公司主要生产飞机起落架及附件、飞机电源、应急门逃生机构。

（三）零部件

贵州省航空工业配套在原有“三线”建设基础上，经过多年发展，已形成产业链较为完善、技术高度自有的产业生态布局。贵飞公司主要从事的配套产品包括飞机框梁、飞机后机身和机翼等结构零部件及飞机导管、电缆组装件等。大东风机械公司主要从事发动机叶片的制造、加工及相关产品模具的设计。安大公司主要产品有航空发动机、机身等各类环轧件和闪光焊件，机身、机翼、垂尾、吊挂、翼身组合件等飞机结构锻件。安吉公司为不同类型的飞机、航空发动机、机载设备、航空附件提供各类铝合金、钛合金、镁合金、高温合金等优质铸件。中航标、航天精工为飞机、航空发动机提供螺母（含自锁螺母）、螺栓、螺钉、铆钉等。航天电器公司主要产品包括电连接器、继电器及电气控制组件。力源液压重点配套各类航空液压泵。

（四）地面装备

贵州通用航空有限责任公司配套直升机移动式起降坪；贵阳高新泰丰航空航天科技有限公司配套直升机起落架；贵阳黔江机械厂、贵阳航空发动机有限公司配套生产试飞试验地面保障设备。

四、对外贸易与合作

对外转包业务规模稳步扩大，近年来多家企业持续扩展国际市场，对外转包形成较为稳定的业务和规模。整机重点企业有贵飞公司、通用飞机制造公司。航空锻件重点企业有航空工业安大公司、航宇科技公司，其中，航宇科技公司成为美国 GE 航空、英国罗罗公司、美国普惠、法国赛峰、美国霍尼韦尔、德国 MTU 在亚太区的核心供应商，并配套全系金属材料的环锻件，是英国罗罗公司的大中型环锻件在亚太区的主要供应商；发动机叶片主要企业有黎阳国际、赛峰飞机发动机（贵阳）有限公司、贵州大东风机械有限公司。

五、重大基础设施建设

一是航空工业风雷公司整体搬迁进入安顺航空产业园建设项目，该项目占地 200 亩，新增建筑面积 5.8 万米 ^{2}。主要建设研发检测、机加装配、理化试验、转包等厂房，现已部分试生产，预计 2022 年底建成。二是安顺安吉精铸航空产业园建设项目，总建筑面积 16.13 万米 ^{2}，建设生产厂房、科技研发楼、综合服务楼、工艺设备生产线，预计 2023 年底建成。三是航空工业贵州龙飞航空附件有限公司民用无人机、通用飞机起落架、液压附件产业化项目改建热表处理中心、焊接中心、装配试验中心、机加中心等 3500 米 ^{2}，预计 2023 年底建成。

六、行业管理

（一）大力推动以航空为重点的装备制造业发展

2021 年发布《贵州省先进装备制造业“十四五”发展规划》，明确提出将航空产业作为贵州装备制造产业体系的重点发展方向，重点发展无人机及通用飞机、飞机与零部件制造，着力提升航空重大工程、重点型号配套能力，持续扩大国际航空零部件转包规模，拓展延伸相关产业链，构建集研发设计、整机制造、总成系统、零部件配套到维修、服务、应用为一体的全产业链航空产业生态。

（二）加强航空产业招商引资工作

围绕飞机产业链研究分析，提出飞机产业全景图、贵州省产业发展现状图、招商目标企业库、产业链项目库、产业链资金池和人才池。

云南省

一、本地区基本情况

云南民用航空工业主要在通用航空产业领域发展。云南省从事通航产业的企业以运营为主。据不完全统计，云南省从事通用航空产业企业有 18 家，其中，有 10 家是通用航空公司和飞行俱乐部，从事旅游、培训、其他服务业；属于制造业的只有 8 家企业（含无人机制造企业），均为小微企业。

二、生产经营情况

云南省通航产业制造企业以民营企业为主，基础薄弱。弥勒浩翔科技有限公司研发生产的 DL-2L 双座轻型运动型飞机 2014 年成功实现首飞；2019 年 4 月，DL-2L 双座轻型运动型飞机取得中国民用航空西南地区管理局的型号合格证；2020 年 1 月获得生产许可证（PC），实现了云南省整机研发制造零的突破。

据企业自报，2021 年全省民用航空制造业销售收入仅为 363 万元，其他企业经营情况普遍不佳。由于面临许多困难，个别已经尝试进入航空制造领域的企业因技术、工艺、市场、资质认证等原因，退出航空制造业。云南省民航产业发展任重道远。

三、主要产品

弥勒浩翔科技有限公司研发生产的 DL-2L 双座轻型运动型飞机；昆明电缆集团航安线缆有限公司生产的民用航空导线和耐高温导线产品；云南高科新农科技有限公司等民营企业开发生产小型无人机。

四、产品开发与技术进步

弥勒浩翔科技有限公司成立于 2007 年，主要研发生产和销售航模发动机，目前已形成 DLE20 ~ 200 等 20 型全系列航模发动机和活塞式航空发动机的研制能力，拥有全部自主知识产权。公司航模及其他航空专业领域技术研究重点方向主要有三个方面：轻型飞行器设计、小型活塞式航空发动机技术开发、无人机混合动力技术研发。其中，DLP-1730 型活塞式发动机已经开发 5 年，仍在台架测试。

云南钛业股份有限公司是云南省钛金属材料研发生产企业，成立于 2009 年，是一家致力于中国钛及钛合金大型锭坯熔铸、钛卷板、线材、型材、钛制品和钛设备工艺技术研发与产业化的国有控股企业。云南钛业股份有限公司“十四五”期间专业领域技术研究重点方向主要有 Ti-Al-V-M 系新型低成本高强韧钛合金开发及应用。

五、对外贸易与合作

弥勒浩翔科技有限公司 DL-2L 型轻型运动飞机所搭载的螺旋桨，是由波兰 AERO AT Sp. Zo.o. 生产制造的，由于国际形势、疫情等原因，影响了该企业 DL-2L 飞机的生产。

2020—2021 年，云南云上飞鹰航空装备有限责任公司从事捷克 Skyleader 600 型 2 座固定翼飞机组装、试产，但由于未能获得“三证”，没有销售，无经济效益。云南高科新农科技有限公司外购、组装生产无人机，规模较小。

六、行业管理

（一）发展民用航空制造业，对云南意义重大

发展通用航空业对云南省经济发展具有重要的促进作用。云南省具有相对独立的空域管理区域，全省 95% 地形为山地，陆路交通不便，旅游资源丰富，这些是云南省大力发展通用航空产业的优势和条件。把通航产业培育成为云南省国民经济新的增长点，对促进云南省先进装备制造业的发展将起到重要的促进作用；

同时，也将在云南省加快转变经济发展方式、调整经济结构、发展现代服务业和新兴产业的平台建设中发挥重要作用。

（二）省委、省政府高度重视通用航空产业发展

省委、省政府针对世界和国内通航产业的发展态势，采取一系列措施促进云南省通航产业的发展。

一是推动谋划云南省通航产业发展工作。2018年以来，省领导多次召开专题会议，研究云南省通航产业发展问题，确定工作重点。省工业和信息化厅进一步加强了通航产业发展的协调工作力度，确保各项决策部署落到实处，加快云南省通用航空产业的发展。

二是成立了通航产业发展的协调领导机构。2018年，云南省成立了由省政府领导牵头的“云南省通航产业发展协调领导小组”，统筹协调企业投资全省通用航空产业所涉及的相关工作；加强对云南省企业投资通用航空产业发展的宏观指导，研究解决有关企业在整合全省通用机场建设中的重大问题；协调推动全省通用航空产业发展及有关政策措施的细化和落实。2021年，上述专项工作机构和协调工作机制运作正常。

三是继续发挥已有的民用航空联席会议、协调机制的作用。近年来，随着国家和省对发展通用航空产业高度重视，已经相继出台了一系列促进通用航空产业发展的政策措施，同时，为解决通用航空产业发展中的技术、标准、管理等问题及协调各方的利益关系，云南省已经先后于2007年、2014年建立了“云南省空管工作军地联席会议”“云南省通用航空发展联席会议制度”。2021年上述协调机制总体顺畅。

（三）继续做好《云南省通用航空产业发展规划（2018—2025年）》贯彻落实

通航产业属于新兴高新技术产业，云南省在许多方面的发展仍是空白。2018年，省工业和信息化厅组织中国航空系统工程研究所编撰了《云南省通用航空产业发展规划（2018—2025年）》，对指导和促进全省通航产业未来7年内的健康、快速发展，促进全省国民经济的转型升级、加快有关重点通航项目落地，促进云南省高端制造业的发展，促进全省工业增长方式的转变发挥了积极作用。

陕西省

一、本地区基本情况

陕西省是中国航空工业重要基地，形成了飞机设计、整机制造、试飞鉴定、强度检测、专用装备制造、航空材料制备、零部件加工、航空服务、人才培养等较为完善的航空工业体系，综合实力居全国前列。拥有西北工业大学、西安交通大学等高校和中国飞行试验研究院、中航第一飞机设计研究院、西安飞行自动控制研究所、中国飞机强度研究所、西安航空计算技术研究所等科研院所，有西安飞机工业（集团）有限责任公司、陕西飞机工业（集团）有限公司、中国航发动力股份有限公司等龙头企业，围绕航空产业链进行配套生产的企业 1000 余家。陕西省现有航空工业企事业单位 19 家、科研院所 5 家和中国航发企业 2 家，为航空工业进行专业化配套的机械、电子、锻造等企业 400 余家，从业人员 12 万余人。陕西航空产业基地（园区）建设情况如下。

1. 西安阎良国家航空高技术产业基地。该基地实现生产总值 30.26 亿元，引进内资 121.96 亿元，引进外资 6903 万美元。投资 51.2 亿元的航天新材料产业园、复合材料研发生产基地、航空机载设备的研发制造项目、航空供应链基础配套园、机载交付中心项目、大飞机创新园等项目签约落户；安排重点建设项目 29 个，总投资 257.54 亿元；新增规模以上制造企业 6 家、两化融合管理体系贯标试点企业 2 家和企业研发机构 10 家，扶持 3 家“银鹰企业”，助推兴航、昱琛 2 家民营企业登陆科创板；成功举办西安市航空产业发展论坛暨“一带百、百帮一”供需对接会；13 个购地项目开工建设，26 个续建项目顺利推进，广联航空、银石机械、智汇航空等产业项目陆续竣工投产；三角防务与清华大学合作的等温锻造和普通锻造双模式热试成功；成功签约总投资 17.2 亿元的联通大数据中心项目，一期投资总额 1.906 亿元；帮助 120 家小微企业获得 2.53 亿元流动资金贷款；蓝田机场建设累计投资 5.8 亿元，已完成总工程量的 40%。

2. 汉中航空经济技术开发区。该开发区由原航空智慧新城和原汉中高新技术产业开发区整合设立而成，规划面积 55.28 千米 ^{2}，现有入驻企业 245 家，其中规模以上企业 31 家、高技术企业 35 家；完成规模以上工业总产值 278 亿元；重点建设项目 33 个，总投资 313.87 亿元，年度计划投资 118.86 亿元，已完成投资 72.04 亿元；新开项目 18 个，总投资 189.98 亿元；固定资产投资完成预计 44 亿元；招商引资到位资金 82.27 亿元；西安交通大学王宏兴教授团队加入，成功与西安德盟特半导体有限公司签约，5G 复合器件填补了国内空白。

3. 西咸新区空港新城。招商引资签约项目 26 个，总投资 177.3 亿元；新增市场主体突破 2 万家，临空经济规模 126 亿元；兑现各类扶持、奖励资金 3.7 亿元；航站楼、供油工程、空管保障基地建设顺利推进，近万亩项目用地获国务院批复；空港型国家物流枢纽获批；新开通 5 条全货运航线，首条“一带一路”全货运第五航权被国务院评为全面深化服务贸易创新发展试点最佳案例；进出口额 48.2 亿元；推行机场口岸“直提直装”模式，口岸货量 1133.3 吨；开工建设普汇中金、自贸蓝湾等一批创新项目，华电能源“农光互补”项目、机场三期光伏项目、综保区综合能源试点启动实施；建成投用 10 万米 ^{2} 临空会展中心，南航、深圳航空有限责任公司、东航基地完成主体建设。

二、生产经营情况

2021 年，陕西民用航空产业实现营业收入 842 亿元，实现利润 40.35 亿元；完成民航产品收入129亿元，工业总产值105亿元。

三、主要产品

（一）民用飞机

新舟60/600系列飞机。中航西飞民用飞机有限责任公司全年交付8架“新舟”飞机，新签2架新舟60气象机订单，定检维修12架；实现新舟600灭火机纳入国家应急管理部采购计划，通信机、搜救机实现立项；两型新舟600飞机改型研制项目获国家工业和信息化部立项批复。

AG600、ARJ21、C919等机型。中航西飞民用飞机有限责任公司共交付33架份部件，包括28架份ARJ21项目部组件，2架份C919项目部件，3架份AG600项目部组件；与中国商飞公司签署了ARJ21项目261 ~ 292架批生产订单及205架批产框架合同修订协议。航空工业陕西飞机工业有限责任公司制造交付3架份AG600机部件，航空工业飞机起落架有限责任公司燎原分公司交付12架份机部件。

无人机。西北工业大学无人机研究所建设的靖边通用机场（无人机试验测试中心）获颁机场使用许可证，标志着国内第一个专业无人机系统试验测试公共服务平台正式投入使用。该中心围绕科研试验、定型鉴定和适航认证、竞技展览、人才培养、试验测试技术和标准研究、通航产业等12大功能平台开展能力建设。

（二）航空发动机及燃油控制系统

产品涉及发动机压气机、燃烧室、涡轮、机匣等关键部件，包括盘类、环类、封严类、轴类、机匣类、涡轮叶片和压气机叶片及其他结构类零件等，为全球20多型发动机提供零件配套。中国航发动力股份有限公司突破技术瓶颈，试制、转批产2个商务发动机关键件低压涡轮盘和最新遄达系列发动机零件试制及转批产；完成宽体客机发动机高压涡轮转子单元体的试制和交付，及“珍珠”15发动机锥罩产品的批量生产。西安航空动力控制有限责任公司承担2项民用航空大型客机发动机研制项目，对燃油泵、液压机械装置、燃油滤三型产品的设计技术与试验技术进行深化研究和验证，签订合同8份。

（三）航空设备及系统

涉及飞控、高升力、登机门平衡缓冲、侧开舱门平衡缓冲、襟翼控制、灭火任务控制、反推作动、维护打开、电子导航、航姿、货运、主货舱门作动和飞行数据记录等系统，及刹车装置、扭力杆、支承轴承、飞行锁作动器、起落架、齿轮齿条转弯机构、应急地平仪、转弯侧滑仪、传感器、作动筒、同步轴锁、有锁作动器和同步软轴等。

（四）航空新材料

包括钛材、特种金属等；碳纤维、织物、预制体、预浸料及复合材料制品；轻质高强度镁锂合金材料等。

（五）其他航空民用产品

包括飞行模拟器、客舱训练模拟器、机务训练模拟器和工程试验设备，相关音频、通信及软件技术，飞行环境监视系统、应急撤离信号系统、ELT应急定位发射器、伸缩电缆装置，风水电气动能供应、齿轮减速器等。

四、产品开发与技术进步

（一）民用飞机及部件

AG600飞机。陕西飞机工业（集团）有限公司完成了飞机中后机身、后机身、垂直安定面和水平安定面部件段研制任务，制造交付3架机部件；西安飞行自动控制研究所完成系统功能和软件开发、软硬件验证及系统集成；庆安集团有限公司完成了航电件、工模件、铁鸟件、静力件、1003架装机件交付和外场装机联试及地面开车工作、灭火任务控制分系统方案详细设计评审；陕西宝成航空仪表有限责任公司完成改型机配套航姿基准系统、应急磁罗盘的铁鸟试验件、03架机装机件和近地告警装机版软件交付，通过航电系统联试。

C919飞机。西安飞行自动控制研究所承担飞控系统鉴定试验QT、闪电和高频能量辐射HIRF/L试验，完成TRR（局方开试评审）、RFCS（射频传导敏感性测试）目击审查、RFRS（射频辐射敏感性测试）Dry Run测试、FMCP构型升级及部件鉴定试验等。庆安集团有限公司完成扭力管及万向节组件、支承轴承等3型LRU产品支持取证的耐久试验、极限载荷、液压脉冲类试验14项，完成小批批产及换装件5389套/项产品、5架装机配套应急门作动器产品交付和13项鉴定试验。陕西宝成航空仪表有限责任公司交付手持式送受话器 29 套装机件，完成伸缩电缆装置通过局方制造符合性检查和鉴定试验大纲审批，交付 6 套装机件，完成鉴定试验。

新舟 700 飞机。该机是中航西飞民用飞机有限责任公司组织研制的具有完全自主知识产权的新一代涡桨类支线客机项目，主要定位承担 800 千米以内中等运量市场的区域航空运输业务的新一代 70 座级涡桨支线飞机。陕西飞机工业（集团）有限公司承担飞机前机身部件研制、前机身与机头对接，配合完成首飞，交付 89 项临时订货产品。庆安集团有限公司完成高升力系统、登机门平衡缓冲系统、侧开舱门铰链臂缓冲系统、飞行锁作动器、起落架作动筒和齿轮齿条转弯机构 6 个工作包 55 项 LRU 的 179 项目首飞的安全试验和质量评审，并完成 AC102 架配套装机件的制造交付。

ARJ21-700F 飞机。西安飞机工业（集团）有限责任公司实现 ARJ21 项目批产交付第 100 架部件里程碑目标，完成 37 架份发运，年产 20 架生产交付速率创新纪录。庆安集团有限公司完成主货舱门作动系统、货运系统方案设计评审和详细设计评审（PDR）、主货舱门作动系统图样发布等，并开展两型产品首批样件制造工作。陕西宝成航空仪表有限责任公司完成 ARJ21-700 飞机音频插孔板 CDR 评审和 3 件样机制造及鉴定试验，AC311 应急撤离信号系统补充鉴定试验，顺利通过试飞验证和 9 台（红标件）装机件交付。

（二）航空发动机

中国航发动力股份有限公司按照型号整体分工，主要承担发动机主燃烧室、一级导向器、高涡机匣、高涡转子部件，低压涡轮轴单元体，以及相关试验件研制任务，完成 2 台核心机、2 台整机部件、18 项试验件、11 项临时排故任务的试制交付；承担发动机高压涡轮转子部件，低压涡轮轴单元体及相关试验件研制任务，完成两项试验件的试制交付。庆安集团有限公司为长江 1000/2000 发动机配套研制了液压反推作动、喷管作动系统和 VBV、VSV、MTC 作动筒等 12 型产品，交付 100 余套产品。

（三）刹车及机轮装置

西安航空制动科技有限公司完成 3 架份 AG600 机轮刹车系统生产交付和新舟 700 机轮刹车系统的铁鸟件两架份交付；ARJ21 机轮和 C919 冷却系统项目正式立项并展开研制。庆安集团有限公司实现 C919 飞机翼尖刹车装置小批批产。

（四）航空锻件

陕西宏远航空锻造有限责任公司开发长江 1000A、长江 2000AX、C919、AG600、AES100 等型号的民用发动机及飞机新品 76 项，大力推进商发长江 1000A 型号锻件合格认证，消除国外原材料供应不足卡脖子局面。完成 15 项 C919 锻件国产料首件鉴定，实现了中国商飞公司 C919 项目锻件用原材料全部国产化。成功开发了波音公司钛合金锻件，赛峰项目 T 形锻件成功稳定批产，钛合金热处理、铝合金热处理等 4 项发动机锻件通过国际首件认证。

（五）试飞与试验

中国飞行试验研究院承担 AG600、新舟 700 和 C919 三型飞机合格审定试飞任务。AG600 飞机参加珠海航展和南昌飞行大会投水试飞获好评；新舟 700 飞机圆满完成首架机首飞任务，标志该型号研制工作进入新阶段；C919 大型客机试飞进入取证攻坚阶段，完成试飞任务计划上限 130%。在“国王”350 飞机改装方面，打破国外对通航气密飞机人影改装技术封锁，实施全自主化设计改装集成，取得重大技术突破，成功取得民航 STC 证书。中国飞机强度研究所承担涉及 4 大主机方向、共 8 型民机型号试验，开展 AG600、新舟 700 等 2 型飞机全机静力试验，ARJ21、C919、新舟 600、运 12F 等 4 型飞机全机疲劳试验，新舟 700 飞机全机地面振动和机身等直段疲劳试验，C919 飞机后机身、垂尾、翼身组合体试验，新舟 60 遥感平台中后机身疲劳试验，新舟 600 货机后机身疲劳试验等，均按节点完成。西安飞机工业（集团）有限责任公司的 AG600 飞机 1003 架中机身率先取得适航批准标签；C919 项目 10108 架翼盒部件实现“全状态”“零保留”高质量交付，打破保留交付顽固壁垒；顺利通过特种工艺、产品质量等各个方面三方审核 8 次，第二方审核 9 次（波音 4 次、空客 5 次）。

（六）航空机载设备及系统

西安飞行自动控制研究所承担重点型号

AG600、C919飞机研制任务按时间节点完成，确保客户年内首架机下架任务完成和TC取证工作进行。

陕西航空电气有限责任公司承担的AG600、C919、新舟700、AC313、AN148等国内外民机型号（含相关衍生型号及改制型号）配套研制的飞机电源系统和发动机起动系统产品有序推进。

陕西宝成航空仪表有限责任公司争取到C919大飞机配套的机翼伸缩电缆装置、驾驶舱AJP音频装置插孔板等项目，形成民机产品系统化配套，订货比2020年同期增长42%。

西安航空计算技术研究所顺利完成通用信息处理计算机审查、飞控计算机与机电管理计算机产品交付与联试、航电系统产品交付与联试、液压电控单元产品和增雨机任务系统交付、发动机健康监视装置产品升级等任务。

陕西华燕航空仪表有限公司研制的光纤导航系统是民用直升机领域第二型光纤系统配套产品，是AC313飞机配套的挠性组合导航系统的升级换代产品，精度和可靠性高。

陕西千山航空电子有限责任公司完成飞行数据记录系统、飞行数据采集器、飞行数据记录器等记录器系列产品，预研了抛放式记录器、增强型记录器系统等新技术产品。

陕西长空齿轮有限责任公司研制的中小模数齿轮/花键，配套了国内ARJ21及C919和国外波音787、A350机型，开发C919项目49项零件，ARJ21项目2项部件，A350项目4项零件。

五、对外贸易与合作

2021年陕西航空单位共完成出口产值9.28亿元。因疫情和国际贸易摩擦，陕西航空工业对外贸易受到影响。西安飞机工业（集团）有限责任公司继续同空客等国际知名航空企业开展合作，共交付14型678架份部组件，超计划完成128架份，营业收入较2020年增长5%，增加储备订单1.6亿元；A320机身系统装配项目首架按计划交付客户，获得空客公司高度赞誉。航空工业陕西飞机有限责任公司完成4架外贸机合同签订，实现“十四五”市场“开门红”。西安航空动力控制有限责任公司完成出口交付748万美元，营业收入7002万元的年度任务目标。中国航发动力股份有限公司建立了与GE航空集团、罗罗公司、赛峰公司等世界主要航空发动机制造知名企业，及GEHC、SLB等跨国公司长期稳定的战略合作关系，完成出口交付额9414万美元。庆安集团有限公司与赛峰集团、凯旋公司、伊顿公司、柯林斯公司、穆格公司、伍德沃德公司等世界主要民用航空企业开展转包生产业务合作，转包生产销售1153万美元，较2020年同比下降6.6%。陕西长空齿轮有限责任与穆格公司、派克公司、鲍马尔公司开展齿轮来图加工贸易，交付734万元。西安航空制动科技有限公司隔热盘组件GA31799顺利转入批产并稳定出口交付客户，公司正式进入赛峰公司供货体系。

六、重大基础设施建设

1. 大型客机发动机验证机研制保障条件建设项目。该项目2016年由国家工业和信息化部立项批复，中国航发动力股份有限公司承建，新增工艺设备31台（套），总投资13170万元。截至2021年12月底，项目实际完成合同签订31台（套），其中到厂29台（套），交付使用26台（套）。

2. 西安航空基地联通大数据中心项目。由西安航空基地、北京中电兴发、中国联通等共同投资建设运营，总投资17.2亿元，一期投资总额1.906亿元，为航空基地发展数据经济打下了坚实基础。

3. 旋翼机飞行控制系统产业化项目。该项目由陕西东方航空仪表有限责任公司承建，总投资1.3亿元，2021年续投1966万元，完成最后收尾建设，并通过项目验收。

4. 其他基础设施建设。汉中燎原航空机电工程有限责任公司投资700余万元实施技措项目，累计购置数控车9台，已全面投产使用，运行良好。西安航空动力控制有限责任公司承担1项民用航空研制保障条件项目，已建设2台试验台（套），现已具备竣工验收条件。陕西航空电气有限责任公司完成50项基建工程任务，重点完成4号电磁兼容厂房“三通一平”及室外工程的施工，民机2、3号厂房及室外工程消防、节能、规划现场验收。陕西千山航空电子有限责任公司统筹建设了按照ED-155规范要求的1000g/5ms半正弦波强冲击试验系统，解决了国内没有针对轻小型飞参冲击试验的试验条件问题，进一步完善了坠毁幸存序列试验体系，填补了国内相关领域空白。陕西宏远航空锻造有限责任公司新区先进锻造基地加快建设进度，160兆牛油压机投入使用并达成量产，200兆牛螺旋压力机投入使用并快速形成新的产能。

七、行业管理

（一）深化央地战略合作

陕西省人民政府与航空工业集团签署新一轮战略合作协议，根据协议双方将围绕建设航空重大项目、做强航空制造产业集群、深化航空科技创新和资源共享等方面深化合作。

（二）推进全省航空产业链与无人机产业加快发展

成立产业链工作专班，组建了产业链专家咨询组，组织对产业链摸底调研，分别召开航空产业链和无人机产业链发展座谈会，跟踪重点企业和重点项目进展，协调解决存在的困难和问题。

（三）积极搭建航空产业合作交流平台

组织参加了京津冀与陕西省航空航天产业合作交流座谈会；举办了西安与汉中航空产业协同发展对接推介会；组织陕西航空企业参加第19届中国制造业博览会；举办以“创新赋能·智飞长安”为主题的无人机大会，来自10个国家近500家企业参加，共同探索无人机产业发展新格局。

（四）加紧重点项目推进

一是持续推动低空空域改革试点，积极推进陕西低空空域管理改革试点省份申报。二是建成无人机系统试验测试公共服务平台——靖边通用机场（无人机试验测试中心），获颁机场使用许可证，正式投入使用，标志着我国无人机产业发展进入了新阶段。三是开建全国首个陶瓷基复合材料智能制造园区，项目计划总投资20亿元，建设特种构件、碳陶刹车盘、光伏用特种构件等产业化生产基地。四是加快推进西北空中应急救援中心建设，不断加强直升机、无人机等专业救援力量规模，被陕西省红十字会冠名为陕西省红十字西北空中应急救援中心航空救援队，被西安市应急委命名为第一批市级应急救援队伍。

甘肃省

一、本地区基本情况

甘肃省现有航空工业企业5家，分别是航空工业兰州飞行控制有限责任公司、航空工业兰州万里航空机电有限责任公司、航空工业天水飞机工业有限公司、甘肃长风电子科技有限责任公司和甘肃神龙航空科技有限公司。其中，兰飞、万里、天飞3家公司隶属于中国航空工业集团有限公司，长风电子隶属于中国电子科技集团有限公司。

兰飞、万里、天飞、长风4家企业近年开始逐步涉足民用航空产品的研发应用和市场拓展，但由于体量、规模较小，尚未纳入统计范畴。目前，甘肃省仅有甘肃神龙航空科技有限公司1家企业纳入民用航空工业统计。

甘肃神龙航空科技有限公司是一家专门从事无人机和通用航空轻型飞行器研发、生产及培训为一体的高技术民营企业。作为甘肃唯一一家生产无人直升机和通用飞机的企业，持有无人机生产资质及驾驶员、机长培训资质，也是甘肃省无人机驾驶员、机长执照考试的唯一考点，被列为国家科技部“十二五”科技支撑计划、国家公共安全应急装备关键技术研究与装备研制项目任务单位。拥有省级企业技术中心1家、“院士协同创新基地”1家。SLA系列无人直升机已被广泛应用于影视空中拍摄、地震洪涝灾情调查、森林火情监测、消防侦查、边境巡逻、地质勘察、环境监测、城镇规划、电力巡线、特高压输电线路架设、农业植保精准化作业、农作物灾情调查、农作物疾病防治及估产等诸多领域，产品性能也在飞行实践中得到了社会各界的普遍认可和好评。

二、生产经营情况

2021年，生产交付无人机116架，实现主营业务收入3600万元，销售收入4860万元，工业总产值5200万元，利润348万元。

三、主要产品

（一）飞行器系列

甘肃神龙航空科技有限公司主要生产轻型无人直升机SLA系列SLA-GH26、SLA-GH52、SLA-GH111、SLA-GH111H2、SLA-GH111H3、SLA-GH111H4、SLA-GH170、SLA-GH170H1、SLA-GH170H2、SLA-GH170H3、SLA-GH190、SLA-GH190H1、SLA-GH500、SLA-GH1000；共轴多用途高原型“蚱蜢”系列无人直升机；“天蝎”轮式双座动力伞；瓦尔辛两座单发轻型固定翼飞机。

（二）航空维修改装及服务

航空维修改装及服务主要有：SLA-GH260、SLA-GH520、SLA-GH111、SLA-GH170、SLA-GH500、SLA-521-I型软翼飞行器、SLA-D6×0.75多轴飞行器、SLA-D8×0.75多轴飞行器及瓦尔辛两座单发轻型固定翼飞机等机型的维修、托管作业承包等服务。

四、产品开发与技术进步

2021年，甘肃神龙航空科技有限公司接受了“高海拔无人运输机”研发试飞任务，经反复论证、设计制图、建模选材、改进提升、确定方案，研发了由轻型多用途高原型无人直升机系统、地面指挥控制系统、地面保障运载系统、机上通用挂载系统四大部分组成的“三机、三车、三挂、三组”体系装备。该装备体系由“蚱蜢”10轻型无人直升机2架（载荷200千克）、“蚱蜢”20中型无人直升机1架（载荷400千克），指挥控制车1台、维修保障车1台、吊运保障车1台，双轴牵引托架挂车2台、单轴牵引托架挂车1台，标准化物资投放吊框3组构成，具有“创新理念高起点设计、集成统型标准化设计、便于升级模块化设计、试验配套高性能设计”的创新特点。2021 年 7 月，公司组织 40 人深入阿里高原腹地 50 天，对装备系统进行了全方位测试，取得了圆满成功，得到了试用单位的高度评价和肯定。目前，正在申报专利 130 余项。

第三部分

企业发展概况

中国航空工业集团有限公司

一、企业基本情况

中国航空工业集团有限公司（简称航空工业集团）是由中央管理的国有特大型企业，是国家授权投资的机构，2008年11月6日由原中国航空工业第一、第二集团公司重组整合而成立。航空工业集团设有航空武器装备、民用运输类飞机、直升机、机载系统、通用航空、航空研究、飞行试验、航空供应链与军贸、专用装备、汽车零部件、资产管理、金融、工程建设等产业，下辖100余家成员单位、23家上市公司，员工逾45万人。

航空工业集团大力发展民用航空产业，自主研制AG600大型水陆两栖飞机，系列发展新舟60、新舟600、新舟700等“新舟”系列支线飞机，研制AC311、AC312、AC313、AC352等AC系列民用直升机，大力发展运12系列飞机，“海鸥”300、SF50轻型公务机，AG50、AG100等AG系列通用飞机，全力支持C919大型客机、ARJ21新支线飞机发展；承接国际航空转包生产任务并成为空客、波音的战略合作伙伴和优秀供应商；组建客舱系统公司，积极拓展民机客舱内饰业务，为国内外客户提供优质座椅、内饰等产品。同时以通航运营发展为推手，以商业成功为目的，努力成为国内通航产业系统解决方案实践者、通航产业链健康快速发展的推动者、国家通航产业战略目标实现的贡献者。

二、生产经营情况

2021年，航空工业集团实现经营收入5082亿元，同比增长8.4%，实现利润219.9亿元，同比增长6%。在民用航空产业方面交付各类民机570架，转包生产和国际合作交付额14亿美元。

三、主要产品

2021年航空工业集团在产在销的主要民机产品有：新舟60/600涡桨支线飞机及以客机为平台改进的货机、增雨机、遥感机等多种用途飞机；AC311A、AC312E民用直升机，运12系列、“小鹰”500、运5B通用飞机，A2C超轻型水上飞机、载人观光气球等。

四、产品开发与技术进步

2021年，航空工业集团承担的民机型号研制项目进展顺利，AG600飞机圆满完成12吨投汲水任务系统验证试飞，完成全状态灭火构型1003架机、9008架静力试验机总装，完成铁鸟台开试。AC352完成次高原试飞，适航取证工作进入尾声。AC313A完成首飞机总装下线。AS700载人飞艇完成首飞。AG60获得型号合格证（TC）和生产许可证（PC）。

航空工业集团作为主要供应商和战略合作伙伴，积极支持中国商飞公司开展C919和ARJ21飞机研制工作。全年交付2架份C919批产机头、机翼、机身等大部件，首架批产飞机进入总装阶段；完成取证所需全机疲劳试验。累计交付超过100架份ARJ21飞机机头、机身、机翼等大部件，批产交付质量持续提升，支持中国商飞公司冲刺“百年百架”生产交付目标。

五、对外贸易与合作

（一）国际转包与配套

2021年，航空工业集团全年实现国际转包配套交付14亿美元。保持与空客、波音等合作伙伴的战略沟通。与空客成功召开战略协同会，就“十四五”时期合作思路达成一致。与波音沟通未来5～10年战略合作协议，谋划合作方向。A220、A320、波音737等项目稳步提升速率，生产交付全面满足空客、波音等国际主制造商需求。A320 机身系统安装项目按时完成项目建设和首架交付，累计交付 6 架份后机身和 2 架份前机身。A220 项目批产全年累计交付 252 个产品，准时交付率 100%，全面实现全年绩效改进指标，获得客户充分认可。客舱公司持续开展运营提升、规模压减、市场开拓等国内外业务协同。TAS 保持座椅准时交付，全年共交付 858 座；获 4 个项目订单，并实现在 A220 飞机线装平台的突破。航宇嘉泰实现 C919、新舟 700 首架座椅交付，新型座椅完成 A320 平台认证并获东航、厦门航空有限公司 86 架份座椅订单。FACC 公司获空客 A220 升降舵 / 方向舵订单。

（二）国际经济技术合作

在合资合作方面，积极推进空客（天津）总装公司 A321 项目取得进展，联合天津保税区与空客共同签署 A320 总装线引进 A321 机型框架协议，同步推进西飞 / 西飞天津机翼和机身配套项目拓展至 A321 机型。哈飞空客复材制造中心作为 A350XWB 飞机方向舵、升降舵、机腹整流罩等部件的全球唯一供应商，持续克服疫情影响，保障生产交付。航空工业 – 波音制造创新中心继续开展线上培训和工程技术支持，为波音项目交付质量的提升和后续波音 737MAX 项目上速率奠定基础。

（三）国际化业务

2021 年，航空工业集团努力克服疫情和国际格局深度调整带来的不利影响，持续发挥空中丝路联盟作用，搭建集团内外、国内国外、产业资本三个联合平台，与地方政府联合召开第二届空中丝路国际航空合作峰会，推动航空产业“走出去”跨域创新合作。统筹民机出口、机场建设、境外渠道资源，提供协同解决方案，提升国际业务竞争力，与京东集团共同开展运 12E/F 无人货运物流、境外仓储物流和机场建设合作，重点培育无人机巡线安防、无人机货运物流等新兴业态。全年实现 3 架“新舟”系列飞机交付马拉维和吉布提客户，哈萨克斯坦无人机海外能源管道巡线完成 4000 多千米作业任务，航空基础设施建设等境外工程新签订单超 10 亿美元，安哥拉罗安达新国际机场、埃及斋月十日城轨道交通等互联互通重大项目建设稳步推进。

六、通航运营

截至 2021 年底，航空工业集团下属通航运营企业共计 17 家（含境外运营企业 1 家），主运营基地分布全国 14 个省或自治区，运营机队规模 283 架（国内 242 架），国内运营航空器中，自主品牌和并购品牌（西锐）飞机占 32.6%，显著高于行业平均水平，拉动了国产通用飞机的应用。2021 年共完成飞行量 9.41 万小时，较 2020 年增长了 20.8%，其中，国内飞行量 7.96 万小时，增长 48.5%。

坚持通航运营发展与制造业相结合，通航运营积极拉动国产飞机发展。营造通航发展环境，利用“通航日”“双创大赛”等活动引领通航文化传播，充分展示航空工业通航软实力。推动全社会参与通航发展，与地方政府和社会资本合作取得成效，2021 年 9 月 7 日，航空工业集团与湖南省政府签署《通航产业发展战略合作协议》。双方将在通航制造与运营、航空应急救援体系建设、通航基础设施建设、通航科技创新、通航产业宣传推广和人才培养等方面开展全面合作，积极构建多领域、多层次、多形式合作格局，共同推动湖南通用航空全产业链体系建设。

中国商用飞机有限责任公司

一、企业基本情况

中国商用飞机有限责任公司（简称中国商飞公司）是实施国家大型飞机重大专项中大型客机项目的主体，也是统筹干线飞机和支线飞机发展、实现我国民用飞机产业化的主要载体，主要从事民用飞机及相关产品的科研、生产、试验试飞，从事民用飞机销售及服务、租赁和运营等相关业务。

中国商飞公司于2008年5月11日成立，总部设在上海。中国商飞公司由国务院国有资产监督管理委员会、上海国盛（集团）有限公司、中国航空工业集团有限公司、中国铝业集团有限公司、中国宝武钢铁集团有限公司和中国中化股份有限公司共同出资组建。2018年底，新增股东单位中国建材集团有限公司、中国电子科技集团有限公司、中国国新控股有限责任公司。

中国商飞公司的企业使命是“让中国的大飞机翱翔蓝天”，企业愿景是“为客户提供更加安全、经济、舒适、环保的商用飞机”，大飞机创业精神是“航空强国、四个长期、永不放弃”。截至2021年底，中国商飞公司所属单位有上海飞机设计研究院、上海飞机制造有限公司、上海飞机客户服务有限公司、北京民用飞机技术研究中心、中国商飞民用飞机试飞中心、上海航空工业（集团）有限公司、中国商飞营销中心、上海《大飞机》杂志社有限公司、中国商飞美国有限公司、中国商飞四川公司、商飞资本有限公司、商飞集团财务有限责任公司、商飞学苑（商飞党校）。与俄罗斯联合航空制造集团公司（UAC）合资成立中俄国际商用飞机有限责任公司，作为CR929宽体客机研制主体。设立美国办事处、欧洲办事处，参股中国航空发动机集团有限公司、成都航空有限公司、浦银金融租赁股份有限公司等。截至2021年底，中国商飞公司从业人员16699人。

二、主要产品

（一）型号研制取得重要进展

2021年，ARJ21飞机加快设计优化，加快系列化发展，“三好一降一能”取得实效，加装惰化系统等一批重大设计优化获得局方批准。基本型通过印尼适航当局型号认可证（VTC）审查。公务机获得适航批准，货机进入结构改装，应急救援指挥机完成详细设计评审，医疗机完成改装，灭火机完成公司立项和初步设计评审。

2021年，C919大型客机6架机全面进入审定试飞，完成取证前81%试飞工作。各系统获得全面验证，地面试验基本完成，影响C919项目取证前技术问题已经见底，取证技术路径与局方基本达成一致，首架交付飞机实现总装下线，交付准备工作基本到位，为2022年顺利取证和按时交付创造了条件，奠定了基础。

2021年，CR929项目扎实推进中俄合作及型号研制。启动机身及尾翼结构联合定义（JDP），联合供应商发布研制计划，实现机头上壁板和前起后端框首件开工等。深化飞机技术方案，完成以发动机、航电、飞控等六大系统为中心的建模联试。通过G3转阶段评审，配合中国国际工程咨询有限公司完成第一阶段立项评估。上海九二九飞机设计有限公司（ECB）注册成立。

（二）市场营销取得重大突破

2021年，ARJ21飞机新增5架订单，累计20家客户、670架订单；货机新增2家客户、70架订单，累计2家客户、70架订单。C919飞机新增1家客户、70架订单，累计28家客户、876架订单。积极开拓澜湄五国、巴基斯坦、非洲等潜力市场。

（三）批产交付提质提速

2021 年，ARJ21 全年下线 42 架，生产节拍从 15 天 / 架缩短至 7 天 / 架。开启上海、南昌两地完工交付模式，实现上海空域两机同飞、试飞员与客户支援飞行员双资质管理。

（四）航线运行平稳顺畅

2021 年，保障 8 家客户 66 架飞机安全运行 7.5 万小时、累计 12.7 万小时，载客 250 万人次、累计 420 万人次，新增航线 118 条、累计 239 条，新增通航机场 35 个、累计 105 个。

三、航空科研

2021 年，分布式工厂工业互联网平台研发与应用等国家级科研项目、民机测量辅助规划和快速执行平台研发应用等地方级科研项目获批立项。2021 年，1 项成果荣获上海市科技进步奖二等奖，1 项成果荣获国务院国资委第三届中央企业熠星创新创意大赛一等奖，标准文件累计总数达 23149 项。策划并实施民机标准提升三年行动计划，筹建“大飞机先进材料创新联盟”，强化 5G 专业能力建设，深化人工智能能力建设。成功举办第五届“COMAC 国际科技创新周”，累计与 71 所高校落实近 1300 项科研合作项目。

四、航空零部件转包生产

2021 年，生产波音 737 水平安定面 70 架份，交付 67 架份；做好风险管控，提升质量管理能力，编制《波音项目易错风险点》；优化成品件供应链，推进降本增效；做好波音 737 项目 2022 年增速准备。

五、重大设施建设

一是继续开展 C919 大型客机建设项目，策划启动 C919 批产建设项目。质量保障成品校验中心、电磁环境效应实验室等投入使用，初步形成了航电、飞控、液压、环控等成品件校验能力，以及室内系统级高强度辐射场、关键部件电磁兼容试验验证能力。

二是提前启动 CR929 宽体客机建设项目。复材工艺试验厂房完成主体结构施工，科研办公信息化条件三期完成立项，CR929 飞机系统综合试验厂房提前启动建设项目完成可研批复，以满足 CR929 飞机研制过程中的全机级及系统级集成验证需求。

三是有序推进 ARJ21 飞机批生产建设项目。ARJ21 飞机喷漆厂房完工、支线飞机停机坪和两台训练模拟机投入使用，成功保障了 ARJ21 飞机批产提速需求。

四是加快实施设计、工艺、运行支持试验验证等平台类能力建设项目。建设全机虚拟验证、人在回路飞行仿真等关键试验条件，补充飞控、环控、机构功能等专业的不足，形成较为完整的基本试验能力。

六、机构调整和体制改革

（一）全力全速推进公司改革三年行动

《公司改革三年行动实施方案（2020—2022 年）》安排 10 方面 32 项改革任务，任务启动率 100%，计划完成率 100%，进度约达到 89%。国资委考核的 12 项重点改革任务，总体完成进度达 92%。其中，制定党委（党组）前置研究事项清单等 6 项改革任务完成进度达 100%，其余 6 项改革任务完成进度均超过 70%。

（二）建立健全公司改革三年行动工作机制

完善改革会议制度，形成“月例会、季领导小组会、半年报进展、全年报总结”的会议推进机制；建立“军令状”制度，28 个部门和单位主要负责人签署改革“军令状”；健全改革考核评估机制，印发《公司改革三年行动重点任务考核评估方案（试行）》，开展公司改革三年行动第一次考核评估；建立改革任务月度提醒机制。积极宣传公司改革经验成果。

（三）深化“双百行动”

按照上航公司改革方案和工作台账，2021 年安排 37 项改革任务，计划完成率 100%，总体完成进度达 73%。按照国务院国资委改革办现场调研三项制度改革有关要求，上航公司逐条落实评估意见，在经理层成员年度及任期考核节点和指标、红黄牌底线标准的设定，以及发挥董事会作用等方面解决“有神”问题。修订印发党委前置研究事项清单，实现外部董事占多数，落实董事会 6 项职权，全面落实经理层任期制和契约化管理，全面推进市场化用工，推进中长期激励。

按照翔运公司改革方案和工作台账，2021年安排14项改革任务，计划完成率100%，总体完成进度达70%。全面完成混合所有制改革，成立股东大会、董事会、监事会、经理层，并制定相关配套制度，全面依法落实董事会各项权利。全面推行经理层任期制和契约化管理，实行一岗一薪酬、一岗一考核，强化刚性考核，刚性兑现。

中国航空发动机集团有限公司

一、企业基本情况

中国航空发动机集团有限公司（简称中国航发）是中央直接管理的军工企业，由国资委、北京国有资本经营管理中心、中国航空工业集团有限公司、中国商用飞机有限责任公司共同出资组建。中国航发注册资本为500亿元，注册地位于北京市海淀区，2016年8月28日成立，下辖27家直属企事业单位，拥有4家控股上市公司，现有在职职工7.3万人，拥有包括7名院士、200余名国家级专家学者在内的一大批高素质、创新型科技人才。具有较强的科研生产能力，以及较为完整的航空发动机、燃气轮机研发制造体系与试验检测能力。

中国航发秉承“动力强军、科技报国”的集团使命，坚持“动力为本、质量制胜、人才强企、合作共赢”的经营方针，从事航空发动机、辅助动力、燃气轮机、飞机和直升机传动系统的研制、生产、维修和服务，以及航空材料及其他先进材料的研发与制造。中国航发设计生产的涡喷、涡扇、涡轴、涡桨、活塞式发动机和燃气轮机等产品，广泛配装于各类军民用飞机、直升机和大型舰艇、中小型发电机组，客户涉及航空、航天、船舶、能源等多个领域，为我国国民经济发展做出了突出贡献。

在新时代伟大征程上，承载着振兴航空动力的光荣使命，中国航发以习近平新时代中国特色社会主义思想为指引，坚决贯彻落实习近平总书记重要指示批示精神，深入贯彻党中央、国务院和中央军委各项决策部署，增强“四个意识”、坚定“四个自信”、做到“两个维护”，胸怀“国之大者”，始终秉持“国家利益至上”的价值观，努力做航空动力的保障者、制造强国的建设者和创新驱动发展的践行者，为早日建成世界一流航空发动机集团而奋力拼搏。

二、生产经营情况

2021年，中国航发实现营业收入620.9亿元，其中航空民品收入26.1亿元。

三、主要产品

中国航发现有的民用航空发动机产品主要有涡轴16、涡轴8A/D、涡桨6等。现有直升机传动系统产品主要有配装国产AC311、AC312、AC313直升机的传动系统，以及配装空客H175直升机的尾传动系统。

四、新产品开发

在民用航空发动机方面，针对C919国产干线客机需求，持续推动大型客机发动机原型机长江1000A项目研制，稳步推进核心机和整机试验工作。针对AC352中型直升机需求，对法合作研制的涡轴16发动机取得了中国民航东北地区管理局颁发的生产许可证，并积极支持AC352直升机开展取证试飞。为满足5～6吨级民用直升机对动力的需求，开展1000千瓦级民用涡轴发动机（AES100）研制，2021年成功实现首飞。为满足支线涡桨飞机等对动力的需求，开展5000千瓦级民用涡桨发动机工程验证机（AEP500）研制，2021年开展了整机技术验证工作。在民用直升机传动系统方面，积极开展5～6吨级直升机传动系统研制工作。同时，针对未来通用航空动力需求，启动了中小功率涡桨发动机（AEP100）、小功率涡轴发动机（AES20）及有关传动系统等新产品的研制工作。

五、航空科研

针对大型客机发动机研制对材料的需求，持续推进大型客机发动机关键材料与应用技术研究，逐步实现工程化，满足发动机适航对材料的要求。

六、航空零部件转包生产

2021年，中国航发黎明、成发、航发动力、南方、西控科技、红林、北京航科、中传、航材院等9家单位持续开展航空发动机国际转包业务，主要为GE航空、赛峰公司、罗罗公司、普惠加拿大公司、普惠公司、霍尼韦尔公司等国际主要航空发动机厂商提供零部件产品，全年航空零部件转包生产交付总额约4亿美元。

七、国际经济技术合作

2021年，中国航发坚持底线思维、发扬斗争精神，以“布好局、开好头，保重点、控风险，强本领、促提升”为重点，有力维护并持续拓展国际合作渠道，多措并举提升管理水平。坚持线上、线下交流相结合，组织参加中俄、中英等政府间合作机制会议，充分利用政府间合作影响力，积极争取科技领域合作机会；与法国赛峰、美国霍尼韦尔等企业保持高层对话交流，战略合作关系进一步稳固；与英国Expleo公司“云”签署战略合作协议，双方合作关系进一步升级。坚持“非必要不派出、非必要不邀请”原则，统筹做好疫情防控和必要国际交流，邀请外国专家到国内参与涡轴16等重点型号研制工作。

八、深化改革

2021年，中国航发全面贯彻党中央、国务院关于国企改革的工作部署，以聚焦主责主业为目标，以服务科研生产为主线，以实施改革三年行动为重点，全力推进深化改革工作。一是深入实施改革三年行动，超额完成年度改革任务，完善现代企业制度建设等一批重难点任务取得突破，国资布局和结构更加优化，市场经营管理机制持续完善，《人民日报》、新华网等权威媒体10余次刊发集团经验做法。二是持续推进“双百行动”改革，推动中国航发商发启动“双百改革”第二阶段任务，深化民用航空发动机体制机制创新，完成资本运作系列方案制订，为后续实现增资扩股和首发上市打下扎实基础，改革案例获2021年中国企业改革发展优秀成果奖三等奖。三是“科改示范行动”取得积极进展，云路股份实现科创板首发上市，募集资金14亿元，成为首个科创板上市的“科改示范企业”，集团控股上市公司增加至4家。探索事业单位机制改革新路子，推动所属航材院公司独立运营，完成资产整合、增资扩股、股权激励、股份制改造等工作，实现募资10.34亿元，为首发上市奠定了坚实基础。

中国电子科技集团有限公司

一、企业基本情况

中国电子科技集团有限公司（简称中国电科）是中央直接管理的国有重要骨干企业，是我国军工电子主力军、网信事业国家队、国家战略科技力量。中国电科拥有电子信息领域相对完备的科技创新体系，在电子装备、网信体系、产业基础、网络安全等领域占据技术主导地位，肩负着支撑科技自立自强、推进国防现代化、加快数字经济发展、服务社会民生的重要职责，持续多年入选《财富》世界 500 强。

中国电科拥有包括 47 家国家级研究院所、15 家上市公司在内的 700 余家企事业单位，业务布局遍布国内 30 个省、自治区、直辖市。中国电科拥有员工 20 余万名，其中两院院士 13 人，55% 为科研人员，拥有国家级重点实验室、研究中心和创新中心 36 个，拥有一批国内一流的中试线、生产线、装配线和机加工中心，形成了国内电子领域最完整的研究、设计、试制、生产及试验能力体系，取得了一批领先或接近国际水平的重大科技成果，在一些关键技术领域始终保持国内领先、国际先进。在民用航空领域，形成空中交通管理系统与装备、民机电子产品、通用航空产品等业务体系，取得了显著成绩，品牌地位逐年提升。

二、主要产品

在民用航空领域，中国电科的主要产品包括：

空中交通管理类：空管监视系统整体解决方案、机场场面监视系统、塔台视景系统、塔台综合显示系统、飞行流量管理系统、飞行环境监视系统；一次 / 二次监视雷达、气象雷达、多点定位系统、机场场面监视雷达、ADS-B 等多个系列化产品。

民机电子类：机载通信导航系统、信息系统、客舱系统、航空互联系统以及数据链产品等。

通用航空方面：钻石飞机、特种飞机、无人机、复合材料等产品。

三、新产品研发

中国电科围绕空中交通管理、民机电子、通用航空等三大业务，全面拓展和提升民用航空领域的技术产品水平。在空中交通管理、民机电子关键技术研究和开发领域取得重大突破，多项技术居国际领先水平，并有多项专利获得受理和授权。

空中交通管理方面：中国电科是国内首家获得中国民航局颁发《民用航空空中交通通信导航监视设备使用许可证》《民航空管主用系统使用许可证》，首家通过民航第三方软件测试的企业。中国电科研制的“高级场面活动引导控制系统Ⅳ级”“塔台电子化管理系统”填补了国内空白，居国际领先水平。“空管移动应急系统工程设备舱、天线塔”合同成功签订，标志着中国电科首次进入民航应急装备领域。民航 28 套国产主用空管系统中，中国电科承担了其中的 21 套，市场占有率排名第一。低空空管方面，中国电科在低空运行领域实现了基于网络扁平化和数据驱动的一体化分布式系统架构，在飞行服务系统中集成并验证基于大容量高效融合技术的北斗 RDSS 系统、基于 3G（WCDMA）的空地宽带通信系统和基于 VoIP 的语音组网系统，整体技术水平达到国内领先。

民机电子方面：中国电科承担了 C919、新舟 700、AG600 等重点民机型号的通信导航系统、信息系统、客舱系统、数据链等研制任务，同时，研发了北斗位置追踪设备、采用相控阵天线的 Ka 宽带卫通系统、新型机载娱乐系统 iWO 等一批核心机载产品，行业领先。通过型号项目研制，中国电科已建立了较为完整的符合适航标准要求的研发体系、质量管理体系和标准体系，成为国内第一批建立较为完善适航体系的民机电子领先企业，形成了一支结构合理、素质过硬，具有国际视野和工程经验的人才队伍和一批具有自主知识产权的核心技术。

通用航空方面：针对飞行培训和通航作业等市场需求，重点布局通用飞机、特种通用飞机、无人机业务、复材和任务系统等多项业务。通过对两型钻石飞机的引进、消化、吸收，形成自主研发制造轻型通用飞机的核心竞争力，提升关键设备国产化水平，其中DA42双发四座飞机在国内培训类市场占有率60%以上；以MPP特种飞机为平台，形成了针对不同任务载荷的快速集成能力，并以此衍生出多种构型，主要应用于应急救援、森林防火、航拍航测、海洋监测等4个重点领域；根据市场需求自主研发的“翔翼”无人机系列产品，不仅深受市场认可，同时在行业内也具备一定影响力。

四、国际经济技术合作

中国电科按照拟定的发展规划，确定了“通过国际合作高起点切入民用航空电子领域”的实施战略。2021年，中国电科克服疫情和中美贸易摩擦双重影响，坚定国际合作战略，以“外”促“内”，在继续夯实前期与柯林斯、泰雷兹、钻石公司等国际公司合作成果的基础上，加速自主创新，通过国际化视野在通信导航系统、客舱系统和通用航空等多领域，进行提前布局，加强自主研发，争取弯道超车。

五、重大项目建设

中国电科在民用航空产品发展过程中，积极推进内涵式与外延式相结合的经营策略，从体制机制上，探索出一条国有资本、民营资本、地方政府资本互相融合的投资与资本运作的发展模式。

2009年6月16日，中国电科为服务国家大飞机战略，整合地方资源，联合四川省、成都市、高新区三级政府，投资25亿元共同设立中电科航空电子有限公司（简称航电公司），专门从事民用航空电子领域系统级设备的系统设计、集成开发、产品研发和维修服务等业务。航电公司作为中国电科民机航电和通用航空产业发展牵头单位，负责牵头中国电科民机电子产业，联合集团内优势单位共同研发，现已在成都和芜湖分别建立航电产业园和通用航空产业园。

民机电子方面：中国电科下属航电公司与柯林斯和泰雷兹分别合资成立了中电科柯林斯航空电子有限公司（简称电科柯林斯）和中电科泰雷兹航空电子有限公司（简称电科泰雷兹）。其中，电科柯林斯成立于2013年12月，是国内通信导航系统研发、生产和维修中心，是中国民航局CCAR–145部维修认证单位；电科泰雷兹成立于2013年2月，以C919项目为契机，专门从事民用航空电子领域机载娱乐系统业务，是机载娱乐系统的销售、客服中心，已向空客、波音交付超过2000台（套）机载娱乐设备。

通用航空方面：公司投资成立了中电科芜湖钻石飞机制造有限公司（简称钻石飞机）和中电科特种飞机系统工程有限公司（简称特飞公司）。钻石飞机成立于2013年12月，以引进钻石公司DA42、DV20E两条飞机生产线起步，主要业务包括三类7款通用飞机和无人机的研发、生产及销售，是国家发改委批准的唯一、也是首个国家级轻型通用飞机国家工程设计中心；特飞公司成立于2014年12月，主要包括特种飞机、无人机、低空管控与服务三方面业务，其研发生产的“翔翼”无人机产品在地方市场和行业内均获得了充分认可。

上海飞机制造有限公司

一、企业基本情况

上海飞机制造有限公司（简称上飞公司）是中国商飞公司全资子公司和总装制造中心。前身为始建于1950年的飞机修理队，后更名为国营第五七〇三厂、上海飞机制造厂，于2008年5月11日整建制进入中国商飞公司。2009年6月6日，实现公司制改造，由上海飞机制造厂改制成为上海飞机制造有限公司。2018年3月9日，按照现代企业管理制度和国企改革要求，上飞公司成立第一届董事会，推动法人治理机制建设。

上飞公司承担中国拥有自主知识产权的ARJ21新支线飞机批生产、C919大型客机和CR929宽体客机研制任务，主要承担飞机总装集成、复合材料等关键零部件制造、维修交付和转包生产等主营业务。

二、主要产品

（一）C919大型客机项目

C919大型客机按期完成30项重大改装，高寒、溅水、失速、大侧风、自然结冰等重大科目构型到位，全机应急撤离演示试验有序完成；完成复合材料许用值试验等；基本化解取证风险，固化证前投产管控模式；完成与国内9家机体供应商的首轮批生产合同价格谈判。

（二）ARJ21新支线飞机项目

ARJ21新支线飞机全年总装下线42架；完成首架绿皮飞机实施保障，发布绿皮飞机制造实施大纲；实现飞机停场（AOG）航材调拨7×24小时即时响应，保障9家客户、101个城市、233条航线安全顺畅运营。

（三）CR929宽体客机项目

生产制造CR929宽体客机1.58万余件试片级试验件、290余件组合件级试验件；顺利实现平尾前梁PPV、端肋、前缘舱壁板PPV开工；全面完成CR929项目年度任务目标，主制造商复合材料结构件研制能力、引领带动供应商能力实现双提升。

（四）航空零部件转包生产

2021年，生产波音737水平安定面70架份，交付67架份等；做好风险管控，提升质量管理能力，编制《波音项目易错风险点》；优化成品件供应链，推进降本增效，做好波音737项目2022年增速准备。

三、产品开发与技术进步

完善科研体制机制，组建大飞机先进总装技术创新联合体，成立大飞机先进材料创新联盟；申请专利180项，授权专利80项，完成软件著作权登记12项；通过上海市浦东新区企业研发机构复审，取得上海市企业技术中心认定；“多面体零件机加工艺改进”等15项创新成果实现ARJ21型号转化；一键对接等21项新场景在C919部总装现场实现验证应用；探索科技成果市场化运营，实现2项软件成果对供应商转化。

四、国际经济技术合作

上飞公司与英国吉凯恩航宇服务有限公司、中航国际供应链科技有限公司合资的“凯飞民用航空结构件生产制造合资项目”在江苏省靖江市正式开工；与伊顿公司共同增加伊飞公司注册资本1.06亿元，拓展泵阀维修业务能力。

五、重大设施建设

2021年完成大场基地装配生产线搬迁；ARJ21停机坪建设、C919总部装厂房地坪改造等5个项目完工，工艺试验验证能力项目、ARJ21生产系统提升建设项目共121台（套）

设备投入使用。

六、企业改革改制

发布《上飞公司经理层成员任期制和契约化管理方案》，完成上飞公司、翔运公司、江西生产试飞中心经理层成员任期制和契约化管理年度工作任务，推动落实翔运公司“双百行动”；优化组织机构，成立适航审核中心、大场综合办公室，重组中国商飞计量测试中心。

中国商飞上海飞机设计研究院

一、企业基本情况

中国商飞上海飞机设计研究院（简称上飞院）前身为成立于1970年9月15日的空军5703厂708工程设计组，1973年12月12日，工程设计组从5703厂划出，单独成立上海市708设计院，属上海市第一机电工业局领导。先后更名为640设计所、上海飞机设计所、上海市飞机设计研究所、上海市640研究所、上海市飞机研究所，2003年与西安603所实行“东西整合”，称中国航空工业第一集团公司第一飞机设计研究院上海分院，保留上海飞机设计研究所（640所）独立事业法人身份。2008年5月11日，中国商用飞机有限责任公司挂牌成立，原上海飞机设计研究所整建制进入中国商飞公司；2009年10月，更名为中国商用飞机有限责任公司上海飞机设计研究院，对内称设计研发中心；2012年，上飞院整体搬迁至浦东新区张江高科技园区，原位于大场的ARJ21新支线飞机系统综合实验室继续保留。

上飞院的发展目标是打造国际一流商用飞机设计研发中心，形成世界级的商用飞机设计研发能力。围绕目标，做强一条主轴，建成两套体系，夯实三项基础，形成四项支撑，强化六种能力，培育一个集群。

二、主要产品

（一）C919大型客机项目

2021年，C919飞机取证交付更进一步。六架机全面进入审定试飞阶段，转战海拉尔、锡林浩特等多地，开展特殊气象和专项试飞；重大符合性试验验证全面铺开，开展符合性报告攻坚会战。

（二）ARJ21新支线飞机项目

ARJ21运营能力不断提升，全面推进航线运营问题解决，解决“三好”问题283项；深度开展精品工程和设计优化，推动单机制造成本下降，积极推进第二货源开发，不断提升批产工程支持效率，保障交付飞机20架，累计66架。

（三）CR929宽体客机项目

CR929项目胜利实现首件开工；机头上壁板开铆，前机身长桁、平尾前梁PPV开工制造；G3转段顺利通过；全机需求确认持续夯实，方案设计全面深化，推进系统仿真联试、精准控制等专项工作，关键技术成熟度稳步提升；中俄合作模式固化提升，研制分工基本确定，ECB注册挂牌。

三、产品开发与技术进步

入选浦东新区首批大企业开放创新中心；广泛集聚创新资源，87家合作伙伴入谷；沉淀形成82项知识产权，成果对外转化实现零的突破；成立产业链供应链促进中心，与6省市合作举办大飞机产业培育会；新增型号急需的试验能力，多项试验能力国内领先，首次形成民机燃油系统结冰试验能力，首次完成机轮刹车系统HIRF/IEL试验及航电系统HIRF试验等。

四、国际经济技术合作

围绕“建成国际一流航空设计研发中心”的战略目标，坚持开放创新、合作共赢，与国内外供应商开展更大范围、更宽领域、更高层次的合作，积极推进产业链供应链建设，组织20家供应商启动液压系统正向设计工程。不断推动民机技术共进步和商业模式互惠共赢，促进产业深度融合。

五、重大设施建设

2021年，项目验收取得里程碑进展，大客一期及多功能样机库顺利通过验收审计。规划建设多点开花，开展CR929、科研数字化大楼等项目前期论证，长远规划发展蓝图。客户选型中心建设完成。条件建设持续增强，资产管理更加精细。

六、企业改革改制

2021 年，上飞院全面承接中国商飞公司深化改革三年行动方案和年度改革任务 14 项，并结合自身实际情况，系统梳理形成 9 方面 27 项改革任务。围绕改革任务发布《上海飞机设计研究院党委议事规则（2021 版）》等制度文件 51 份。协同完成大飞机产业链供应链促进中心组建，完成大飞机创新谷机构组建。加强能力建设，成立衍生型设计研究部、软件与电子元器件工程部等，不断优化组织架构。

中航西飞民用飞机有限责任公司

一、企业基本情况

中航西飞民用飞机有限责任公司（简称西飞民机）成立于2015年4月10日，是中国航空工业集团有限公司旗下中航西安飞机工业集团股份有限公司的成员单位。西飞民机性质为国有控股企业，公司注册资金84.96亿元，由中航西安飞机工业集团股份有限公司、中国航空工业集团有限公司、陕西航空产业发展集团有限公司等9家单位投资组建成立。

西飞民机是集民用飞机研发、总装集成、飞机修理、市场营销、用户服务为一体的民用飞机制造企业。西飞民机积极构建完备的民机产业发展体系，形成与国际接轨、功能健全的民机产业布局。当前主要产品包括“新舟”系列涡桨支线飞机、民用货机，以及人工增雨机、遥感机、医疗救护机等多用途飞机。截至2021年底，公司拥有员工1274人，资产总额达56.30亿元。

西飞民机积极践行“航空报国、航空强国”的初心使命，坚持“以客户为中心，以奋斗者为本”的发展理念，做优“新舟”产品、做强民机产业，致力于成为世界领先的中型固定翼运输机产品和服务的提供商，用中国高端制造、航空卓越品牌服务全球用户。

二、生产经营情况

2021年西飞民机主要业务板块收入4.30亿元，同比增长10.82%。实现利润总额61.61万元，同比增长11.86%。总资产规模达到56.30亿元，同比增长2.10%，总资产规模逐年上升。

三、主要产品

西飞民机目前的主要产品为自主研制的新舟700支线客机和新舟60/600系列飞机。

在新舟700飞机研制方面，项目团队保持战略定力，全体集智攻关。新舟60/600飞机科研生产方面，完成飞机交付4架，并实现国内外飞机转场交付9架，创西飞民机成立以来历史新高。

产业发展方面，西飞民机圆满完成公司“十四五”规划以及10项业务规划的制定任务，提出了“五新蓝图、七大目标、八大工程”的“十四五”总体规划，为公司后续发展发挥了引领作用。

能力建设方面，西飞民机围绕客户服务、供应链管理等十个方面系统开展基础能力建设工作，各项任务取得良好的效果，核心能力不断提升。

四、产品开发与技术进步

2021年西飞民机民用航空领域研究与试验发展经费支出4.12亿元，占总收入比重95.81%，完成了基于数据管理的民用飞机运营支持协同工作关键技术研究、国产机载系统和设备在“新舟”飞机集成验证等重要研究项目，并参与9项国家科技项目课题研究。申请专利50项，其中授权19项，截至2021年底累计有效专利33项。

五、国际经济技术合作

2021年，国际政治贸易环境发生深刻变化，中美贸易摩擦对航空业造成诸多影响，同时公司克服前期疫情的不利影响，完成1架新舟60飞机以及2架新舟600飞机出口交付。

六、企业改革改制

2021年公司开展对标世界一流管理提升行动，行动涵盖了公司战略规划、市场营销、客户服务、产品研制、供应链管理、质量管理、适航管理、管理体系与信息化建设、风控合规等多项业务，并一体推进对标提升行动和集团公司运营管理体系（AVIC operation system，AOS）建设，完成AOS年度自评价，制定改进措施。

公司ERP项目工作与公司AOS建设、端到端流程建设相结合，遵循公司AOS的基本框架，符合4个端到端业务流程的管理要求，参考SAP最佳业务实践和行业先进母本对变革点进行了充分的研究和讨论，完成了业务蓝图评审，进入系统实现阶段。

空中客车（天津）总装有限公司

一、企业基本情况

空中客车（天津）总装有限公司（简称空客天津公司）成立于2008年，由空客公司投资股份51%（控股）、天津保税区投资公司和中国航空工业集团有限公司组成的中方投资联合体投资股份49%组成。公司注册资本6000万欧元，位于天津滨海新区保税区空港经济区，占地面积约83万米^2，现有厂区员工1100余人。公司主要从事空客A320系列飞机总装、喷涂，以及A330、A350系列飞机完成和交付等。

二、生产经营情况

2021年，空客天津公司实现每月总装交付6架A320飞机和完成交付2架A330飞机的能力，截至2021年底，累计生产交付了587架A320系列飞机、16架A330宽体飞机和3架A350宽体飞机。2021年实现工业产值6.3亿元。

三、主要产品

空客天津公司是中欧战略合作的重要项目，该公司的A320系列飞机总装线是空客公司在欧洲以外的第一条飞机总装线，主要总装A319飞机和A320飞机（单通道双发中短程150座级客机）；A330完成和交付中心项目2017年落成，主要负责A330系列飞机接收、客舱安装、飞机喷漆、发动机试车和飞行测试，以及飞机交付和客户接收等工作；A350飞机完成和交付中心2021年落成，并实现首架A350宽体飞机交付。

四、产品开发与技术进步

A321生产线建设项目正积极筹备，拟对A320厂房及设施进行升级改造，新增设备20台（套），将空客天津公司A320总装线生产能力拓展至A321型号。

五、重大设施建设

公司正推进A350宽体机完成及交付中心升级改造项目，新增工艺设备60台（套），用于A350飞机接收、客舱安装、飞机喷涂、发动机试车、飞行测试和飞机验收交付等。

中航通飞华南飞机工业有限公司

一、企业基本情况

中航通飞华南飞机工业有限公司（简称华南公司）隶属中航通用飞机有限责任公司，成立于2012年，注册资金10亿元，是集通用航空产品市场营销、设计制造、试飞交付、客户服务为一体的综合性高新技术企业，连续两届获评国家高新技术企业称号，2021年被认定为珠海市专精特新企业。

截至2021年底，华南公司资产规模近20亿元，占地面积457870.03米^2，建有各类办公生产厂房9栋（建筑面积84229.85米^2），另有停机坪1个（建筑面积65893米^2），拥有AG600装配站位式脉动生产线一条。2021年，AG600飞机总装生产线获评全国爱国主义教育基地，AG600飞行投水功能展示在十三届珠海航展上大放异彩，荣登央视新闻热搜榜。

华南公司现有员工1000余人，本科以上学历占比80%以上，各类人才专家共41人，国家级引进高层次人才1人，享受国务院政府特殊津贴专家6人，集团公司特级和一级专家19人、珠海市高层次人才14人，珠海工匠1人。公司设有国家级博士后科研工作站、广东省博士工作站，是广东省首批职业技能等级认定试点企业。华南公司始终秉承“航空报国、航空强国”为核心的理念，以为国家应急救援体系和自然灾害防治体系建设提供重大航空装备为核心任务，致力于打造新时代新型民用航空主机研发制造基地，成为引领通用飞机及大型水陆两栖飞机产业发展、支撑航空强国战略、助力平安中国建设的核心力量。

二、生产经营情况

2021年华南公司实现营业收入293987万元，利润总额-3561万元，工业总产值66194万元。

三、主要产品

华南公司作为主制造商，在研的飞机产品有大型灭火/水上救援水陆两栖飞机“鲲龙”AG600，在产并实现批产的产品有单发活塞式轻型系列飞机SR20/SR22。其中，AG600项目作为公司核心产品，属国家重点科研项目，2009年6月国家正式批准立项，其研制目标是为满足我国森林灭火和水上救援迫切需要，为国家航空应急救援体系建设提供装备，是国家大飞机“三剑客”之一，在2017年12月24日陆上首飞及2018年10月20日水上首飞后，分别收到了习近平总书记的贺电，2020年7月26日在青岛完成海上首飞。通过该项目研制，填补了国内大型水陆两栖飞机的研制空白，形成了具有自主知识产权的设计研发体系，提升了我国水面飞行器的设计制造能力和产业化能力，实现了我国特种用途飞机研制领域重大突破，取得了国家创新驱动发展战略重大成果，项目荣获“中国好设计金奖”“中国航空学会科学技术奖”等荣誉。

四、产品开发与技术进步

2021年是华南公司奋进“十四五”、逐梦新征程的开局之年，立足新发展阶段，贯彻新发展理念，构建新发展格局，以推动公司高质量发展为主题，以打造新时代新型主机厂为目标，围绕AG600飞机改进优化后首架机1003架总装“一条主线”，扎实做好001架原型机灭火功能验证、铁鸟试验台完成联调试验并开始铁鸟试验“两项重点”，持续推进审定计划批准、市场客服及AOS“三个体系”建设六大任务目标，全面推进各项工作，确保公司在“十四五”时期开好头、起好步。

2021年，围绕AG600飞机“上台、洒水、下架”三大核心任务，华南公司型号研制工作在疫情的重压下砥砺前行。一是克服液压导管及接头进口管制影响，完成1055项DS设计发图，实现了液压系统国产化，10月28日铁鸟试验台完成试验前评审，正式启动铁鸟试验。二是001架机按照“地面系统原理验证、地面注水投水、水面汲水投水、次高原投水试飞”四个阶段，有序推进灭火系统验证试飞工作，全年累计飞行99架次，191小时33分钟，转场荆门、安顺、珠海、南昌四地，高效完成灭火任务系统注水投水、汲水投水、次高原典型任务场景验证试飞等试飞任务，灭火系统功能验证任务圆满完成。三是奋力推进改进优化后首架机试制工作，1003架机于12月26日实现总装下架，全面进入地面联调联试阶段，项目研制工作取得又一重大进展；9008架机于12月25日获颁适航标签并交付中国飞机强度研究所开展静力试验。

2021年，华南公司向国家专利局提交专利申请70项，其中发明专利49项；各类课题均按计划推进，其中“水陆两栖飞机模拟机数据包规范与开发技术研究”等2项主研课题通过航空工业集团预验收，“新型涡桨飞机舱内噪声控制设计技术与研究”等13项参研课题通过工业和信息化部技术验收，8项主研课题和24项参研课题正在做工业和信息化部技术验收和财务审计前准备工作；“水陆两栖飞机标准体系构建与运用工程”等3项科技成果上报航空工业集团。

五、国际经济技术合作

华南公司与美国西锐公司合作，采用TC证（型号合格证，归属西锐公司）与PC证（生产许可证，归属华南公司）分开的形式，建立国内西锐飞机总装生产线，实现散件进口后国内装配、国内销售，快速切入公务机产业链，快速提升零件生产和装配技术。2021年公司克服新冠疫情及中美贸易摩擦影响，按节点推进国外零部件采购业务，顺利完成SR20飞机31架机组装，实现54架机交付，21架机处于试飞调试状态。

六、重大设施建设

为满足AG600未来投入运营后市场和客户服务的需求，建立一套完整的包含飞行培训、维修培训、维修保障、航材备件和运营保障的客户服务体系，按照局方和集团运行支持体系建设要求，经综合论证，华南公司2021年启动航空器训练中心建设项目。项目于2021年7月13日下达建议书（代可研）批复，自项目批复以来，完成了场地“三通一平”、测绘、勘察、设计等工作，办理了土地规划许可证、工程规划许可证，目前已获得初步设计批复，项目施工已挂网招标。

七、企业改革改制

2021年，公司着眼于对标世界一流管理提升行动，聚力提升公司的管理体系和管理能力。从AOS管理体系优化、对标一流管理提升行动推进、端到端流程组装项目、管理创新项目与成果、精益改善活动等方面开展工作，精准施策，动态对标，夯实了公司管理基础，解决重点问题的同时全面提质增效，加速了基于“研发制造一体化”模式的运营管理体系建设。

中航通飞华北飞机工业有限公司

一、企业基本情况

中航通飞华北飞机工业有限公司（简称航空工业通飞华北公司）是由中航通用飞机有限责任公司、中国航空科技工业股份有限公司、河北航空投资集团有限公司三方在航空工业石家庄飞机工业有限责任公司基础上共同出资组建，公司成立于2012年9月，注册资本15亿元，地址位于石家庄市栾城区衡井路99号。

航空工业通飞华北公司是中国航空工业集团有限公司所属成员单位，是中航通用飞机有限责任公司的核心骨干企业，是国内领先的通用飞机专业化主机厂。公司占地面积1091亩，厂房设施14万米^2，拥有1200米跑道A1类通用机场一座。公司以通用飞机研发制造为核心业务，是国内以研制生产通用飞机为主的专业化主机厂，具有机加、钣金、钳焊、铆接、复合材料加工及飞机部装、总装、试飞等综合能力，积累了丰富的通用飞机研发、制造管理、适航取证、持续适航的经验和能力。公司是省级企业技术中心、省级工业设计中心、省工业企业A级研发机构，通过了AS9100D质量体系认证，取得国家国防科工局颁发的《计量认可证书》，拥有自营进出口经营权资格。

二、生产经营情况

航空工业通飞华北公司落实集团公司、通飞公司战略部署，坚持“一体两翼、三个支柱”的发展定位，营业收入稳步增长，实现效益效率稳步提高。公司2021年营业收入实现43698万元，利润总额13121万元。全年生产交付各型飞机27架，其中运5B飞机生产销售9架，“小鹰”500飞机生产销售17架，“国王”360飞机销售1架。

三、主要产品

（一）运5B飞机

航空工业通飞华北公司主要产品运5B飞机作为公司建厂之初就投入生产的经典机型，是国内国产生产量最大、销售量最大、市场保有量最大和年飞行作业量最大的通用飞机机型。运5B系列飞机符合中国民航局CCAR-23部适航标准，广泛应用于农林作业、飞行员培训、空中游览、航拍航测、空投伞降、客货运输、勤务用机等多个通航领域。

航空工业通飞华北公司为进一步提升运5B飞机飞行性能，降低运营成本，强化产品核心竞争力，重新焕发经典机型的市场活力，实施了运5B飞机换装涡桨发动机项目，已完成首飞，运5B涡桨飞机的性能及技术水平将在同级别机型中处于先进水平；公司将持续实施运5B飞机综合改进项目，满足客户实际需求。

（二）“小鹰”500飞机

航空工业通飞华北公司主要产品“小鹰”500飞机，是我国目前唯一严格按CCAR-23部航空规章进行设计、生产、试验试飞、取证的具备完全自主知识产权的4～5座轻型飞机，填补了我国通用航空领域4～5座轻型多用途飞机的空白。“小鹰”500飞机可广泛应用于飞行培训、私人飞行、旅游观光、农林作业、航拍航测等通用航空领域。

航空工业通飞华北公司综合考虑行业发展前景、市场需求、用户使用反馈等多方面因素，对“小鹰”500飞机实施了客户化改进项目，全面提升了机型的运营经济效益及乘用体验。

（三）工业级无人机

航空工业通飞华北公司以现有运5B飞机为平台，进行运5B无人机系列型号的研发，重点目标市场为吨位级无人机物流货运。目前，运 5U 无人机已成功实现首飞。

航空工业通飞华北公司开放“小鹰”500 飞机平台进行无人机研发，目前与合作方共同开发的“小鹰”500 无人机已完成首飞，重点推向物流货运、人工影响天气等领域。

（四）赛斯纳 208B 飞机

赛斯纳 208B 飞机是一种单发涡桨多用途飞机，具有飞行速度快、商载大、经济性好、可靠性高、维护简便、可在未铺筑的跑道上起降等特点。受到短途客货运输公司、包机公司、航空快运公司，以及从事航空旅游、高空跳伞、航拍、人工降雨、应急医疗救援等业务用户的青睐。

（五）“国王”350 飞机

“国王”350 飞机作为涡桨飞机中的代表具有出色的短距起降性能，具备高品质的客舱管理系统，可以满足客户各式各样的长途或高技术任务需要。

（六）飞机维修服务

飞机维修业务是航空产业链条中的重要环节，是高附加值的业务环节。公司下属飞机维修分厂，是少数具有通用飞机大修资质的制造企业之一，具有运 5B 飞机大修资质，主要开展飞机大修、改装业务。

四、产品开发与技术进步

为满足市场多元化需求，提升产品的竞争力，根据细分市场情况，加快实施现有产品改进改型，实现系列化发展。2021 年重点科研、协作、配套项目有序推进，筑牢产品发展基础。

AG600 项目 1003 架机发动机短舱及支架、主起落架整流罩、背鳍、主起落架护板等 7 个工作包全部实现交付；9008 架完成 3 个工作包的交付。运 5BG 飞机完成首飞；运 5U 飞机完成首飞和调整试飞；“海鸥”300 轻型水陆两栖飞机完成尾旋试飞，完成 AEG 评审前文件准备和自查；“小鹰”500 飞机客户化改进项目完成蓄压器等 7 项改进；完成 NADCAP 项目荧光渗透取证。

石家庄机电公司科研和科技成果转化取得新进展，完成了新型壳体、紧链器用马达的研发和小批量生产，发明专利“一种轻型乳化液马达”成功应用于钻探设备产品。

五、国际经济技术合作

石家庄中航赛斯纳公司取得了赛斯纳 172 系列飞机的维修资质；“国王”360 飞机首次实现改装人工影响天气及加装照相窗口后一揽子交付，“国王”系列飞机改装能力进一步提高。

六、企业改革改制

持续深化改革，落实国企改革三年行动方案，完成华北公司及所属子公司章程修订，制定完善董事会建设等相关管理制度，开展经理层成员任期制与契约化管理。完成内蒙古通航股权转让；完成 AOS 文件编制，AOS 建模完成 607 条，完成年度目标，基本完成公司对标提升工作年度目标。

哈尔滨飞机工业集团有限责任公司

一、企业基本情况

航空工业哈尔滨飞机工业集团有限责任公司（简称航空工业哈飞）创建于1948年，是我国“一五”时期156个重点建设项目之一，曾支援航空工业20余个厂所的建设，设有国家级技术中心和博士后工作站。目前管理天津直升机有限责任公司、中国飞龙通用航空有限公司（简称中国飞龙）、哈尔滨通用飞机工业有限责任公司、哈尔滨哈飞空客复合材料制造中心有限公司等所属企业。

近年来，航空工业哈飞聚焦航空主业，加快推进航空产品升级换代，形成了以AC312系列、AC352民用直升机和运12E、运12F固定翼飞机为代表的民机产品体系，全方位满足客户需求。公司拥有获得国际权威适航当局认可的、健全的设计研发制造体系，同时具备直升机和定翼机设计研发制造能力。复合材料设计与验证等多项技术处于国内领先地位，是国内最大的航空复合材料零部件生产基地。公司拥有国家级企业技术中心1个，省级重点实验室2个；当年获得的授权专利44件，集团及部级科技成果奖10项。

二、生产经营情况

航空工业哈飞2021年实现营业收入120.14亿元，同比增长14.58%；实现净利润2.32亿元，同比增长45.45%。受国外疫情影响，全年转包生产实现产值3.82亿元，同比下降27.68%。

三、主要产品

航空工业哈飞目前在产的主要民机产品有AC312E直升机、运12系列飞机、运12F飞机，以及国外大部件和转包产品等。2021年，公司交付运12飞机3架、F7X短舱风扇罩7架份、HTF7500E发动机短舱4架份。

（一）民用产品

航空工业哈飞生产的AC312E直升机具有在昼夜及复杂气象条件下飞行的能力，具备优异的高原飞行性能，填补了国内双发轻型直升机高原领域空白，目前已取得CAAC型号合格证和生产许可证，累计交付7架机。运12系列飞机是公司于20世纪80年代自主研发的一款轻型多用途飞机，目前已取得中、美、英、法、俄等14个国家的型号合格证/认可证，累计销往30余个国家和地区，当前在产型号为运12Ⅳ和运12E型飞机。运12F型飞机是在运12系列飞机的基础上，于21世纪初全新研制的一款双发多用途通用飞机，于2015年12月取得CAAC型号合格证，2016年2月获得美国FAA型号合格证，通过了中美AEG审查，该飞机以技术先进、空间宽敞和商载突出的优势在23部飞机中受到关注。

（二）通航运营

航空工业哈飞所属单位中国飞龙承担通航运营、航空器托管服务、飞行员培训、地勤培训、航空器维修和改装等业务。该公司具有完善的通航运营资质，是平房机场（A1）运营人，飞行作业区域遍布除台湾外的我国所有省份，并已初步建立国内整体运营网络，形成固北拓南发展格局。每年航空护林面积超过我国国土面积的10%，是首家运营重型直升机进入应急救援领域的通航公司，具有重型直升机的运营领先地位；是公安部警航办指定的初始培训、飞行技术保持和提高培训机构；是国内第一家获批的135部运营单位，使用运12飞机开辟了国内首条以通用飞机执飞的客运航线。

四、产品开发与技术进步

（一）AC352直升机

AC352直升机是航空工业哈飞与空客直升

机公司采用项目对等合作的形式联合研制的一款6吨级通用直升机，可广泛应用于通用运输、近海海域作业支援、搜救、警用反恐等民用领域。

（二）AC332 直升机

AC332 4吨级双发高原型民用直升机是公司按照CCAR-29部最新要求全新设计机型，在高温高原环境下具有优异的飞行能力。该型机瞄准紧急医疗救护、警用执法、应急救援、高原作业、海上作业等目标市场，在项目论证阶段充分调研用户使用需求，明确市场定位，确定设计特点和产品优势，销售前景向好。

（三）AC332 应急救援型直升机

本项目旨在研制出满足CCAR最新适航标准要求的先进直升机，填补我国4吨级应急救援直升机的空白，满足应急救援体系建设需要，推动我国航空应急救援能力快速成形。该型机未来将主要瞄准紧急医疗救护、警用执法、应急救援、高原作业、海上作业等目标市场。

（四）AC352 搜救型直升机

本项目主要通过在AC352基本型已取得型号合格证（TC）的基础上开展应急救援改型研制工作，使其能够在海上搜索救援、应急运输等任务中发挥优势作用，助推形成快捷、高效、全天候的海上救助能力，完善我国救援直升机谱系，支持我国应急救援体系建设。

五、国际经济技术合作

航空工业哈飞积极融入世界航空产业链，凭借先进的复合材料和整机制造技术优势，先后与美、俄、英、法等10余个国家开展合作。目前，公司与空直、英国GKN等公司有着直接的合作，现有AC352直升机、赛峰F7X短舱风扇罩、GKN发动机短舱等国际合作项目；与空客集团合资成立的哈飞空客复材制造中心，是A350系列飞机方向舵、升降舵等部件的唯一供应商、A320系列飞机方向舵的主要供应商。

江西昌河航空工业有限公司

一、企业基本情况

江西昌河航空工业有限公司成立于2002年，隶属中国航空工业集团有限公司，具备研制和批量生产多品种、多系列、多型号直升机和航空产品零部件的能力，是中国直升机科研生产基地和航空工业骨干企业。公司具有雄厚的科研生产和技术实力，与清华大学合作成立了直升机先进制造研究院，设有博士后科研工作站，是国家企业技术中心、工业和信息化部首批“智能制造试点示范单位”、国防科技工业高效数控加工研究应用中心和江西省通航应急救援基地。公司拥有智能物流配送中心，数字化集成制造、复合材料加工、直升机动部件生产等处于国内先进水平。公司现有资产总额115.51亿元，占地面积47.70万米^2，职工5000余名，其中具有中高级技术职称的1200多名，享受国务院政府特殊津贴10名，航空工业首席技术技能专家5名、特级技术技能专家24名。

二、生产经营情况

2021年公司实现工业总产值104.28亿元，营业收入107.02亿元，利润总额6.96亿元。

在民机销售及交付方面，2021年向中国自然资源航空物探遥感中心和中信海洋直升机股份有限公司各交付1架AC311A直升机。在民机租赁方面，2021年共完成11架AC系列民用直升机租赁合同签订。其中租赁合同包括中国通航2架AC313直升机，云南环球通航2架AC311直升机，华夏九州1架AC311直升机，上海和利2架AC311直升机、1架AC311A直升机，上海和利景德镇分公司2架AC311直升机，湖南翔为通航1架AC311A直升机（新增租赁用户）。

2021年公司加大了民机市场推广力度，年内与上海和利通航公司在徐州进行航空医疗及应急救援演练，演示了AC311A的航空医疗救援、应急处置和公安执法等能力；在首届长三角国际应急减灾和救援博览会上展示了AC311A、AC313消防直升机应急救援能力；在中部城市投资贸易博览会上重点展示了AC311A直升机的应用场景；与华夏九州通航、蓝天救援队在上饶市开展了直升机蛙人高跳入水救援、直升机水域救援定点气动抛投、直升机空中模拟下放伤员转运救援、直升机索降救援等航空应急救援科目演练；在华夏九州通航瑶湖直升机基地开展了首次索降及水域应急救援飞行演练，填补了国产直升机在索降操作规范和水域救援等方面的空白；参加了第十三届珠海国际航空航天博览会，展示了国产AC系列直升机的综合应用能力，提升国产直升机品牌知名度。

三、主要产品

公司始终坚持自主创新和国际合作相结合的发展思路，不断开拓民用直升机产品，与美国西科斯基公司、阿古斯特直升机有限公司、波音公司建立了良好合作关系，拥有1吨、2吨、3吨、6吨和13吨等多种民用直升机型号，已形成自主创新和国际合作齐头并进的产业模式。先后研制生产的民用直升机型号有以下几种。

（一）1吨级S300直升机

S300直升机是美国施韦策公司在产的单旋翼带尾桨、1吨级轻型直升机。1956年10月首飞，1970年获得FAA适航证，目前全球共生产销售了2000架。S300型直升机具有重量轻，体积小，各种辅助、助力设备少，适用性广泛，机动灵活，经济的价格及低廉的飞行、维护费用等特点。因而特别适合用于执法（公路巡逻、执法巡逻、空中指挥、追捕逃犯等）、训练（直升机驾驶员飞行训练和培养飞行员）和通用用途（旅游观光、工作巡视、体育、航拍等）领域，市场应用十分广泛。

2017 年西科斯基公司将 S300 系列直升机知识产权转给了美国施韦策 –RSG 公司，同年 12 月 6 日公司与美国施韦策 –RSG 签署了 S300 系列直升机知识产权合作协议，确立了施韦策 –RSG 为型号合格证（TC）持有人，公司为生产许可证（PC）持有人，公司负责 S300 直升机 PC 取证、生产、交付和售后服务。

（二）2 吨级 AC311 系列型机

AC311 型机是在直 11 型机基础上改进改型的轻型民用直升机，2010 年 11 月 8 日实现了首飞，2012 年 5 月 8 日完成 TC 取证，2012 年 11 月 13 日完成 PC 取证，并通过 AEG 评审，是我国首型通过 AEG 评审的旋翼类航空器。

为满足市场需要，提高整机性能，2014 年在 AC311 基础上进行升级改型，开展了 AC311A 型机研制，2014 年 8 月 14 日实现了首飞，10 月完成高原试飞。2016 年 8 月完成 TC、PC 取证及通过 AEG 评审。

（三）13 吨级 AC313 系列型机

AC313 型机是按适航标准研制的大型民用直升机。2010 年 3 月 18 日实现了首飞，2011 年完成高原试飞，创造了国内直升机海拔 8000 米升限纪录。2012 年 1 月 5 日完成型号合格证（TC）取证，2012 年 11 月 13 日完成生产许可证（PC）取证，2013 年通过 AEG 评审。目前正在开展大型直升机 AC313A 直升机研制，2021 年完成铁鸟机总装及首飞机总装。

（四）C919 型机部件

公司承担了中国商飞公司 C919 项目前缘缝翼和后缘襟翼的研制，2012 年项目启动研制，2013 年完成了铁鸟试验件的交付。2019 年完成了科研阶段 3 架份的交付任务。2021 年全面启动批产首架机的投产工作。

四、产品开发与技术进步

一是 2021 年完成 AC311A 外吊挂随机取证工作、AC311A 电力巡线设备补充型号合格证（STC）的取证试验、AC311A 农林喷洒设备 PMA 的取证试验，以及索降设备的验证试飞，拓展 AC311A 加装医疗救援设备 STC 取证等工作，丰富 AC 系列直升机任务作业能力。同时，积极推动航空工业直升机研究所开展 AC311A 直升机飞行包线的拓展工作，后续将在西藏地区进一步拓展工作。

二是实现首架国产民用直升机交付西藏地区高高原推广试用，1 名飞行员取得 AC313 型别教员资质，培养 2 个 AC313A 试飞机组，具备独立开展 AC313A 型号科研试飞能力和 AC313 转机型培训能力；CCAR–145 部维修单位扩展取得 AC311 系列机体全寿命定检维修能力，进口件 PMA 研发替代工作启动推进；全年保障 33 架民机安全运行，服务通告贯彻率 100%，民机客户满意度提升到 9.02 分。

三是 2021 年航空应急救援重点实验室开展国家科技部专项“航空医学应急救援关键技术装备研发及应用示范”项目。

五、国际经济技术合作

2021 年公司完成 S–92 项目尾斜梁 4 架份、尾斜梁备件 42 件；交付波音 737 飞机零部件 256 件、波音 767 飞机零部件 6109 件；C919 项目完成批产首架机 10108 架次襟翼缝翼和 10007 架次试验件、声疲劳试验件的交付；完成 30 架份 269C 的整机配套；组织完成 S–76 工装、零件、专用设备的退运工作；协调中航国际完成了 S–92 项目 3 年以上历史欠款 1400 多万元回款；完成了波音 767 项目回款 201792.18 美元；完成了 S–76 项目清算回款 980 万美元。

六、重大设施建设

为进一步提升公司直升机的维修及综合保障能力，公司于 2021 年启动了直升机维修厂房的建设工作，截至 2021 年底已完成了该厂房的桩基工程。

七、企业改革改制

2021 年公司已全面完成集团公司下达的“两非”企业剥离和压减管理层级任务。景德镇景航工程建设监理有限公司于 2021 年 3 月 12 日在北京产权交易所完成股权交易，4 月 26 日在景德镇市市场监督管理局完成工商变更。

深圳市大疆创新科技有限公司

一、企业基本情况

深圳市大疆创新科技有限公司（简称大疆创新）成立于2006年，是全球领先的无人飞行器控制系统及无人机解决方案的研发和生产商，产品线涵盖高端无人机飞行控制系统及地面站系统、专业影视航拍飞行平台、顶级商用云台系统、高清远距离数字图像传输系统、专业级无线遥控和成像终端以及智能模型飞行器产品。

技术创新是大疆创新的发展命脉，以梦想为源动力，凭借精湛的技术力量和高端人才力量，大疆创新从商用自主飞行控制系统起步，填补了国内多项技术空白，在全球同行业中独占鳌头，重新定义了“中国制造”的内涵，带给世界极大震撼。

二、生产经营情况

大疆创新现有员工14000多人，2021年公司合计营收396.85亿元，同比增长18.75%。

三、主要产品

目前，大疆创新已经处于小型民用无人机行业的领先者，根据IDC的数据统计，大疆创新占据着全球消费级无人机市场七成以上的份额，在全球民用无人机企业中排名第一。消费级无人机、行业应用级无人机和手持设备用户遍及全球百余个国家和地区。

从可远距控制拍摄的一体化小型多旋翼飞行器到全新一代可折叠便携式多旋翼一体机，大疆创新不断引领行业新趋势。随着“精灵”4在2016年的推出，多旋翼飞行器正式步入了机器视觉时代，通过“计算机视觉”与“机器学习”实现障碍物躲避及智能跟随等创新功能。探索未知世界、激发创作灵感是大疆创新一直以来的追求，通过不断提升的空中相机方案，将人类的视野从地面延伸至空中，创造出观察世界的全新角度。通过持续的创新，大疆创新致力于为无人机工业、行业用户，以及专业航拍应用提供性能强、体验佳的革命性智能飞控产品和解决方案。

四、产品开发与技术进步

大疆创新以技术和产品为核心，建立始终屹立于世界之巅的野心和梦想，希望通过完美的产品带给人类前所未有的飞行体验。在大疆创新的研发实验室里已储备了未来2～3年的最新科技，并持续融入自己的创造力和想象力，使得这些超前的科技成果可以被应用到解决各种实际工业和商业问题中去。大疆创新对企业技术中心的投入不做上限，2019—2021年的研究开发费用支出金额分别为211647.97万元、290345.03万元、358389.47万元。

作为国家级高新技术企业，大疆创新一直非常重视知识产权的创造、管理、实施与保护工作，坚持以自主创新作为公司的经营方针，积极创造自主知识产权，并形成了知识产权保护的立体网络。公司自成立之日起就开始进行知识产权的相关申请工作，公司国内外专利年均申请总量增长保持2～3倍，截至2021年底，公司全球专利申请量累计超18000件，其中PCT专利（国际专利）申请量超5400件；同时公司不仅重视知识产权数量，更重视知识产权质量，以专利为例，发明专利占比超40%。全球商标布局57个国家和地区，注册1700多件。荣获广东省科技进步特等奖1项，深圳市科技进步奖一等奖2项，深圳市科技进步奖二等奖1项、深圳市专利奖、广东省专利金奖、中国发明专利优秀奖、中国外观设计金奖、中国商标金奖、马德里特别奖和商标创新奖、深圳市知识产权优秀企业等荣誉。

大疆创新致力于持续推动人类进步，自成立以来，在无人机、手持影像、机器人教育，以及更多前沿创新领域不断革新技术产品与解决方案，重塑人们的生产和生活方式，并且大疆创新与全球合作伙伴携手开拓空间智能时代，让科技之美超越想象，近些年获得了全球科研机构及权威媒体高度评价。

中国航发商用航空发动机有限责任公司

一、企业基本情况

中国航发商用航空发动机有限责任公司（简称中国航发商发）成立于2009年1月，是由中国航空发动机集团有限公司与上海烟草集团有限责任公司、上海电气（集团）总公司、上海国盛（集团）有限公司共同出资组建的股份多元化企业。中国航发商发注册资本102.45亿元，主要从事商用飞机动力装置及相关产品的设计、研制、生产、总装、试验、销售、维修、服务，在册人员2332人，硕士及以上学历人员占比78.2%，中级职称及以上专业技术人员占比61.4%，拥有一支高素质商用航空发动机人才队伍。

中国航发商发作为商用大涵道比涡扇发动机总设计师单位和总承制商单位，负责发展国家大涵道比商用航空发动机，产品规划涵盖窄体客机发动机、宽体客机发动机和支线客机发动机3个产品系列，致力于在上海打造商用航空发动机产业基地。中国航发商发坚持“主制造商－供应商”民机研发模式与“两头在内、中间在外、关键在手”的民机商业模式，建设闵行和临港两个基地，以满足商用航空发动机产业从设计开发到产品制造、验证、交付和使用维护全生命周期发展需要。闵行基地位于上海市闵行区，重点建设设计研发和客户服务能力。临港基地位于上海市浦东新区临港产业基地，重点建设总装集成，关键部件制造，整机、零部件、系统试验测试和维护大修能力。

中国航发商发秉承“创新驱动、质量制胜、人才强企”的发展战略，以“提供商用大涵道比涡扇发动机系列产品及相应服务”为使命，以“成为商用航空发动机全球主制造商之一”为愿景，秉承“责任、包容、开放、共赢”的价值观，构建商用航空发动机设计研发、总装制造、适航取证、供应链管控、市场营销和客户服务六大核心能力，打造强劲“中国心”，助力实现“中国梦”。

二、生产经营情况

2021年，实现营业收入36.5亿元，净利润626万元，连续10年实现国有资产保值增值。

三、主要产品

中国航发商发主要规划发展窄体客机发动机长江1000系列、宽体客机发动机长江2000系列，以及支线客机发动机长江500系列3个产品系列。

四、产品开发与技术进步

2021年，中国航发商发坚持聚焦主业，科研生产取得重要突破。长江1000AX验证机项目验收在即，长江1000A项目如期完成研制目标第一阶段里程碑任务，长江2000AX项目达成专项一期主要研制目标。开展43项关键技术攻关项目，14项完成结题。全力打造创新生态，新建4个联合创新中心/联合实验室，形成8个工程技术研究中心、16个联合创新中心和10个联合实验室。全年申请专利953件，其中发明专利602件；获授权专利447件，其中发明专利授权159件；获外部科技成果奖励10项。

五、国际经济技术合作

2021年，中国航发商发积极稳妥推进国际合作，围绕短舱研制、飞发匹配等与国内外企业开展深度合作；与德国、俄罗斯、美国、英国等国航空企业和研究机构开展工程技术合作，解决了一批技术瓶颈问题。

六、重大设施建设

2021年，中国航发商发研制保障条件建设加快推进，23 台（套）设备投入使用，29 台（套）试验器主要设备完成加工制造，专项研保建设项目全面进入安装调试阶段。

七、企业改革改制

2021 年，中国航发商发系统推进企业改革，持续优化重大事项决策机制，实施经理层成员任期制与契约管理；圆满完成国企改革三年行动 99 项任务和“双百改革”第二阶段 23 项任务，全面薪酬激励机制建设成果获国务院国资委高度认可，入选中央企业“双百行动”典型案例。

成都飞机工业（集团）有限责任公司

一、企业基本情况

成都飞机工业（集团）有限责任公司（简称航空工业成飞），隶属中国航空工业集团有限公司，是我国“一五”时期156个重点建设项目之一。公司创建于1958年10月18日，1979年以“成都飞机公司”名义对外开放，1998年组建为成都飞机工业集团，是我国航空武器装备研制生产和出口主要基地、民机零部件重要制造商，是国家和省市的重点优势企业。公司地处四川省成都市青羊区黄田坝，拥有专用的机场和铁路货运线，毗邻成都火车西站，交通便利，物流畅通。

公司拥有雄厚的技术实力和与国际接轨的质量保证体系，获得国家和省部级科技进步奖500余项，拥有专利1100余项，形成了以民机机头研发制造、国外转包为核心的民机产业，外贸及工业级无人机产业，一体化维修服务保障产业，在飞机零部件制造、整机装配、试验试飞及维修服务等方面具有强大的优势和核心竞争力，具备了民机机头、舱门、翼面和壁板类制造专业化优势，整体实力处于国内行业领先地位。

公司先后承接了麦道机头，波音757尾段和波音787方向舵，A320前/后登机门和A350下垂板、扰流片，达索公务机油箱，G280公务机机头和后机身等项目的转包生产，是国际民机大部件优秀承包商。与中国商飞公司共建中国商飞上飞院（成都）机头设计中心，承担CR929宽体客机机头设计制造任务，致力于打造大飞机发展“生命共同体”；先后承担了我国自主研发的大型民用客机C919、新支线客机ARJ21、国产大型灭火水上救援水陆两栖飞机AG600、新型涡桨支线飞机新舟700机头的研制任务，以及长江1000A大涵道比发动机短舱进气道研制任务。自行研发的“翼龙”10无人机，成功完成我国首次高空大型无人机台风综合探测试验，填补了我国基于高空大型无人机海洋综合观测的空白。

截至2021年底，公司在册员工23137人（含所属企业），为国防现代化建设和国民经济建设做出了重要贡献，先后荣获了全国“五一”劳动奖状、全国文明单位、全国“讲理想、比贡献”活动先进集体、全国质量奖、全国质量标杆、全国实施卓越绩效模式先进企业、全国思想政治工作先进单位、全国审计工作先进集体、中国企业自主创新奖、中央企业先进集体、中央企业先进基层党组织、中央企业思想政治工作先进单位、中央企业抗震救灾先进集体、四川省先进基层党组织等近500项省部级以上荣誉，是中国企业形象AAA级单位。

二、生产经营情况

2021年，公司实现民用航空产品收入9.09亿元。

三、主要产品

公司民用航空产品主要包括国外转包项目、国内民机项目和无人机项目。

（一）国外转包项目

主要包括波音737前登机门、波音787方向舵、波音737方向舵、波音747-8平尾/副翼/扰流片、A350下垂板和扰流片、A320前/后登机门、A320地板和1号框、A320前起落架舱、F7X壁板、G280机头、G280后机身、波音737客改货、波音767客改货、波音777客改货等国外转包项目。

（二）国内民机项目

主要包括CR929大型民用客机机头、C919大型民用客机机头、ARJ21新支线客机机头、AG600大型水陆两栖飞机机头、新舟700支线客机机头、长江1000A发动机短舱等。

（三）民用无人机项目

主要包括“翼龙”10 无人机（气象型）、“翼龙”2 无人机（气象型、应急救援型、海警型）、“云影”80（环保检测型）等。

四、产品开发与技术进步

2021 年是公司推进改革、拓展市场、持续发展的关键年。2021 年初，经成飞、商发双方协商一致，双方建立了战略合作伙伴关系，以风险共担、收益共享的模式，签订了长江 1000A 短舱系列项目试制技术开发合同，标志着航空工业成飞真正参与市场竞标获取项目的新起点。

该项目合同签订于 2020 年 10 月 23 日，合同数量 2 台份。该项目于 2021 年 3 月 16 日完成工艺评审，2021 年 5 月 13 日完成零件开工评审，2021 年 10 月 18 日实现部件开铆，2021 年 12 月 31 日首台“零超差”交付，项目重大里程碑节点均已按计划实现。

五、企业改革改制

（一）制订发布“十四五”规划，绘制航空大部件业务发展蓝图

航空大部件业务做强做优做专，巩固国内大飞机机头“专业户”地位，由机头结构制造商升级为机头产品提供商，建设航空大部件专业化制造基地。拓展航空大部件业务，构建“一基地三中心”的专业化发展格局，CR929 项目实现首件开铆，交付首架批产 C919 飞机机头，ARJ21 飞机机头实现第 100 架机头交付目标，长江 1000A 发动机短舱进气道首台即实现“双零”交付，航空大部件业务收入同比增幅达 27.99%。

（二）优化调整组织机构，不断强化产品研制生产能力

调整一系列组织机构，建立客户需求牵引产品与技术发展的市场需求闭环管理能力和快速响应机制，打造模块化、低成本设计能力和快速试制能力，为抢占市场先机，加快推进产品系列化发展提供了高效的组织保障。

（三）加强供应商培育，提升供应链保障能力

聚焦任务线及能力线，以批量采购为契机，优化供应商资源池，指导零部件、成品、原材料专业供应商开展产能评估与提升，满足批量任务生产需要。构建供应商“靶向”审核机制，由“查”向“改”转变，以点带面帮扶供应商提升能力；打造以阳光采购为目标的采购模式，制定品类采购策略，规范采购方式管理，建立了从采购方式的选择到各类采购方式实施的管理体系，确保采购合规；配强供应商管理力量，以“建体系、提能力、交产品”为目标，成立派驻供应商代表室，按照“1+3+N”的模式派出代表“盯战略、盯体系、盯产品”，优化完善派驻供应商代表相关标准规范，支撑派驻供应商代表履职。

（四）建设开放融合的创新平台，打造创新生态

在成飞 · 青羊创新中心探索创新需求和技术转化的“单透模式”，采用“轮值运营官”制度实现自组织和自运营，通过短期攻关、长期入驻等形式将外部创新主体融入到公司创新体系中，形成了“内外互补、开放协同”的创新集市。

武汉航达航空科技发展有限公司

一、企业基本情况

武汉航达航空科技发展有限公司（简称航达公司）创建于2000年，是主要从事飞机附件研制、开发、生产、维修、服务的高新技术企业，是我国规模最大的民用飞机附件维修企业，是为C919配套的少数几家民营企业之一；在长沙、昆明等地建立了分、子公司，初步形成以武汉为总部的集团化格局。

航达公司现有员工800多人，国家级研究员2名，外籍专家和高层管理人员10名，高级工程师60多名，毕业于大专院校的员工占比近70%。

公司目前已取得各类专利49项，自主开发大型试验设备近百台（套），建立各种飞机附件维修能力超过7658项，在国内同类型企业中维修能力领先，在气动、液压、机电等附件的维修方面积累了丰富经验，业务范围涉及波音系列、空客系列、中国商飞ARJ21、多尼尔、加拿大喷气飞机、亚马逊系列飞机、俄制飞机等各种在用机型的各类附件，以及各种飞机发动机附件。

航达公司获得了中国民航局（CAAC）、美国联邦航空局（FAA）、欧洲航空安全局（EASA）批准的维修许可证，并获得了美国、欧盟、印尼（145/43200）、越南（VN-245NN/CAAV）、泰国（398/2550）、韩国、印度、马来西亚等国批准以及中港澳民航当局三地联合认可（JMM010），达到国际一流维修企业的标准，国内业务稳步发展，海外业务不断扩大。

二、生产经营情况

2021年，航达公司飞机附件承修51058件，起落架大修108套，创产值接近14亿元，创利税3.4亿元。

三、主要产品

（一）研制能力

航达公司与中国商飞公司及其下属的上海飞机设计研究院、上海飞机制造有限公司，以及商飞北研中心开展多方位的合作，目前已成为多型国产飞机的系统供应商，为ARJ21、C919、CR929（预研）及各型运输机提供系统和零部件。主要研制的产品有驾驶舱门系统、水/废水系统、厨房设备、飞机客货舱地板、风挡雨刷、制冷组件/应急通风冲压空气风门、结构拉杆、干燥器、250千伏安主交流起动发电系统、225千伏安交流起动发电机、150千瓦直流起动发电机等。

1. ARJ21配套相关产品

（1）驾驶舱门系统

驾驶舱门系统已完成整体组装和枪击试验，正在开展其他各类鉴定试验，经局方适航批准后可用于装机。该系统在国内市场上暂无相关研制技术及成熟供应商。

（2）水/废水系统

目前国外民航飞机已全部采用水/废水系统，国内研制的支线飞机如新舟60、C919等用的水/废水系统全部从国外采购。航达公司经过不断技术攻关和不懈努力，该系统已通过台架试验验证，各项功能和性能可以达到甚至优于进口设备。该系统的成功研制，尚属国内第一；预计2022年年中可以完成所有试验项目，经局方适航批准后可用于装机。

（3）厨房设备

目前产品正在进行鉴定试验，预计2022年底可以完成所有试验项目，经局方适航批准后可装机，目前在国内市场上暂无民用航空飞机厨房蒸汽电烤箱开发厂商。

（4）客货舱地板

目前已开发出客货舱地板，在同等强度的

前提下，重量比进口件轻 20%，客货舱地板正在进行性能验证工作，预计 2022 年中完成所有性能试验，2023 年实现量产。

2. C919 飞机相关配套产品

（1）风挡雨刷

航达公司正在开展同步功能风挡雨刷的研制工作，其主要核心部件为风挡雨刷控制器。

（2）飞机拉杆

航达公司正在持续为 C919 飞机配套相关拉杆，共承担了 7 种 C919 飞机拉杆项目，单机 158 件，包括空调拉杆、燃油拉杆、惰化拉杆、电源拉杆、高升力拉杆、襟副翼拉杆、应急离机扶手拉杆。该拉杆在国内市场上暂无相关研制技术及成熟供应商。

（3）干燥器

目前已成功研制出干燥器，已通过性能试验、高低温试验、振动试验等，正在进行其他鉴定试验，预计 2022 年中完成所有试验，产品性能已达到国际先进水平。

（4）制冷组件 / 应急通风冲压空气风门

已完成了产品研制、装配和性能试验，正在进行鉴定试验，预计 2022 年中完成所有试验及适航批准。

（5）防冰伸缩管

产品已完成了性能试验、振动试验等，正在进行其他鉴定试验。该部件在国内市场上暂无相关研制技术及成熟供应商。

3. CR929 项目配套大功率系列发电机（预研）

（1）250 千伏安交流起动发电机

性能和重量都优于国外飞机电机，该型发电机填补了国内大功率变频起动发电机的空白。目前产品已完成了性能试验、振动试验。

（2）225 千伏安恒频交流起动发电机

与国外知名公司同类产品相比，同等条件下效率更高，与国内某企业同类产品相比，重量更轻，尺寸更小。电机已完成交付，各项性能参数均正常实现。

（3）150 千瓦直流起动发电机

150 千瓦 /540 伏三级式无刷高压直流起动发电机作为新型飞机电源供电系统，具有工作可靠、重量轻、安全，输出直流电压稳定、输出电压脉动小等特点，具备成为新一代飞机的直流电源系统首选方案的特质。

（二）维修能力

航达公司在液压、气动、电气、燃油、飞行操纵、机载应急设备、起落架、复合材料、直升机旋翼和旋翼传动部件、通航发动机、螺旋桨等附件的维修方面积累了丰富的经验，业务范围涉及波音系列、空客系列、加拿大喷气飞机、亚马逊系列飞机、俄制飞机等多个机型的各类附件。主要项目有：

1. 起落架维修业务

起落架维修基地拥有完整的起落架大修能力，包括所需的机械加工设备，完整的磁粉、渗透、烧伤等无损探伤设备，先进的形位公差、尺寸检测的三坐标测量仪；建立了满足各种机型电镀要求的表面处理生产线，以及与之配套的多种理化检测实验室；是在起落架液压、电气附件修理领域，国内具备“一站式”服务的维修企业之一，无需外委，有效地保证维修质量和周期。

为国内航空公司（含香港航空、香港快运、澳门航空、台湾华航）提供起落架大修及起落架在翼支援服务。海外客户主要有俄罗斯航空、冰岛航空、韩国济州航空、韩国德威航空、印度 Go Air 航空、印度捷特航空、印尼鹰航、斯利维查雅航空。

同时，为波音提供起落架大修服务，也是国内一家可以承修波音 777 宽体机起落架大修服务的厂家；目前正在开发波音 787 起落架的大修能力，预计 2022 年获批。

2. 复合材料维修业务

航达公司拥有国际一流的复合材料车间，车间设施设备的选型综合了波音、空客及中国商飞公司的相关标准，同时修理过程中所需的无尘修理间、打磨间、烘干间、喷漆间均按国内最高标准进行配套建设。目前航达公司已取得 CAAC 维修能力、AS9100 等资质认定，相关设施设备及部分工艺能力已获得中国商飞公司批准。

航达公司具备欧美主流成熟机型波音 737、波音 757、波音 777、波音 787，A320、A330，中国商飞 ARJ21 维修能力，如雷达罩，襟、缝翼，进气道，尾喷，尾锥，反推组件，风扇整流罩，操作舵面等；维修设备如热压罐、透波率测试台、蜂窝拉伸机、三坐标切割机、大修模具等设备齐全。

航达公司是国内首家可以提供雷达罩一站式维修服务的单位；能提供发动机 CFM56-5B/V2500 短舱部件、A320/ 波音 777 雷达罩等部件的交换服务。

航达公司与武汉市多所高校建立长期合作关系，已研发成功并实现批量装机，包括救援绞车外罩壳体、引射消声器壳体、飞机加热地板、空调组件风门壳体、飞机舱内防弹面板等项目。

3. 通航维修业务

在螺旋桨方面，航达公司为哈泽尔和 MT 官方授权维修中心，螺旋桨维修业务约占国内通航市场 30%，螺旋桨维修能力在深度和广度方面处于国内行业领先水平，处于追赶国外先进水平阶段。

在活塞式发动机方面，航达公司为莱康明官方授权维修中心，活塞式发动机维修业务接近国内通航市场 20%，保持增长势头，活塞式发动机维修具备整套翻修试车能力，同时具备活塞式发动机附件维修能力，对发动机汽缸、曲轴箱、配重等重要零件具有深度修理能力，在行业内处于领先水平。

在旋翼、尾桨及相关旋翼传动装置和尾桨传动装置方面，航达公司是国内为数不多能对旋翼及尾桨开展深度修理的单位，目前约占国内市场 10%。

4. 其他业务

航达公司研制了 FR 系列栓式机场地面加油设备，包括成套的地井、地井阀、软管接头和飞机压力加油接嘴等系列产品，产品性能达到了国际先进水平。

四、产品开发与技术进步

公司抓住我国大力发展航空工业的难得机遇，积极开展航空机载附件的研发和国产化，在技术创新、高端制造等方面有了长足的进步和发展，先后在多种国家重点型号飞机中承担了数十项型号附件的研制任务，多数项目填补了国内空白，并获得多项国家发明专利、实用新型专利及软件著作权。

五、国际经济技术合作

航达公司与美国联合技术公司、霍尼韦尔、美捷特、赛峰、利勃海尔、优尼森、派克宇航、伊顿、波音等 OEM 厂商分别建立了备件供应与技术支持以及授权维修等全方位的合作关系。2016 年航达公司与霍尼韦尔中国签订授权维修站协议，成为霍尼韦尔中国的指定授权维修站，为亚太地区客户提供更专业的服务，并获得亚太地区渠道合作伙伴奖。

零备件的采购进口，涉及目前在役的各主要机型，如波音 737、波音 757、波音 777 等，每年的零备件进口量约 3000 万美元；采用授权、技术引进等方式开展高端民航技术服务项目的合作，目前正在进行中的项目包括飞机发动机复合材料大修能力的建设等。目前航达公司是美国波音、普惠、霍尼韦尔等公司的合格维修供应商，为其提供飞机起落架大修、发动机附件维修、APU 附件维修等方面的服务，年出口量约在 1500 万美元。

中国航发动力股份有限公司

一、企业基本情况

2021 年 10 月，中国航空发动机集团有限公司按照上市公司存续企业专项整治工作部署，将原中国航发西安航空发动机有限公司的管理关系由二级调整为三级，名称变更为中国航发动力股份有限公司（简称航发动力）。公司始建于 1958 年，是我国“一五”期间重点建设项目，是大中型航空发动机及燃气轮机动力装置研制生产基地和新型环保能源领域研发基地，是国家认定企业技术中心、博士后科研工作站设站单位。先后与美国 GE 航空、英国罗罗公司、法国斯奈克玛公司、普惠加拿大公司等世界著名航空发动机制造企业建立了长期稳定的战略合作关系，并成为数家外国发动机制造公司近百种零件的海外唯一供应商。先后荣获“中国工业大奖”“全国文明单位”“中国最具创新力企业”等多项殊荣。

航发动力位于陕西省西安市未央区，占地面积 348 万米^2，资产总额 237.5 亿元，拥有从业人员 11225 名，下设 18 个职能（业务支持）部门、2 个科研技术部门、19 个科研生产部门、5 个全资子公司、1 个控股子公司、5 个参股公司。

二、生产经营情况

2021 年，航发动力实现营业收入 100.9 亿元，其中民用航空出口交付额达 9414 万美元。

三、主要产品

航发动力制造生产超过上千种产品零件，为全球 20 多型发动机提供零件配套。在民用航空领域，主要以航空发动机及其衍生产品的零部件转包生产为主，产品涉及发动机压气机、燃烧室、涡轮、机匣等关键部件，包括盘类零件、环类零件、封严类零件、轴类零件、机匣类零件、涡轮叶片和压气机叶片，以及其他结构类零件等。

四、产品开发与技术进步

（一）产品开发

2021 年，航发动力积极推进新品试制工作，着力突破技术瓶颈，满足客户对关键件工艺开发的严苛要求，完成了英国罗罗公司项目两个商务发动机关键件低压涡轮盘的试制和转批产，合作关系实现了里程碑式的飞跃；完成了最新遄达系列发动机零件试制和转批产工作。全面推进民机管理体系建设与提升，持续做好国产大型客机发动机、宽体客机发动机主要零部件的试制和交付工作，完成宽体客机发动机高压涡轮转子单元体的试制和交付；完成“珍珠”15 发动机锥罩产品的批量生产。

（二）技术进步

航发动力通过国家科研课题、自主技术攻关等技术改进工作，进一步巩固盘、环、机匣、复杂结构件等产品的技术领先地位。2021 年完成 30 项科研课题立项、25 项技术攻关课题验收、7 项创新增效课题验收和 8 项专利申报工作。开展 LEAP 低压涡轮盘拉削效率提升攻关工作，综合拉削效率提升 50%，一次合格率提高 10%。与西北工业大学联合开展 BR725 低涡盘榫槽边缘铣削效率提升攻关工作，铣加工效率提升近 3 倍。

五、国际经济技术合作

2021 年，面对复杂国际形势和新冠疫情带来的挑战，航发动力积极调整对外合作战略，深挖内部潜力，加强新品研发、产能改进、技术质量提升等工作，以更加优质的产品和服务参与国际市场竞争。通过全球线上竞标、线上会议、与客户签订长期协议等方式，开发新市场，加快订单承揽。围绕客户、能力、合作、成本、速度五个方面，打造优质项目团队，提升交付表现，积极参与新型航空发动机研制，与多家国际著名的航空发动机制造商建立了长期合作伙伴关系。航空零部件外贸转包生产普惠公司涡轮盘实现逆势增长 20%；与美国 GE 航空签署长期储备订单 1.17 亿美元；与英国罗罗公司的合作实现跨越式发展，雅典娜项目合同储备 8700 万美元订单，成为罗罗公司亚洲区首个旋转件制造中心，后续将承接 BR725 和“珍珠”15/700 盘类零件 100% 份额。

六、企业改革改制

2021 年，航发动力持续深化企业改革，全面落实三年改革行动方案，积极对产业结构进行战略调整，进一步加强外部市场拓展与内部潜力提升。一方面，进一步优化生产线布局，提升外贸产品质量交付表现，加强转包生产管理水平；另一方面，充分发挥公司转包生产优势，借鉴国际先进标准和控制要求，开展国内商用航空发动机零部件生产，在技术与市场中实现突破，全力推动民用航空发动机产业整合升级。

中航成飞民用飞机有限责任公司

一、企业基本情况

中航成飞民用飞机有限责任公司位于四川省成都市青羊区工业集中发展区，占地面积 440 亩，注册资本 82830.75 万元，现有员工 2400 余人。

公司前身为成飞公司民机装配厂，2007 年 8 月，由中航飞机股份有限公司、成都飞机工业（集团）有限责任公司和中航投资控股有限公司投资组建而成，初始注册资本 5 亿元。2015 年，中航飞机有限责任公司（简称中航飞机）增资 3000 万元，成为公司新的股东。2017 年，公司增资扩股，四川发展（控股）有限责任公司、成都先进制造产业投资有限公司两家国有独资政府平台公司分别增资 2.5 亿元、1.5 亿元，成飞集团同步增资 0.9 亿元，公司注册资本变更为 82830.75 万元，控股股东由中航飞机变更为成飞集团。

二、企业经营情况

2021 年营业收入实现 217051 万元，同比增加 9.91%；利润总额实现 964 万元，同比增加 16.56%；工业总产值实现 230068 万元，同比增加 22.09%。

三、主要产品

公司主要民用航空产品分为飞机机头及机身、舱门、翼面三大类，产品覆盖波音 737、波音 747、波音 767、波音 787 和空客 A320、A350 等国际主流大型客机，法国达索等国际主流大中型公务机，以及国内 ARJ21、C919、新舟 700 客机和 AG600 水陆两栖飞机等。

公司以成为世界级、可信赖的飞机机体制造合作伙伴为愿景，致力于打造国内大飞机机头研制生产基地和世界级舱门中心及翼面制造中心，成为国际知名、国内一流的航空制造企业。

四、产品开发与技术进步

（一）产品开发方面

公司 2021 年完成 3 架 AG600 机头大部件、机头鸟撞等试验件交付；完成 CR929 总体装配方案策划，首次实现通过自动钻铆技术完成机头上顶部壁板组件的开铆；完成波音 777 门框和前壁板组件首架交付；完成 A320 后登机门 3D 项目首架交付；完成 A350 下垂板首架 FAI 件装配和扰流片 2 号试验件及 FPQ 件。

（二）技术进步方面

建立了基于全面社会化背景下项目技术牵头管理模式，建立了并行工作下的工艺审查流程及工作模式，提升了项目技术管理水平。

推动设计制造一体化方案落地，构建以超级 BOM 打通设计、制造全流程，提供整体解决方案。实现 CR929 宽体客机项目首个大部件使用自动钻铆开铆，实现预装配、自动钻铆工装快拆共用，在机头上顶部壁板装配工位缩减工装成本 30 余万元。

组织 AG600 项目开展工装集成及试验件快速研制方案。主要装配型架套数由 60 套缩减至 36 套，工装成本节约 700 余万元，节约厂房面积 23%。推动制定孔系定位标准，并在产品设计中充分贯彻工艺需求，实现零件开孔率达到 95% 以上，装配周期从 5 个月缩减至 2.5 个月。同时，在试验件研制时首次实施项目预算管理机制，制定标准流程、方法，充分利用公司死库存原材料自制试验台架，节约 26.5 万元。

完成喷漆环境改造，推进喷漆、打磨操作标准化培训及验收标准的再确认，全流程梳理和优化 A350 项目复材组件喷漆工艺，实现喷漆表面质量大幅提升，同时，交付速率在年初的基础上提升了 100%，节约飞走材料使用成本 30% 以上。

五、企业改革改制

为全面剥离企业办社会职能、解决历史遗留问题，公司制订了《退休人员社会化管理工作方案》和《退休人员社会化管理统筹外费用实施方案》，并与青羊区人民政府和黄田坝街道办事处签订了《退休人员社区管理服务、社会保障管理交接协议》等相关协议，将公司自成立以来的退休人员全部移交至黄田坝街道办事处，顺利完成退休人员社会化的转移工作，实现了企业办社会职能的100%剥离；同时，为配合成飞完成大雁职工安置，公司制订了专项社会招聘工作方案和提前转正方案，严格实施资格审查、笔试及面试等甄选工作，完成安置成飞大雁职工60人，配合成飞完成大集体改革工作，既为公司引进了成熟人才，也积极承担了社会责任，扩大了就业，树立了良好的国有企业形象。

中航沈飞民用飞机有限责任公司/沈阳沈飞国际商用飞机有限公司

一、企业基本情况

中航沈飞民用飞机有限责任公司（简称沈飞民机）成立于2007年8月28日，目前注册资本62488万元。公司经营范围为民用飞机零部件的设计、试验、生产、销售及相关技术转让、技术咨询和进出口贸易。2021年底从业人员2251人，资产总额33.69亿元。

沈阳沈飞国际商用飞机有限公司（简称沈飞国际）成立于2010年4月8日，注册资本12.1亿元。公司经营范围为民用飞机及其零部件设计、试验、制造、销售、售后服务及相关技术咨询与进出口贸易。2021年底从业人员557人，资产总额22.27亿元。

二、生产经营情况

沈飞民机2021年营业收入118746万元，出口交付额1.19亿美元。沈飞国际2021年营业收入85851万元，出口交付额1.13亿美元。

三、主要产品

沈飞民机主要产品包括空客A320机翼前缘/电源箱、波音737尾段、波音777复材壁板/翼尖、波音787垂尾前缘及翼尖、ARJ21尾段/发动机吊挂/电源中心/无线电架/机身电缆、C919发动机吊挂/后机身前段/垂尾/APU门、新舟700后机身前段/舱门等工作包。

沈飞国际主要产品包括A220飞机前机身/中机身/后桶段/尾锥/舱门等工作包，另外翼身整流罩和中央翼盒工作包还在转回谈判中。

四、产品开发与技术进步

积极开拓市场，以承办第十一届民用飞机工业国际论坛和协办空客媒体见面会活动为契机，展示公司产品与能力，全年新签合同20份，拓展多领域潜在市场。

研发业务不断增长，公司以联合设计方式积极融入产品研制区域产业链，全年新签研发设计服务合同额同比增长16%。

加快数智转型步伐。通过搭建数据治理架构，制订数据治理工作方案并组织实施，逐步推进数据治理试点工作。推动主价值链业务流程信息化，固化流程优化成果337项。统一了ERP、MES、WMS软件平台，上线EXCEL服务系统，实现数据的联通与共享。继续开展网络基础建设，完成私有云服务器建设和5G信号试点建设。完成自动钻铆机、自动制孔设备扩展应用分析，围绕A220项目和C919项目装配生产线，开展智能制造能力建设，完善智能制造架构和技术标准。进一步优化科技创新机制，完善创客中心运营，完成80余项创客项目评审。

全年发表科技论文18篇，获得授权专利39项，其中发明专利11项，完成4项集团科技成果鉴定，获省科技进步奖一等奖1项，三等奖2项。

中电科航空电子有限公司

一、企业基本情况

中电科航空电子有限公司（简称航电公司）成立于2009年，是以国家大飞机重大专项为契机，整合中国电科优势资源，联合四川省、成都市共同投资成立。公司注册资本25亿元，总资产38亿元，由中国电子科技集团有限公司绝对控股。航电公司作为中国电科民机航电产业发展牵头单位，以民机电子和通用航空为公司的战略性核心业务，历经多年积累，取得了显著成绩，品牌地位逐年提升，是国内少数几家承接全部重点大飞机型号任务的供应商之一。

航电公司现有职工1200余人，其中，享受国务院政府特殊津贴人员3人，全国劳动模范1人，省部级以上专家和高层次人才15人。拥有轻型通用飞机国家地方联合工程研究中心、院士工作站、博士后工作站等创新平台10余个，获得国内外专利授权250余项。

二、生产经营情况

2021年，航电公司实现收入4.63亿元，研发投入2.3亿元，实现工业总产值5亿元。

三、主要产品

航电公司以民机电子和通用航空两类产品为主。其中，民机电子主要产品包括：机载通信导航系统、信息系统、客舱系统、航空互联系统以及数据链产品等；通用航空主要产品包括：钻石飞机、特种飞机、无人机以及复合材料等。

四、产品开发与技术进步

航电公司围绕民机电子与通用航空两大业务板块，全面拓展和提升民用航空领域的技术产品水平，在两个业务领域的相关关键技术研究和开发均取得重大突破，多项技术居领先水平，并有多项专利获得受理和授权。

民机电子方面：航电公司承担了C919、新舟700、AG600等重点民机型号的通信导航系统、信息系统、客舱系统、数据链等研制任务；同时，研发了北斗位置追踪设备、采用相控阵天线的Ka宽带卫通系统、新型机载娱乐系统iWO等一批核心机载产品，行业领先。通过型号项目研制，航电公司已建立了较为完整的符合适航标准要求的研发体系、质量管理体系和标准体系，成为国内第一批建立较为完善适航体系的民机电子领先企业，形成了一支结构合理、素质过硬，具有国际视野和工程经验的人才队伍和一批具有自主知识产权的核心技术。

通用航空方面：航电公司以中电科芜湖钻石飞机制造有限公司集中统筹通航和无人机板块的国内外两个市场，针对飞行培训和通航作业等市场需求，重点布局通用飞机、特种通用飞机、无人机业务、复材和任务系统等多项业务；通过对两型钻石飞机的引进、消化、吸收，形成自主研发制造轻型通用飞机的核心竞争力，提升关键设备国产化水平，其中DA42双发四座飞机在国内培训类市场占有率60%以上；以MPP特种飞机为平台，形成了针对不同任务载荷的快速集成能力，并以此衍生出多种构型，主要应用于应急救援、森林防火、航拍航测、海洋监测等4个重点领域；根据市场需求自主研发的翔翼无人机系列产品，不仅深受市场认可，同时在行业内也具备一定影响力。

五、国际经济技术合作

航电公司按照拟定的发展规划，确定了“通过国际合作高起点切入民用航空电子领域”

的实施战略。2021 年，航电公司克服疫情和中美贸易摩擦双重影响，通过国际合作支持自主研发的发展战略，坚定以“外”促“内”发展思路，在继续夯实前期与柯林斯、泰雷兹、钻石公司等国际公司合作成果的基础上，加速自主创新，通过国际化视野在通信导航系统、客舱系统和通用航空等多领域，进行提前布局，加强自主研发，争取弯道超车。

沈阳飞机工业（集团）有限公司

一、企业基本情况

沈阳飞机工业（集团）有限公司（简称航空工业沈飞）是以航空产品制造为核心主业，集科研、生产、试验、试飞、服务保障为一体的大型现代化飞机制造企业，是中国航空工业集团有限公司骨干企业之一。公司创建于1951年6月29日，是中国航空工业发祥地之一。70年来，航空工业沈飞坚定航空报国初心、笃行航空强国使命，为我国现代化建设做出了重要贡献。公司拥有国际先进水平的完整航空产品制造生产线，飞机装配集成、钛合金和复合材料等制造加工技术处于国内外领先水平，并在增材制造、智能制造等先进航空制造技术领域不断实现新突破。

二、企业经营情况

2021年是意义非凡、令人铭记的一年。在集团公司党组的坚强领导下，航空工业沈飞广大干部员工奋勇担当、锐意进取，全力打赢科研生产经营与疫情防控“双线战役”，聚焦“三四五”发展目标，圆满完成各项计划任务，夺取了“十四五”开局首胜，开创公司高质量发展新局面。实现营业收入339.9亿元，同比增长24.4 %，其中，民机收入1.98亿元。实现利润总额18.36亿元。完成工业总产值369.0亿元，其中，民机产值7.8亿元。

三、主要产品

航空工业沈飞承担的主要民机零部件产品有：A320项目、A220项目、波音737项目、波音787项目等。

四、产品开发与技术进步

（一）持续推进新研生产线报批，保障多项新研项目平稳落地

按照民机各机型合同的需求，共组织完成32条特种工艺生产线的鉴定工作。提交偏离36条，编制特种工艺生产线鉴定计划12份。工艺审图902份。保证了零件的顺利生产及交付，支撑了新研项目的落地。

（二）CR929基于高度并行设计的工程优化及多层级工艺研发规划

CR929工艺研发方案更新迭代13版，长桁镜像制造的铺层调整、立边平均法平面的设置、主翼盒梁的加强优化、刚度设计夹芯蒙皮的蜂窝优化处理4项更改建议被上飞公司接受。与西班牙ACIURRI公司共同对垂尾设计进行可制造性评审，对相关结构的民机复材零件的国际主流成形加工方案进行了总结和归纳。优质完成CR929的工艺研发方案，开拓思路和技术储备。

五、企业改革改制

（一）国企改革三年行动

为了贯彻国家深化国有企业改革有关要求，落实航空工业集团“一心、两融、三力、五化”战略，保证公司“十四五”及2035年中长期发展规划目标实现，2021年初公司党委会审议并通过了《沈飞公司改革三年行动专项实施方案》，成立党政一把手任组长、班子成员为组员的改革领导小组；明确公司党委书记、董事长是公司改革工作的第一责任人。

通过实施改革三年行动，公司在中国特色现代企业制度方面下实功夫，使党的领导与公司治理有机结合，依法治企能力大幅提升，企业文化更加自信；在企业经济布局优化和结构调整上下功夫，聚焦主责主业，推进“产业融合”，打造核心能力；在健全市场化经营机制上下功夫，尊重市场经济规律和企业发展规律。

1. 完善中国特色现代企业制度

以加强董事会建设为抓手，推动中国特色现代企业制度建设。全级次企业实现董事会应

建尽建，全部实现外部董事占多数；按集团统一部署，开展落实董事会六项职权工作；对标集团公司考核评估标准，全面梳理公司治理相关制度、议事规则及清单，完成 20 余份公司治理制度的制定和完善。

2. 推进国有经济布局优化和结构调整

按照“核心能力自主化、重要专业产业化、一般能力市场化、工业服务社会化”的原则，统筹推进所属公司分类改革和公司内部业务结构调整。

（1）调整投资布局，聚焦航空主业

根据所属公司不同情况，“一企一策”，相继启动了沈飞物装、沈飞线束、吉航、两家民机公司的改革工作。拟通过引进民营资本，实现沈飞物装混改；拟通过引进业务高度匹配合作伙伴，提升线束公司业务能力；拟通过控股吉航公司，补齐公司维修能力短板；拟通过两家民机公司吸并，实现民机产业资源优化重组。

（2）调整生产线布局，聚焦核心能力

依据产品及工艺类型特征，从多个维度考量，对公司现有生产能力类型进行分类，相继启动并完成锻铸产品全部外购论证，部分非金属产品逐步实现社会化保障论证；机械设备维修工业服务社会化改革论证。

（3）融入地方经济圈，打造航空产业生态

积极开展与地方政府交流合作，与沈阳市政府共同构建沈阳地区航空配套产业链；与吉林市政府签订战略合作协议；落实“振兴东北央地百对企业协作行动”，与沈阳航空产业集团签署战略合作框架协议，并开展机加业务合作论证工作。

（4）妥善处理遗留问题，减轻改革包袱

完成“三供一业”分离移交；退休人员社会化管理移交工作；厂办大集体清理进入收尾阶段。

3. 健全市场化经营机制

公司全面实行经理层成员任期制和契约化管理。聚焦三项制度改革机制运行，持续完善干部“能上能下”、员工“能进能出”、薪酬“能增能减”运行机制；强化劳动用工效率效益导向，严格控制用工总量，持续优化人员结构，全面提升劳动用工投入产出效率。

（二）民机资源整合

为促进民机业务协同发展，实现下一步民机产业资源的优势整合，2021 年公司将持有中航（沈阳）投资管理有限公司（沈飞国际控股股东）45.9% 股权转让给沈飞企管，同步启动了沈飞民机吸收沈飞国际项目论证。目前已经完成审计、评估及可行性研究论证，2022 年将启动两家民机公司实质整合工作。

中国航发成都发动机有限公司

一、企业基本情况

中国航发成都发动机有限公司（简称中国航发成发）创建于1958年，是我国“一五”时期156个重点建设项目之一，是以研制生产航空发动机及其衍生产品为主的大型国有骨干企业，主营航空发动机研发、制造、销售、修理、服务和外贸转包生产。公司位于四川省成都市新都区，拥有在职职工4300余人，共设置18个职能部门、16个科研生产机构、10个专业制造分厂、1个分公司，拥有1个控股子公司、1个全资子公司、1个参股公司。

中国航发成发坚持源于航空、专于航空、志在航空，坚定走专业化发展道路，致力于打造以“国家认定企业技术中心、专业化加工制造平台、航空制造关键核心技术”三位一体的核心竞争力，构建以国家认定企业技术中心、国防二级区域计量站、四川省院士（专家）工作站为核心的技术创新平台，为我国航空装备建设做出历史性贡献。

二、生产经营情况

2021年，中国航发成发实现营业收入38.7亿元，转包生产销售收入1.3亿美元。

三、主要产品

中国航发成发民用航空产品主要有各类机匣件、环形件、蜂窝密封件、钣金件、吊挂件，产品应用机型包括GE航空的LEAP系列、GE90系列、GEnx系列、GP7200、Passport20、CF-34，罗罗公司的遄达XWB、遄达1000、遄达7000、遄达700、RB211、BR725及“珍珠”系列，霍尼韦尔公司的HTF7000系列和HTS900系列，以及长江1000A，长江2000AX等国内商用发动机。

四、产品开发与技术进步

（一）产品开发

2021年受新冠疫情影响，全球民用发动机市场仍在低位运行，国际转包业务主要客户的订单量未见明显恢复。中国航发成发积极参与国内民机项目的产品开发，完成AES100和长江系列发动机的多项产品研制任务，其中长江系列共完成23项产品试制，产品类型涵盖风扇增压级单元体、涡轮级间机匣、安装系统和工艺喷管组件等，为后续扩大份额奠定了基础。

（二）技术进步

2021年，中国航发成发深化关键核心技术攻关，整体机匣高效加工技术、数控弯管技术、零点定位快换工装技术等12项关键核心技术取得新突破。全年申报发明专利41项，授权17项。获省部级（含集团）以上科技成果奖3项。

五、国际经济技术合作

经过近20年的发展，中国航发成发已经成为GE航空、罗罗、霍尼韦尔、GE能源、菱动航改等公司在亚太区的重要供应商与合作伙伴，业务合作持续深入，产品层级不断提升，实现了从一般供应商到战略供应商的转变。2021年全球新冠疫情持续反复，市场恢复时间还存在较大不确定性，公司客户整体需求尚未明显反弹，三大外贸航空项目GE航空、罗罗以及霍尼韦尔销售均遭受较大程度的影响，公司全年订单总体维持在较低水平，航空业务整体销售规模与2020年相当。

六、重大设施建设

中国航发成发始终坚持体系效能型能力建

设，加大能力布局，大力推进长江系列民用发动机研制和国际转包任务交付保障。2021 年持续加大工艺设备投资，新增蓝光三维扫描仪、固化炉、高速铣削加工中心等工艺设备，并已陆续投入使用。

七、企业改革改制

2021 年，中国航发成发完成对参股企业中航惠德风电工程有限公司的投资清理工作；所属四川法斯特机械制造有限责任公司完成自然人减资退出。

中国航发沈阳黎明航空发动机有限责任公司

一、企业基本情况

中国航发沈阳黎明航空发动机有限责任公司（简称中国航发黎明）始建于1954年，是"一五"时期建立的新中国第一家航空涡轮喷气发动机制造企业，现隶属于中国航空发动机集团有限公司。中国航发黎明位于辽宁省沈阳市大东区，占地面积100多万米^2，现有员工10000余人。自成立以来，中国航发黎明共修理、改型、研制了数十型航空发动机，生产修理了数万台航空发动机。承制生产了我国第一台拥有自主知识产权的涡喷发动机——"昆仑"发动机，第一台自主研发的大推力涡轮风扇发动机——"太行"发动机，承担诸多科研型号研制任务，被誉为"航空涡轮喷气发动机的摇篮"。

二、生产经营情况

2021年，中国航发黎明实现营业收入近190亿元，转包出口交付额近5000万美元。

三、主要产品

中国航发黎明主要业务涵盖航空发动机、燃气轮机、民用航空及国际转包产品的研制与生产。在民用航空方面，主要包括大型客机发动机项目和国际转包业务。

四、产品开发与技术进步

中国航发黎明的国际转包业务始于1981年，最初和美国GE航空合作。目前，国际转包主要产品供应GE航空、GE发电、GE油气、罗罗公司等，产品出口美国、英国、加拿大、德国、匈牙利、西班牙等诸多国家，具备环形件、结构件、钣金件、机匣件、盘轴件等多种类型零件的成熟加工经验以及喷涂、喷丸、荧光、电子束焊等特种工艺能力，掌握了机匣的高效加工、变形控制，承力环的叠加投影检测技术、新材料电子束焊加工及防护技术，以及封严环的蜂窝磨加工及检测技术，建立了钣金件护罩的自动辊压生产线，实现了LEAP、RB3043新机型高低压涡轮机匣、承力环、封严环及护罩等新件研制与转批交付。2021年，中国航发黎明全面完成既定指标任务，通过积极的商务运作和良好的交付表现，实现了客户服务水平的新提升。

五、国际经济技术合作

中国航发黎明大力发展特种工艺技术，作为国际合作的核心能力，建立了外贸产品特种工艺专业化生产线。喷涂、喷漆、焊接、腐蚀、无损检测等特种工艺通过第三方特种工艺国际宇航（NADCAP）的审核认证，在全球航空产品竞标中形成强有力的竞争优势。其中，电子束焊、喷漆、硝酸腐蚀在同行业中处于领先地位，铝合金硫酸绿色阳极化、硅橡胶成为国内首家通过认证的单位。2021年，中国航发黎明积极克服全球疫情影响，实现产品保质保量交付，获得客户的高度肯定和信任。

六、企业改革改制

2021年，中国航发黎明持续推进投资清理，顺利完成中国航发哈轴股权转让项目。

新宇航空制造（苏州）有限公司

一、企业基本情况

新宇航空制造（苏州）有限公司是新加坡宇航制造集团（SAM）的全资子公司。新加坡宇航制造集团成立于 1981 年，通过在新加坡、中国、马来西亚、泰国和德国的工厂向世界上主要的航空企业供应各类航空机械制造产品。新宇航空制造（苏州）有限公司前身是 1995 年成立于苏州工业园区的新达精密机械（苏州）有限公司。2002 年 12 月，SAM 增加了在苏州的投资，在苏州园区出口加工区注册成立了新宇航空制造（苏州）有限公司，注册资本为 1200 万美元，总投资额超过 3600 万美元。公司占地面积 24000 米^2，厂房面积 13500 米^2，现有员工 316 人。在设备装备方面，公司拥有 4 条集排产、编程、加工和检验于一身的数控柔性制造系统；在加工工艺方面，具备多种无损探伤检测能力和特殊工艺处理技术；在制造方面，对如镍合金、钛合金、铝合金以及高强度不锈钢等硬质高温合金材料进行精密加工。核心产品是飞机发动机叶片、发动机部件、发动机连接件和其他机械零部件。公司已经积累了相关的专业技术，能够满足客户的严格要求，提供一站式服务。

二、生产经营情况

公司位于苏州园区出口加工区 A 区，除个别原材料在国内经客户认证的供应商处采购外，其余的原材料均采购自国外，所有的产品都销往欧美。2021 年销售收入为 4.1 亿元，比 2020 年同期上升了 24.2%。由于受全球疫情影响，公司正处于稳步恢复生产的阶段。

三、主要产品

公司的主要产品可分为两大类：一类是飞机发动机叶片及叶片隔框，有铝合金和镍合金叶片，用于普惠 PW4000 型发动机及通用电气 CF34-8C/E 型发动机；另一类是飞机发动机吊架类机械产品，其主要材质是钛合金和镍合金，成熟吊架产品应用于 A320、A330、A340，波音 747、波音 777、波音 787，庞巴迪“挑战者”300、“环球特快”5000、“环球快车”XRS 等机型。

四、产品开发与技术进步

公司非常注重产品的开发与技术进步。近年来按照顾客的产品要求生产、检验、装配成套飞机发动机的吊架和吊架主要部件，对产品的制造工艺拥有知识产权。在明确顾客对产品要求的基础上，通过运用自身的技术力量，研发出产品的生产流程和各个流程的制造工艺，结合公司先进的制造技术，独特的检验方法，确保制造出来的飞机发动机吊架顺利通过顾客的各种首件检验要求，实现了顾客对产品的设计要求。

公司工艺部积极参与了罗罗 A350XWB 吊架和空客 A320Neo 吊架产品的并行研发，从产品的工艺性和经济性方面提出了大量改进意见，为缩短产品研发周期和降低产品成本做出了贡献。

五、国际经济技术合作

公司为新加坡独资公司，所有客户均为海外客户，所有产品均销往国外，目前暂无与中国相关方进行技术合作的机会和计划。

六、重大设施建设

2021 年公司固定资产投入约 3975 万元，采购一系列大型机器设备用于生产，满足客户需求。

通用电气航空（苏州）有限公司

一、企业基本情况

通用电气航空（苏州）有限公司成立于2007年1月，是位于中国江苏省苏州工业园区的外商独资企业，投资总额6000多万美元，注册资本2200万美元。现有员工250人，是通用电气（GE）集团下属的全资子公司。

通用电气集团公司业务分为五大业务集团：发电、可再生能源、航空、医疗和金融。航空业务集团设计和生产飞机发动机、集成数字化零部件、电力与机械飞机系统，适用于各种商用飞机和支线客机；为飞机发动机和飞机系统提供维护、修理和大修服务以及部件修理服务。通用电气航空（苏州）有限公司主要从事生产、组装、测试各类民用航空用零部件、组装部件、系统等产品以及售后服务。

二、生产经营情况

公司正式投产以来，不断提升生产产品种类和产品附加值，提升生产工艺的难度和广度，产品生产所涉及的物料品种的计划性和复杂性大幅度提高。公司拥有先进的飞机零部件机械加工技术及人员。

2020年席卷全球的新冠肺炎疫情对航空制造业影响巨大，导致公司订单下降60%，企业整合规划生产线，精益生产提高产品质量，降低生产成本，苏州工业园区政府一系列的稳岗措施以及大力发展扶持园区航空业为企业解决了后顾之忧。2021年订单量逐步回升，公司调整产品结构，引进高技术产品，提升公司自身的核心竞争力。

截至2021年底，通用电气航空（苏州）有限公司总资产61476万元，2021年实现销售收入32529万元，同比增长5%。

三、主要产品

通用电气航空（苏州）有限公司主要从事以下产品的生产和制造：飞机发动机零部件产品包括发动机叶片以及前段保持架、燃烧室机匣以及支承环、环形圈、连接件、密封圈等，这些零部件用于CF34、CFM、Passport、GEnx和LEAP发动机，产品的主要订单客户是集团内部企业。

四、产品开发与技术进步

目前苏州公司没有单独的专利，但是公司的生产技术具有国际领先水平。公司重视技术进步和产品质量，引进六西格玛、精益生产等管理工具，对产品质量流程进行完善，促进了公司质量管理体系、内部流程体系完善，不断提高产品质量和提升工作效率，同时重视安全生产。

五、重大设施建设

2021年公司固定资产投入2621万元，其中80%用于生产设备投入，主要投向LEAP和Passport飞机发动机零件产品项目。

菲舍尔航空部件（镇江）有限公司

一、企业基本情况

菲舍尔航空部件（镇江）有限公司（简称菲舍尔）是中国航空工业集团有限公司成员单位，于 2011 年 9 月注册成立。位于江苏省镇江市新区航空航天产业园，从事飞机内饰系统、复合材料零部件的研发、设计和生产，总资产规模约为 14 亿元，注册资金 10.84 亿元，占地面积 300 亩，员工近 500 人。菲舍尔是国内首个以构建国际、国内大型民用飞机重要复合材料结构件和内饰件为目标的专业化企业。菲舍尔通过优化产品品质和完善服务体系，正源源不断地为世界主要的飞机制造厂提供产品零部件，是空客、波音、庞巴迪、中国商飞公司等主机厂的合格供应商。目前已启动内饰项目，总投资 4.5 亿元，建成后将具备 A320 等飞机厨房、盥洗室等内饰系统年产 555 架份的研制生产能力，并建立客舱内饰高端定制化解决方案中心。作为国内一流的航空复合材料零部件研制企业，公司通过自主研发与创新，突破多项核心关键技术，目前已形成复合材料结构件、内饰件产品共同发展的业务格局。

二、企业生产经营情况

2021 年，面对新冠肺炎疫情对整个航空制造业带来的冲击，公司在领导班子的带领下，同心协力共渡难关，转变经营思路，在稳定现有工作包和客户的基础上，勇于开拓市场，确保了公司在疫情背景下的平稳运营。实现主营业务收入 27514 万元，实现销售收入 27911 万元，完成工业总产值 27232 万元，营业利润 -6048 万元，国外出口交付 18868 万元，产能及产值较 2020 年有大幅度提升，销售收入较同期增加 34%。

通过同期对比可以发现，公司在 2021 年出口收入涨幅明显，同时公司产能相比 2020 年同期上涨 17%。主要原因一方面是全球经济缓慢恢复，国际转包订单略有增长。另一方面，公司在面对疫情国际订单下降局面下，坚持充分利用公司现有生产加工能力，以优秀的航空复合材料生产技术，充分开发国内市场和复合材料来料加工市场，通过将原有用于国际转包项目的产能转换给国内项目，确保了公司在疫情下的平稳增长。

另外公司充分认识到尽管疫情的发生对公司的业务造成了冲击，但是同时也为公司赢得了发展的契机，公司利用多年来承接国际转包项目积攒的丰富精益生产的经验，为公司在国内工作包的竞标中赢得了优势，顺利开辟国内市场，确保了新项目优质的盈利能力。

三、主要产品

菲舍尔生产的结构件为控制舵面、整流罩和机翼部件三大类。目前主要承接的项目为 ARJ21、C919、A320、A350、“挑战者” 350、“环球” 7500、波音 777/767 等主流机型的整流罩、下翼板、扰流板、襟翼肋及连接角件等工作包，积累了丰富的结构件制造工艺及生产经验。

在内饰方面，菲舍尔已签署国产 ARJ21 和 C919 内饰合同，负责 ARJ21、C919 等国内主流民机机型的内饰制造，公司于 2018 年初顺利交付了 ARJ21 内饰的首件，已经实现月产 4~6 架份的批产速率。另外，菲舍尔的内饰设计能力逐步完善，目前已参与 ARJ21/C919 第二货源内饰设计，ARJ21 内饰第二货源项目已完成首架份交付。此外，菲舍尔与 FACC 公司联合设计新舟 700 客舱、驾驶舱、登机区及后服务区的内饰，目前首件正在研制中。

四、产品开发与技术进步

（一）主要产品开发

民用飞机内饰设计与制造技术应用验证：

以新舟700为验证平台，按适航审定要求，从客户需求入手开展内饰的设计、制造和试验验证，并随新舟700飞机适航取证。2021年完成了客舱CDR评审及驾驶舱内饰产品交付。

ARJ21第二货源开发：2019年2月，菲舍尔承担商飞内饰第二货源研制项目，提供设计支持及相关适航工作支持，并于2021年交付首架份ARJ21第二货源客舱内饰试装件。

ARJ21医疗/指挥机内饰改装：根据商飞需求，以ARJ21机型为平台进行内饰改装，满足该机型作为医疗指挥救援机的需求，该项目于2021年完成产品交付。

老年睡眠舱：结合老年人睡眠障碍、作息紊乱等问题，以睡眠舱为研究对象，从人机工效、工业设计、功能模块化布局、材料选择等角度完成睡眠舱集成设计方案，并完成3套产品交付。

（二）技术进步

依托各个研发项目，公司的内饰设计研发能力进一步得到提升，设计研发体系及强度、适航、“四性”等相关专业进一步健全。公司在2021年完成了设计研发平台的整体部署，依托平台实现设计、制造、质量等各部门的在线业务协同。依托工业和信息化部课题完成了内饰静强度及耐久性试验平台的论证工作，计划在2022年完成平台部署及使用。

五、国际经济技术合作

与FACC公司进行新舟700型号飞机驾驶舱及客舱内饰产品设计。以新舟700为验证平台，瞄准民用飞机内饰技术发展方向，按适航审定要求，从客户需求入手开展内饰的设计、制造和试验验证，掌握民用飞机内饰设计方法，突破相关制造关键技术，建立民用飞机内饰设计体系，提升自主研发和集成验证能力。

六、重大设施建设

年产555架份的A320等飞机厨卫内饰项目于2019年10月开工，截至2021年底厂房及动力中心已完工并验收，总投资金额为11271.48万元。项目总建筑面积21857米^2，其中11号厨卫内饰厂房总长约165米，宽100米，建筑面积19939米^2；9号动力中心长约56米，宽约34米，建筑面积1918米^2。

菲舍尔公司将发挥航空工业集团的技术、市场、管理优势，通过资源整合，构建航空工业集团复合材料产业进入国际民机产业链的平台，成为世界先进、中国一流、具备全方位竞争优势的航空复合材料产业基地。

天津波音复合材料有限责任公司

一、企业基本情况

天津波音复合材料有限责任公司（简称天津波音）成立于1999年，由波音公司和中国航空工业集团有限公司共同投资兴建。公司注册资本4.97亿元，位于天津滨海新区塘沽海洋科技园，厂区占地总面积11.1万米^2，其中厂房占地4.8万米^2，现有员工600余人。

二、生产经营情况

2021年实现营业收入2.1亿元。

三、主要产品

天津波音主要为商用飞机生产高质量的复合材料次结构件和内饰件，覆盖波音目前所有正在运营的机型（波音737、波音747、波音757、波音767、波音777、波音787），其中绝大多数产品是波音公司全球唯一供应商。产品和特种工艺通过包括波音在内的所有客户的认证，并符合AS9100和NADCAP标准。

四、产品开发与技术进步

天津波音拥有当今世界先进的航空复合材料生产设备、车间和实验室，应用ERP、IQS等先进管理体系，对财务、采购、生产计划、质量、文件、订单等工作进行高效运营管理。天津波音拥有连续超过1300万工时“无损失工时伤害事故”的安全生产纪录，提供高质量航空复合材料零部件及装配业务，其中包括主结构件、次受力结构件与内饰件，产品种类1400余种，月均产能1.3万件。

五、国际经济技术合作

天津波音致力于与本土同行业供应商携手提升中国航空复合材料制造业水平，与中方股东航空工业集团的多家子公司开展了密切合作，包括定期的技术支持和专有技术指导及现场参观学习。公司还向波音在中国的其他供应商提供专业支持，包括无损探伤三级的认证培训、复合材料部件维修等；支持波音中国创新中心项目管理实践分享。现阶段，天津波音正着手将从北美的原材料采购转移到中国市场。这不仅降低了成本，同时也帮助公司与本土供应商建立良好的合作关系，并实现公司业务在中国区的集中发展，积极为中国本土的经济发展做出更大的贡献。

六、重大设施建设

天津波音正推进三期新建厂房及一、二期厂房改扩建工程，同时积极开展智能化工厂改造，预计3~5年内将天津波音提升为一个全新的数字化智能工厂。三期厂房建成后建筑面积预计达25901米^2，原一期厂房改扩建建筑面积共5321米^2，原二期厂房改扩建建筑面积共4463米^2，新建办公楼建筑面积为4800米^2，新建工装存储区建筑面积为1150米^2，新建废料棚建筑面积为302米^2，新建及改建辅助用房建筑面积为560.3米^2，新建地下车库建筑面积8800米^2。

陕西宏远航空锻造有限责任公司

一、企业基本情况

陕西宏远航空锻造有限责任公司（简称航空工业宏远）是中航重机股份有限公司的全资子公司，创建于1965年，2007年改制成立陕西宏远航空锻造有限责任公司。经过50多年的发展，航空工业宏远已成为中国航空工业集团旗下大型锻造专业化企业。

公司科研生产实力雄厚，理化检测手段先进，质量体系完备，拥有国内外先进水平的200兆牛电动螺旋压力机、160兆牛等温锻油压机、2500吨快锻机及其他锻压设备群，建有国家级技术中心及省级计算机辅助设计中心，建立了省级博士后创新基地，具有工艺设计、模具制造，锻造、精密铸造、热处理、机械加工以及理化测试等一系列相配套的研发和生产能力，可生产钛合金、高温合金、不锈钢、结构钢、铝合金、镁合金、铜合金，以及新兴的金属间化合物等不同材质的锻件，为民用航空领域提供批量专业化锻铸件。

公司注重人才队伍建设，现有员工2074人，专业技术人才397人。其中：高级工程师50人，管理人员251人；公司坚持“以顾客满意为核心，用持续改进的过程、产品和服务质量赢得顾客信任”的质量方针，先后通过了热处理（包括真空炉热处理）、磁粉（MT）、渗透（PT）、超声波（UT）、测量和检测等特种工艺国际认证以及ISO/TS22163标准认证、EJ/T9001标准认证。公司拥有自营进出口权，不仅为国内民航制造市场提供优质锻铸件，还与波音、空客、联合技术、赛峰起落架、罗罗、霍尼韦尔等世界著名民用航空工业公司建立了长期稳定的合作关系。

二、生产经营情况

航空工业宏远高举习近平新时代中国特色社会主义思想伟大旗帜，弘扬“航空报国　航空强国”宗旨，聚焦锻造主业，加强技术研发，全方位提升企业核心竞争力，努力向“引领中国锻造　打造世界一流航空锻件优秀供应商”的企业愿景目标奋勇前进。2021年，公司工业总产值实现27.77亿元，营业收入实现26.96亿元，利润总额实现3.91亿元，连续创历史新高。

三、主要产品

公司是大型航空锻铸件生产基地，拥有锻铸件成形、模具制造、机械加工、理化检测、热处理等多项生产制造能力，主要产品有发动机盘轴件、环轧件、飞机起落架、大型火电叶片、整体模锻件、精密模锻件及各类航空结构件等；产品涉及航空、航天、风电、火电、船舶燃气轮机等多个专业领域，材料涉及结构钢、合金钢、不锈钢、钛合金、高温合金、铝合金、镁合金和铜合金等。

四、产品开发与技术进步

航空工业宏远作为国内大型专业化先进锻造企业，始终致力于技术创新和新品研制，通过自主研发、校企合作等方式不断进行技术创新，多项科技创新成果先后获得国家、省部级奖励，沉淀了丰厚的技术底蕴，开创了航空难变形材料热工艺、大型等温模锻和热模锻精密成形、小型精密模锻、高效制坯、精密环轧、锻造工艺仿真模拟等航空产品制造多项先进技术，整体技术水平国内领先，部分技术媲美国际先进水平，并在民用航空领域得到应用，为民用航空产品开发提供了有力保障。

2021年新冠疫情仍在持续，但国际民用航空市场逐步复苏，波音、空客等国际大型飞机厂主力机型生产速率开始提升。公司紧跟国际市场复苏趋势，成功开发了波音公司钛合金锻件，新客户土耳其航空发动机公司实现新品订货 1000 万元。赛峰项目 T 形锻件成功稳定批产，实现 4000 万元的销售收入；霍尼韦尔 4 项发动机锻件通过了首件认证，形成新的经济增长点；开发了波音公司系列新品，为产品市场增长提供了有力支撑。

公司紧盯国内民机研发进程，2021 年开发长江 1000A、长江 2000AX、C919、AG600、AES100 等民用发动机及飞机新品，共计 76 项。大力推进长江 1000A 型号锻件合格认证工作，推进 GCH 在整体叶盘、后轴、低涡支承转子锥壁等锻件的合格认证工作，通过相关考核试验后将进一步提高民用航空发动机的自主保障能力，打破国外原材料供应的“卡脖子”局面。在 C919 锻件产品配套方面，完成了 15 项锻件国产料首件鉴定，实现了项目锻件用原材料的全部国产化，为后续基础锻件供应保障奠定了坚实基础。

2021 年公司顺利通过“高新技术企业”和“国家级企业技术中心”复审，不断加强“国家认可实验室”建设，加大研发投入，加强科研能力建设，注重专业化人才培养，科技创新工作取得长足进步，年度获得专利授权 23 项，申请专利 46 项，其中发明专利 30 项。

五、国际经济技术合作

航空工业宏远自 20 世纪 80 年代开始与波音建立合作关系，依托先进生产技术，充分利用合作契机，抓住国际民机产品加速升级换代的机遇，进军国际高端民机市场，相继与空客、罗罗、GE、霍尼韦尔、福伊特、赛峰等国外大型航空发动机及起落架公司建立了稳定的合作关系，经过前期市场培育，新品转批后批量生产满足了客户换代需求，国外民用航空领域年出口额超过 2000 万美元。

公司先后取得多项生产资质认证并多次获奖。其中获得的特种工艺资质国际认证包括：超声波项目获得波音、空客、罗罗的国际认证，渗透检验获得空客、联合技术的国际认证，磁粉检验获得联合技术、赛峰的国际认证，钛合金热处理获得波音、空客、赛峰的国际认证，铝合金热处理获得联合技术的国际认证，理化检测获得金相、化学分析、力学性能的国际认证；近年来多次获得波音、空客和赛峰公司的奖励，2020 年获得赛峰亚洲最佳表现供应商奖。

六、重大设施建设

近 10 年来，公司以“航空报国　航空强国”为己任，着力加强能力建设。围绕重点产品，积极争取技改建设投资，通过国家投资、企业自筹资金等多种渠道，强化生产能力建设。目前公司老区航空中小型模锻件生产线、环轧件生产线、小型精密锻造生产线、航空精密铸造生产线通过技术改造，产能得到大幅提升。在建新区先进锻造基地，主设 160 兆牛油压机投入使用并达成量产，200 兆牛压力机投入使用进一步扩充了新产能，为民用航空市场开拓和竞争奠定了硬件基础。

中国航发北京航空材料研究院

一、企业基本情况

中国航发北京航空材料研究院（简称中国航发航材院）成立于1956年，是我国“一五”时期156个重点建设项目之一，是国内唯一从事航空先进材料应用基础研究、材料研制与应用技术研究、工程化技术研究、关键件研制生产以及型号应用的综合性科研机构，现有17个材料技术领域60余个专业，覆盖了金属材料、非金属材料、复合材料和石墨烯等前沿材料。拥有9个国家级和14个省部级实验室/中心、6个海外联合研究中心、4条国家级生产示范线。公司位于北京市海淀区温泉镇，本部现有职工1944人，其中中国科学院院士1人、中国工程院院士2人，副高级职称及以上人员612人，博士285人，硕士716人；拥有科研生产设备16684台（套），2021年固定资产总值达33.55亿元。

中国航发航材院建院以来，共取得科研成果2600余项，其中国家级成果150余项、省部级科研成果1100余项。截至2021年，共申请专利3400余项，授权约1700项；计算机软件著作权登记60余项；注册商标93个。曾获国家管理创新成果一等奖、国防管理创新成果二等奖，以及“知识产权先进单位”“知识产权示范单位”等荣誉称号。

二、生产经营情况

2021年，中国航发航材院实现营业收入79.63亿元，其中民品收入12.49亿元。

三、主要产品

中国航发航材院的民用航空产品主要由高温合金及铸件、铝合金及铸件、贵金属制品、钛合金及铸件、航空透明件、母合金、复合材料制品、密封材料、橡胶胶料及制品、涂料、航空焊条、吸波材料、油料、胶黏剂、表面处理、锻造加工、钎焊等17类产品构成，其中高温合金母合金、高温合金铸件、铝合金、钛合金、航空透明件、橡胶胶料及制品、表面处理等产品实现了亿元规模批生产。

四、产品开发与技术进步

在民用航空发动机领域，主要承担长江系列航空发动机高压涡轮工作叶片、导向叶片、钛合金机匣等整机和核心机关键制件试制工作，以及民用涡轴发动机燃气涡轮工作叶片、导向叶片等关键制件试制工作。在民用涡扇航空发动机方面，2021年重点开展了长江系列发动机盘轴一体粉末盘件研制等关键工艺攻关，有力提升粉末盘锻件超塑性成形温度场均匀性控制技术、复杂结构粉末盘热处理技术等，实现型号产品批量交付。在民用涡轴发动机方面，AES100材料适航专项工作进展顺利，6种母合金、DD6单晶叶片、DZ406定向叶片顺利通过材料合格鉴定。

在民用飞机领域，稳步推进大客材料专项相关工作，低密度密封剂在C919和ARJ21两型飞机实现装机应用，2021年实现了13批5632支的试制与交付。此外，全年交付ARJ21飞机用硅橡胶件1920件、密封件721件、型材200件。

五、国际经济技术合作

在国际科技合作方面，2021年实现工业和信息化部首批中俄民用航空合作试点项目立项1项，申报国家科技部政府间国际科技创新合作项目2项，稳步推进与乌克兰、白俄罗斯10余项在研技术合作项目。积极策划与英国、法国、西班牙、俄罗斯、白俄罗斯等国家有关企业的新合作项目。

在国际市场开拓方面，持续拓展高温合

金、钛合金、涂层、增材制造等重点产品市场。全年交付美国凯普斯通公司微型燃机高温合金产品 1507 件，完成首个钛合金锻件产品批产订单，并获凯普斯通公司“全球标杆供应商”荣誉称号；成功交付北京南方斯奈克玛公司首批增材制造叶片产品；稳定批产冰岛奥瑟公司复合材料矫形器产品；通过美国霍尼韦尔公司二方审核认证。

六、企业改革改制

2021 年，中国航发航材院积极推进所属兴达信公司、劳服中心和百慕进出口公司注销工作，全面完成相关资产处置和厂办大集体改革工作。对北京石墨烯技术研究院有限公司进行增资，打造石墨烯产业集群，培育创新经济增长点。对贵阳精铸进行增资，全面提升其产品质量、批生产等能力水平。积极推进新材料产业平台上市工作，完成了业务整合、增资扩股、员工激励及股份制改造等工作，拓宽融资渠道，将技术优势转化为经济效益，进一步激发企业内在活力，增强企业核心竞争力，推动新材料产业加速健康发展。

成都富凯飞机工程服务有限公司

一、企业基本情况

成都富凯飞机工程服务有限公司（简称成都富凯）成立于2001年7月，注册资金8000万元，坐落于成都高新技术产业开发区，是由中国国际航空股份有限公司（30%），北京飞机维修工程有限公司（30%）、美国三角洲国际航空技术有限公司（25%）、四川海特高新技术股份有限公司（15%）共同创建的中外合资企业。公司厂房面积2000米^2，截至2021年底拥有员工136人，其中专业技术从业人员103人。

成都富凯已取得中国民用航空局（CAAC）维修许可证、大陆港澳联合维修管理认可证（JMM）、美国联邦航空局（FAA）维修许可证以及欧洲航空安全局（EASA）维修许可证，并在2010年取得飞机改装委任单位代表证书（DMDOR）、零部件制造人批准书（PMA）；于2013年取得了基于MDA设计的CAAC生产许可证（PC），是中国民航唯一一家除飞机制造商以外具备产品批准生产许可证的公司；于2018年底取得了CAAC颁发的CTSOA。持有进出口许可证，具备航材独立进出口权。2020年，成都富凯入选国务院“科改示范企业”名单。

二、生产经营情况

成都富凯2021年完成飞机部附件修理约7000件，完成飞机改装项目约160项，收入约18850万元。

三、主要产品

成都富凯主营业务有三大板块——飞机加改装、飞机部附件修理以及机载设备与零部件生产制造。飞机加改装一直是国内行业的领头羊，部附件修理在行业的细分领域也名列前茅。其中飞机部附件维修覆盖燃油、液压、电源、电气、电子（娱乐系统）等多个系统附件；飞机改装则覆盖航电、客舱改装项目设计，改装设备及产品的制造，飞机退租工程服务和改装施工。成都富凯目前已具备多项成熟的PMA生产制造能力，涉及飞机结构、机械、电子等领域，拥有客舱、货舱、驾驶舱和机载娱乐系统的多项成熟PMA产品，可生产制造客舱结构件与装饰件、各型塑料件、娱乐系统终端附件、各型橡胶密封件、附件零件等。

公司先后从国外引进了AVTRON公司制造的整体驱动发电机（IDG）、发电机（GEN）测试台、液压综合测试台，保尔公司制造的燃气结合的燃油综合测试台，以及最新燃油控制组件（FCU）专用测试台、滑油泵专用测试台，2019年自主研发了机载娱乐系统终端测试系统。公司附件维修涵盖了主流机型的电源附件、机械液压附件、电气附件、燃油（发动机、APU）附件、气动附件、娱乐系统附件等多个系统部附件修理能力。截至2021年底，拥有CAAC、FAA、EASA能力达612项共计约4500个件号。公司将精诚协作、不断拓展深度修理能力，打造特定附件家族（系统）的卓越中心，为航空公司提供更加优质的附件维修服务。

成都富凯是中国民航第一家初始适航改装设计单位，是国内飞机改装行业的领头羊，是中国民航飞机加改装事业和工程技术能力发展的参与者以及见证者。截至2021年底已拥有100余项次的改装设计批准证书（STC/MDA），约占全国总量的18%，是中国民航中持有设计批准最多的公司。公司坚持自主研发创新，拥有外观设计、实用新型、发明专利等授权专利41项。与此同时，开创了MRO一站式、交钥匙服务的全新服务模式，从设备选择到设计取证到施工到后期运营维护，全流程为客户提供专业高效的服务，赢得了国内外航空公司的广泛赞誉。成都富凯不仅具有独立的改装设计能力、生产制造能力、现场施工能力，还具有独立的项目集成能力。生产制造设备配备满足波音、空客标准的线号标刻机、标牌打印机，同时具备雕刻机和复合材料切割机床等先进设备。

为了公司长远的发展，2021 年成都富凯在成都市东部新区未来科技城购地 100 余亩，将进一步打造中国民航机载设备与零部件生产制造中心、飞机改装创新技术研发中心，以及国内飞机部附件的维修中心。成都富凯未来的发展规划紧扣国家发展战略，依托西南地区丰富的航空航天配套资源，打造全产业链飞机加改装及机载设备与零部件的设计、生产制造与维修服务，为我国民航强国战略贡献力量。

四、产品开发与技术进步

2019 年，公司成立了研究发展部（R&D），负责公司产品开发、业务发展战略制定等相关工作，加强技术创新，为附件维修深度修理和 PMA 产品做技术前沿开发，同时也为飞机加改装设计的客户化定制产品及复杂项目改装设计，提供坚实的技术支持。目前成都富凯拥有自主知识产权 57 项，其中发明专利 5 项。拥有业内领先的大型项目集成、客舱改装、机载电子系统改装和 PC/PMA 器材生产的能力。

机载无线局域网（WIFI）项目：机载 WIFI 是近来年行业热点，机载无线局域网系统用于向乘客提供高品质的音视频娱乐功能，乘客可以使用其便携式电子设备（PED）通过 WIFI 连接来访问机上媒体内容或进行其他娱乐活动。此改装可替代飞机传统的机上娱乐系统，为航空公司节省超过 400 万元 / 架的 IFE 系统设备成本，并大幅降低媒体内容采购费用，同时还能提升航空公司发布内容的自主性和媒体内容的丰富性，该项目荣获 2021 年第三届中国互联飞机大会“技术先锋奖”。

EFB 支架加装项目：成都富凯针对局方颁布的电子飞行包（EFB）的适航与运行指南，结合航空公司实际需求，于 2016 年初开始开发二类 EFB 支架，并于 2016 年首先成功开发并获取 A330 机型 MDA 证书。截至 2019 年底，EFB 支架已成功取证并装机于波音 737、波音 747、波音 757、波音 767、波音 787，A320、A330、A350 机型，安装覆盖国内各大航空公司 1000 余架飞机，市场占有量领先市场其他同类产品。

ADS-B Out 改装项目：ADS-B（广播式自动 - 相关监视）是近年来中国民航为提高飞行安全水平和运行效率重点推进的新技术。目前中国民航众多飞机不具备 ADS-B Out 运行能力。为改变这一现状，成都富凯工程团队分析运行审定方法、解读取证标准，结合多年的改装项目积累的经验，自主研发出基于中国民航适航规章以及国际相关系统规范的改装方案及数据分析验证方法，并获得了中国民航局批准的改装设计批准证书和补充型号合格证。2019 年，成都富凯独立自主设计的波音 757 ADS-B Out 系统改装方案在波音 747、波音 757 飞机上顺利实施。未来几年内，此成果将逐步推广到波音 737CL 飞机、波音 737NG 飞机，以及通用飞机上。该项目荣获 2019 年中国民航维修峰会“MRO China 红冠奖——技术突破奖”。

飞机地面燃油交输系统（ACFS）：该地面设备主要满足不同机型之间的输油，可应用于各维修基地飞机维修抽油、应急抽油等。ACFS 能够降低机型更换、机务大修和飞机维护等抽油浪费，将“废油”充分利用。1 年可为中大型航空公司节约近 500 万元，极大地节约航空公司的燃油成本，也减少废油排放和处理，实现了节能减排和环境保护；同时也大大缩短了飞机执行抽油任务的时间，提高了航空公司飞机的可用率，减少了航空公司的运行成本。该项目荣获 2021 年中国民航维修峰会“MRO China 红冠奖——创新项目奖”。

波音 737-800 飞机海事卫星通信系统加装项目：海事卫星通信系统可以在飞机飞行过程中为机组提供卫星电话功能，保障飞机全球范围内的安全运行以满足 CCAR-121 部中第 121.97 条关于飞机与签派之间 4 分钟内建立可靠语音通信联系的要求。而卫星通信类改装方案目前只有通过国外的 STC 批准的方案进行加装，往往周期长、价格高，成都富凯通过自主设计的方案完成了此项改装，并获得首个中国民航局批准的卫星通信系统改装的补充型号合格证（STC）。目前成都富凯正在推动“波音 737-800 飞机海事卫星通信系统加装项目”

中美双边互认，力争成为第一个中美双边互认的CAAC STC。该项目也荣获2020年中国民航维修峰会“MRO China红冠奖——技术突破奖”。

机载制氧机加装项目：为满足局方对高高原运行飞机机组补充用氧的各项规定，同时解决目前使用便携式氧气瓶用于高高原航班飞机机组补充用氧的运行风险，降低高高原运行的保障难度和成本，成都富凯开发了一套用于驾驶舱环境内的机载制氧设备系统，以便持续向飞行机组提供满足CCAR规定要求的高纯度氧气，同时降低营运人对高高原补充氧气的保障难度和维护成本。目前该项目已经成功在国航西南进行使用，下一步将覆盖国内所有的高高原飞行。

针对近年来不断增加的通用飞机市场，成都富凯自主研发用于通航飞机的飞行数据及座舱音视频记录仪以及配套的飞行员职业生涯全寿命管理服务平台，用以采集飞行过程中的飞行数据（如位置和各种姿态信息），记录座舱音频（包括环境音和飞行员通话）以及飞机驾驶舱影像（如飞行员操作与仪表盘显示等），并通过配套应用管理软件回放和分析所采集的数据，能够满足飞行数据和语音视频的存储、提取、查阅和分析，适用于事故调查和飞行教学等。

五、国际经济技术合作

成都富凯与国内外多家航空公司，多家大型发动机、起落架维修厂建立了广泛的合作联系，享有各类丰富的合作资源。从成立至今，成都富凯积极参加世界各大航展，目前已经是多个大型国际航展的VIP参展商。通过十多年不断对外开拓，在保证国内飞机改装与附件维修业务不断增加的同时，成都富凯已经打开了国际业务的窗口，目前拥有近十家国际客户。

成都富凯飞机改装业务主要面向波音、空客飞机，针对飞机上的客舱布局、导航等系统进行加改装设计。而这些系统的设计必然需要与现在全球最顶尖的航空业产品的供应商进行深度合作，诸如航空座椅厂家B/E宇航、瑞卡罗，航电设备供应商柯林斯宇航、霍尼韦尔、泰雷兹、基德系统、特里达因，娱乐系统供应商松下、泰雷兹等。

近年来，成都富凯在飞机客舱布局改装的项目中，与上述向波音和空客公司提供指定产品的国际主流供应商进行了深度合作。成都富凯作为集成商，明确了座椅的生产制造标准和安装规范，同时对诸如座椅的动静态测试、燃烧测试等项目进行全程监控。机上娱乐设备供应商的产品，也根据成都富凯的装机设计方案中的接口定义、安装方式等要求，安装上了国内用户的飞机。

最近两年，成都富凯在波音757-200上实施的双套风切变气象雷达加改装项目中与柯林斯航空进行深度合作，成都富凯深入到气象雷达收发机数据传输与计算分析、系统接口定义、雷达系统与飞机其他关键导航系统的逻辑关系定义、系统构型设置、关键部件的定制化开发等方面，以超越国际同行的效率完成了这一在国内甚至国际民航飞机改装领域中难度极高的项目，目前这一国内独家的解决方案正获得越来越多国内客户的改装业务。

航天海鹰（镇江）特种材料有限公司

一、企业基本情况

航天海鹰（镇江）特种材料有限公司（简称海鹰特材公司）成立于2011年4月，由中国航天科工集团第三研究院、航天科工三院三〇六所、镇江高新创业投资有限公司和镇江唯贤投资管理合伙企业（有限合伙）共同出资组建，注册资金2.08亿元，主营业务为高性能结构复合材料和隔热保温材料两个领域。公司占地面积为155亩，目前厂房面积26000米^2，并即将启动产业园二期建设，拥有国际国内先进复合材料生产和测试设备50余台（套），拥有员工270余人。

在C919大型客机方面，海鹰特材公司作为中国商飞公司C919国产大飞机九大机体结构件供应商之一，是C919大型客机后机身后段部件、副翼部件、后机身前段和垂尾壁板复材零件的供应商，目前公司已启动批生产制造工作；在CR929宽体客机方面，2021年海鹰特材公司正式成为后机身后段和垂尾工作包初选供应商，且作为自主可控代表参与后机身后段项目的研制；在中国航发商用发动机方面，海鹰特材公司充分发挥自主创新能力，成功突破商用发动机碳纤维复合材料风扇叶片的关键核心技术，2021年与航发商发签订关键技术攻关研制合同。

海鹰特材公司是国家级高新技术企业，致力推进科技创新，注重人才引进与培养，公司的高层次人才多次入选省双创人才、市“金山英才”领军人才计划、江苏青年五四奖章，获新区创新“人才”团队奖。公司拥有国家级技能大师工作站、省工程技术中心、省级研究生中心，荣获苏南国家自主创新示范区“瞪羚企业”、江苏省工人先锋号、江苏省青年文明号、江苏省科技进步奖二等奖等称号，并在2021年入选国家级专精特新“小巨人”企业名单。

二、生产经营情况

2021年海鹰特材公司顺利完成了各项目科研生产任务，实现年度目标。C919大型客机方面，完成了2架份后机身前段、2架份垂尾、1架份后机身后段的批产任务交付；同时完成了1209件MOC4零组件和11241件许用值等试验件研制及交付。CR929宽体客机方面，完成了后机身后6件全尺寸扭转长桁试验件、3件1米级双曲壁板试验件和首件3.6米级双曲壁板等试验件的研制工作，初步开展国产化验证。在商发发动机方面，完成了航发商发8件发动机风扇叶片关键技术攻关试验件的研制及交付工作。2021年公司新增7794万元民用航空器零部件和853.98万元民用航空发动机零部件产品订单，总计交付13543.77万元民用航空器零部件和512.39万元民用航空发动机零部件产品。2021年公司民用航空产品新产品产值达到14056.16万元。

三、主要产品

C919大型客机方面，充分发挥自主特色的软模共固化成形技术优势并持续创新，承担了后机身后段部件、副翼部件、后机身前段复合材料零件和垂尾复合材料零件的研制任务，在复合材料成形方面形成了软模自适应成形技术、大尺寸蒙皮工字形长桁共胶结技术以及与自动铺放技术相结合的整体成形工艺，目前已成为C919项目不可或缺的复合材料结构件主要供应商，承担C919大型客机复合材料零部件40%以上研制份额，研制批工作包共计交付23架份。CR929宽体客机方面，公司正式成为后机身后段和垂尾工作包初选供应商，其中后机身后段作为“国产自主可控”代表参与项目研制。无人机方面，完成了1架份无人运输机机身部装和总装对接的研制，提升了公司低成本项目管理能力。发动机方面，完成了中国航发商发8件发动机风扇叶片关键技术攻关试验件的研制及交付工作，提升了公司复合材料专业设计开发能力。

四、产品开发与技术进步

公司坚持以技术创新和市场需求为牵引，在新产品新技术开发、自主可控等方面均有所突破。在复材制造自主可控方面，进行了CR929后机身后段自动铺丝壁板以及全尺寸扭转长桁自动化预成形技术攻关，采用国产T800预浸料＋国产铺丝机＋软模制造工艺，进行了料机匹配验证，成功完成3件机身壁板的研制；在复材新产品新技术开发方面，进行了以风扇叶片为代表的航空发动机复合材料零件成形关键技术攻关，叶片先后通过静力拉伸、高周疲劳、高速旋转以及鸟撞试验，获得客户高度认可；探索出飞机大部件数字化对接技术，建立了装配总装型架设计能力，并在项目中进行了成功验证。

五、重大设施建设

（一）镇江产业园二期建设项目

2021年公司完成镇江产业园二期建设项目立项批复，目前已完成可行性研究报告的编制和上报工作。

（二）国产自动铺带机项目

2021年公司自动铺带机项目于12月完成竣工验收工作，本项目的建成可以满足年产10架份C919垂尾壁板的研制任务。

六、企业改革改制

海鹰特材公司始终坚持创新驱动发展，公司充分利用国家股权激励相关政策，实施公司核心骨干员工持股，强化公司与个人共同持续发展的理念，根据相关制度做好激励对象的动态考评和良性流动，切实发挥股权激励对公司发展的促进作用。在保持三院相对控股（含三〇六所股比）的前提下，积极开展外部投资者引进工作。通过引入社会资本，进一步完善法人治理结构，为公司二期产业园项目能力建设提供重要资金来源，并充分发挥资方对公司产业发展的协同效应，确保价值最大化，实现公司以C919项目为代表的产业跨越发展。

海宁红狮宝盛科技有限公司

一、企业基本情况

海宁红狮宝盛科技有限公司成立于2005年11月20日，公司位于浙江海宁经济开发区硖川路399号，主要从事航空、航天器精密钣金件及机加工的制造、结构件组装、钣金结构件和电子器件组装与测试。业务覆盖航空内饰零部件、航空结构件、发动机及短舱零部件、航空管路管件、航空电子控制系统零部件。

公司被认定为国家高新技术企业、浙江省企业技术中心、浙江省高新技术企业研究开发中心、浙江省数字化车间、浙江省科技型中小企业、浙江省AA级“守合同重信用”企业、嘉兴市信用管理示范企业。公司已取得AS 9100D（航空质量管理体系）、NADCAP（美国国家航空航天和国防合同方授信项目）、CAAC-PMA证书（中国民航局零部件制造人批准书）、ISO 9001（质量管理体系）、ISO 14001（环境管理体系）、ISO 45001（职业健康安全管理体系）认证。公司拥有40项自主研发设计的相关授权专利。同时公司的6项航空制造特种工艺已通过NADCAP认证，分别为焊接、非常规加工、热处理、无损检测、化学处理、材料检测实验室，是国内具备NADCAP资质最多的民营企业。

二、生产经营情况

公司占地面积80亩，厂房面积38000米^2，分别有钣金车间、机加工车间、发动机车间、焊接车间、表面处理车间、装配车间和材料检测实验室。

公司具有业内先进的航空数字化制造、精密钣金成形、橡皮囊成形、三维五轴激光切割、五轴联动数控机加工、表面处理、热处理等航空高精密零部件加工技术。拥有国外先进的橡皮囊成形机、五轴加工中心、磁悬浮高速光纤激光切割机、数控多工位冲床、数控伺服折弯机等航空高精密零部件加工设备。

客户主要分布在美国、欧洲、东南亚地区，主要客户有美国柯林斯宇航、美国克瑞、美国埃斯特林、英国罗罗航空、英国美捷特、法国赛峰和中国商飞公司等。

截至2021年底，员工人数600人，销售收入1.4亿元。

三、主要产品

用于ARJ21、C919机型的产品：客舱内饰零部件、厨房系统零部件、行李架、照明系统零部件、航电系统零部件、航空座椅、航空打印机设备等。

主要应用于波音737、波音787、A320、A350、A380等机型的产品：航空内饰零部件（厨房系统、洗手间系统、座椅系统、氧气系统）、发动机结构件、航电零部件和航空管路管件。

四、产品开发与技术进步

公司每年加大科技投入，研发费用投入占比5%以上，开发了一系列省级、国家级高新技术产品，实现科技成果向生产力的转化。利用新技术、新工艺从研发和设计两个方面着手加强新产品开发，始终坚持产品“质量第一、信誉至上”的原则，用品质打造一切。

公司具有发动机部件激光切割、薄板充液成形、薄板密闭容器环焊、铝合金微变形电阻焊、变形铝半液态铸锻复合加工、铝蜂窝板多层高温黏合、化学处理生产线自动控制以及激光切割重铸层检测等多项关键核心技术，部分飞机零部件的加工技术属国内首创，并达到国际先进水平。

五、国际经济技术合作

2018 年 5 月 18 日，公司和英国罗罗公司合作的 KITE（风筝）项目正式启动。KITE（风筝）项目是飞机发动机外部系统的重要组成部分，主要用于 XWB 飞机发动机，涉及航空钛合金、航空高温镍合金以及十几种航空制造领域的特种加工工艺。作为高端装备制造项目，公司与罗罗公司签订了 5 年的长期合作协议，项目一期总价超过 600 万英镑。2019 年 2 月，公司被正式批准为罗罗公司的一级供应商，可以直接为罗罗公司配套生产航空发动机零部件，成为国内首家与其合作的民营企业，代表着公司正式进军航空发动机制造领域。2019 年 3 月在罗罗公司全球供应商大会上，公司被授予“最佳新进供应商”奖。KITE（风筝）项目是公司和罗罗公司首次合作的航空发动机零部件项目，使公司真正进入世界级航空制造业的核心，既体现公司在技术、工艺和管理上的实力，又为公司的未来发展打开了上升空间。KITE（风筝）项目对于公司乃至海宁装备制造业的发展都具有重要的促进作用。

六、重大设施建设

公司未来将入驻海宁经济开发区牵头建设的海宁航空产业园，以航空产业园主要入驻方全程参与该项目前期规划设计以及建设。该项目拟征地 110438 米 ^{2}（折合 165.66 亩），新增建筑面积 168180 米 ^{2}，选购国内外高端制造设备、生产管理智能化系统及配套公用工程系统共 259 套（其中喷漆线 3 套，喷塑线 3 套，氧化、磷化、钝化生产线 18 套，化学镀 / 电镀生产线 13 套），采用国际先进的航空数字化制造、精密钣金成形（超塑成形、橡皮囊成形、热成形）及三维五轴激光加工等技术，形成年产 1020 万件高精密航空零部件产品的生产能力，为将海宁航空产业园打造成浙江省航空产业航材精密加工中心和浙江省航空产业联动发展示范基地奠定坚实基础。

中航复合材料有限责任公司

一、企业基本情况

中航复合材料有限责任公司于2010年6月17日注册成立，注册资金7.94亿元，公司注册地址为北京市顺义区顺通路25号，是中航航空高科技股份有限公司的全资子公司。公司位于北京市顺义航空产业园，占地26.8万米^2。现有职工300余人，其中，专业技术人员147人，高级工程师49人；博士研究生22人，硕士研究生123人。公司是从事高性能航空复合材料及结构制造的专业化公司，在高性能树脂基体和预浸料研发、蜂窝芯材、先进复合材料结构制造技术、材料性能表征和构件检测技术及相关产品方面处于国内领先地位，是树脂及预浸料、蜂窝芯材等原材料产业化中心，参与了CR929、C919、AG600等机型复合材料结构的开发工作。

二、生产经营情况

公司全年主要产品生产交付、整体经营规模和经济效益保持较快增长，经济运行质量持续改善，各项指标同比增长显著。2021年公司实现营业收入35.5亿元，同比增长33%；实现净利润6.8亿元，同比增长38%，实现EVA6.4亿元，同比增长43%。公司全年共交付预浸料328.4万米^2，较2020年增长49.5%；交付芳纶纸蜂窝3578米^3，较2020年增长17%。

三、主要产品

公司主要产品有树脂、预浸料、芳纶纸蜂窝、PMI泡沫材料体系、复合材料构件等，具备液态成形（RTM、VARI）、缠绕、模压等全套热压罐和非热压罐成形技术等众多复合材料制造工艺技术。拥有先进复合材料结构设计软件、全套设计工具和数据库支持，具备材料理化性能和力学性能检测、无损检测等自动化检测手段，为复合材料的设计和制造提供了强大技术支持。

四、产品开发与技术进步

（一）民机重点项目交付量质并进

成为CR929飞机前机身工作包唯一供应商，前机身长桁首件正式开工；参加C919项目尾翼优化设计，通过详细设计评审，并获得中国商飞感谢信；落实了集团公司责任状要求，AG600项目完成舵面和整流罩等零部件铁鸟试验件和3架份结构件的适航挂签及交付；长江1000A和长江2000AX项目交付风扇叶片等试验件900余件；GU无人机项目完成了8架份复合材料零组件交付。

（二）民机制造突破关键技术

突破了AG600大型U形加筋复合材料壁板胶结共固化成形技术、复合材料结构件变形控制技术、基于国产预浸料的大尺寸帽形长桁自动化成形等制造与装配关键技术。首次采用国产预浸料完成了前机身筒段上壁板PPM，打破了西方的材料封锁。长江1000A发动机风扇包容机匣组件成功通过包容试验；攻克了基于国产预浸料的长江2000AX风扇叶片成形工艺技术，实现国产材料在长江1000和长江2000叶片上的应用突破。

（三）立足自主保障，推动国产化替代

民机全年共完成8项国产化替代，已实现50%进口原/辅材料国产化替代；推进公司研发的T800级碳纤维国产预浸料用于CR929前机身壁板工艺件试制和商用发动机风扇叶片小批制造。

五、国际经济技术合作

（一）国际市场开拓实现新突破

2021年，克服新冠疫情等因素影响，全年

蜂窝出口额达380万美元，同比增长18.8%。持续开拓俄乌市场，首次实现预浸料小批量出口交付。与空客公司签署蜂窝产品结构件认证协议。DIEHL、EFW等客户筛选认证取得实质性进展。

（二）持续深化国际技术合作

与英国焊接研究所、诺丁汉大学及加拿大温莎大学签署协议，建立联合技术创新中心。合作完成“复合材料胶结界面活化处理技术”项目和“机织复合材料试验件研制”项目。

六、企业改革改制

公司深化体制机制改革，精准推进国企改革三年行动，编制公司实施方案，承接了20项重点任务，制定了40项具体举措。2021年已按计划完成30项举措，台账整体完成进度超70%，完成既定目标。

庆安集团有限公司

一、企业基本情况

庆安集团有限公司（简称庆安公司）创建于1955年，是我国“一五”时期156个重点建设项目之一，是专业从事飞机作动系统、货运系统和制冷系统科研生产的大型企业，2012年12月成为中航精机（深市代码002013，2014年改称中航工业机电系统股份有限公司）的全资子公司。

庆安公司以“机载作动技术和压缩机技术”为核心，产品主要涉及航空领域和民用压缩机，其中航空产品配套于国产各类飞行器，涉及飞机上大部分需要作动的部位，主要包括：高升力系统、主飞控作动装置、舱门作动系统、货运系统、发动机作动系统、发动机反推力系统等。民用产品主要是各型家用空调压缩机的研发和生产。

二、生产经营情况

2021年庆安公司完成工业总产值573342万元，较上年增长42%；工业销售产值508148万元，较上年增长33%；民用航空产品产值13327万元，较上年增长12%。实现营业收入543762万元，较上年增长31%；利润总额25829万元，较上年增长9%。其中，民用航空产品收入17644万元，较上年增长47%。

三、主要产品

C919飞机配套产品包括：高升力系统翼尖刹车、扭力杆及万向节组件、支承轴承，以及85项零件制造，应急门作动器。

新舟700飞机配套产品包括：高升力系统、登机门平衡缓冲系统、侧开舱门平衡缓冲系统、飞行锁作动器、前起落架收放作动筒、前起落架下位锁作动筒、主起落架收放作动筒、主起落架下位锁作动筒、齿轮齿条转弯机构等。

AG600飞机配套产品包括：襟翼控制系统、通舱左后舱门开闭系统和灭火任务控制分系统等。

长江1000/2000发动机配套产品包括：反推作动系统、VSV作动筒、VBV作动筒、维护打开系统A、维护打开系统B、MTC作动筒、同步轴锁、有锁作动器和同步软轴等。

ARJ21飞机配套产品包括：货运系统、主货舱门作动系统。

托管企业陕西长空齿轮有限责任公司（简称长空齿轮）在齿轮/花键、行星减速器、电动代步车后桥等齿轮减速器领域有成熟的设计和制造技术。根据用户要求，可提供各种类型的齿轮减速器和传动系统解决方案。为民机配套的主要产品为齿轮、齿条，配套机型包括国内的ARJ21及C919，国外的波音787及A350；在新品开发方面，2021年开发了C919项目49项零件，ARJ21项目2项部件，A350项目4项零件。

四、产品开发与技术进步

（一）C919飞机项目

庆安公司作为T2级供应商为C919飞机配套研制了高升力系统翼尖刹车装置、支承轴承、扭力杆组件等3项LRU及80%按图制造零件交付。2021年完成了小批批产及换装件5389套/项产品交付，完成翼尖刹车装置、扭力管及万向节组件、支承轴承等3型LRU产品支持取证的耐久试验、极限载荷、液压脉冲类试验14项。

庆安公司作为T1级供应商为C919飞机配套应急门作动器，2021年完成了合作合同签订，5架装机产品交付，以及13项鉴定试验，并配合完成了产品在飞机上的首飞验证。

（二）新舟 700 飞机项目

庆安公司作为T1级供应商为新舟700飞机配套研制高升力系统、舱门作动系统、起落架收放作动筒、前轮转弯装置等6项工作包12型产品，包括60项LRU，是新舟700飞机机载设备与系统的主要供应商，产品涉及机械、液压、电气、控制、电子等专业。2021年，根据新舟700飞机年度研制目标，完成高升力系统、登机门平衡缓冲系统、侧开舱门铰链臂缓冲系统、飞行锁作动器、起落架作动筒和齿轮齿条转弯机构6个工作包55项LRU的179项目首飞安全试验，并于2021年8月30日通过首飞质量评审里程碑，完成了AC102架配套装机件的制造交付。

（三）AG600 飞机项目

2021年，AG600飞机配套的襟翼控制系统完成了航电件、工模件、铁鸟件、1003架装机件交付，完成外场航电件联试、装机联试以及地面开车工作；通舱左后舱门开闭系统完成了航电件、静力件、1003架装机件交付，完成外场装机联试以及地面开车工作；灭火任务控制分系统完成了方案设计评审、详细设计评审，完成静力件、1003架装机件交付，完成外场装机联试以及地面开车工作；2021年珠海航展进行了空中投水演示，实现了空中灭火功能，加速了国家应急任务系统的建设。

（四）长江 1000/2000 发动机项目

庆安公司作为T1级供应商为长江1000/2000发动机配套研制了液压反推作动系统、喷管作动系统、VBV作动筒、VSV作动筒、MTC作动筒等12型产品。2021年总体投入2500余万元，交付100余套产品。反推系统为公司发动机业务中首次以系统供应商进行配套的项目，从RFP竞标开始，经过24个月的研制与验证于2021年12月15日完成97项试验验证，并在12月16日顺利完成主机下厂验收交付评审。该项目在发动机型号中首次采用MBSE系统工程方法，先后突破了7项关键技术，其中2项填补国内空白。

（五）ARJ21-700F 飞机项目

庆安公司与中国商飞积极开展ARJ21货机项目货运系统及主货舱门作动系统合作。2021年1月，双方初步达成合作意向，3月完成了主货舱门作动系统方案设计评审（PDR），4月完成了货运系统方案设计评审，6月完成了主货舱门作动系统和货运系统详细设计评审（CDR），8月完成了主货舱门作动系统图样发布，9月份完成了2型产品合作合同签订，并开展了2型产品首批样件制造工作。

五、国际经济技术合作

（一）对外合作

庆安公司与美国穆格公司、柯林斯公司竞标CR929项目高升力系统、货运系统工作包。2021年按中国商飞公司要求细化高升力系统方案，并开展液电综合PDU风险验证。联合柯林斯公司对货运系统界面载荷进行补充、更新分析。

（二）转包生产

庆安公司从1998年起，开始从事国外航空民机机载设备零组件的转包生产。20余年来，庆安公司已陆续与法国赛峰集团、美国凯旋公司、伊顿公司、柯林斯公司、穆格公司、伍德沃德公司等世界上主要民用航空企业开展了转包生产业务合作，为客户提供起落架系统、作动系统、货运系统、电源系统、机轮刹车系统用零组件及产品。受市场大环境影响，波音及空客等主机需求下降，客户订单不断推迟，订单较年初下降8%，同疫情前相比订单下降45%，2021年庆安公司转包生产销售收入为1153万美元，较2020年同比下降6.6%。

（三）长空齿轮对外合作

长空齿轮民用航空外贸产品均为齿轮，对外合作方式为来图加工承制。国外客户有3家：穆格、帕克、鲍马尔公司，2021年向这3家公司分别交付408万元人民币、185万元人民币、141万元人民币的齿轮。

六、重大设施建设

2021年，发动机环境试验设备防爆型温度—湿度—高度综合环境试验箱启动招投标工作；反推力作动部件实物联合测试试验台HS-1025交付使用，为长江1000的顺利研制、试验与交付提供了保障条件。

七、企业改革改制

根据庆安公司分步建设民机事业部的思路，基于民机专业发展规划及民机业务当前管理现状，对庆安公司民机科研管理业务及民机业务管理机构进行了调整，撤销民机事业部转包业务室二级机构设置。将科研管理部民机科研管理业务与民机事业部转包业务室转包管理业务整合，成立民机管理部，民机管理部各项业务单元实施统筹管理，不再设置内设机构。

浙江西子势必锐航空工业有限公司

一、企业基本情况

浙江西子势必锐航空工业有限公司（简称西子势必锐）是由西子联合控股集团和美国势必锐宇航系统公司于2019年11月1日合资成立的中外合资企业，其中中方控股60%，外方控股40%。西子势必锐现有员工300余人，其中教授级高工、高工、博士及硕士共计20余人，大专及以上科技人员150余人。西子势必锐的产品包含民用飞机部件生产、飞机零部件开发、技术支持及服务，并且是中国C919大飞机项目的一级机体结构供应商，也是目前浙江一家从事民用航空零部件生产和服务的企业，拥有空客、庞巴迪、波音、中国商飞公司等287项特种工艺认证。西子势必锐始终以质量为中心，客户为导向，通过不断坚持与提升，已经在A320和A220飞机等机型部分结构件上成为其全球唯一供应商。

二、生产经营情况

2021年，航空产业及各项进出口货物依然受到疫情影响，西子势必锐作为进出口业务较多之企业也受到波及，公司主要以现有业务为基础，不断拓宽其他路线，在工艺改善和技术创新领域进行各项尝试与变革，包括人才引进及人才开发。在各航空技术专业类人才中寻找适合公司的人才，并对公司内部员工进行技术培训或师带徒指导，以提高员工个人能力及素质，为后续的发力养精蓄锐、储备技能。同时，在势必锐人员的支持下对生产线及工作方式进行精益改进，降低成本并节省时间。

三、主要产品

公司主要产品包括C919辅助动力装置（APU）舱门、飞机应急发电机（RAT）舱门；A320前起落架舱部件、货舱门框部件、机翼翼肋（小/大）；A220飞机前起落架舱部件、驾驶舱地板樑部件、逃生门部件；“环球”公务机前起落架舱部件和Q400飞机腹鳍、飞机金属散件等。

四、产品开发与技术进步

持续的研究与开发逐渐提高了西子势必锐的航空制造能力，包括铝合金与钛合金机加、无损探伤、表面处理、表面强化、热处理、钣金及装配等方面均有很大进步，并且购置了世界先进的技术设备，吸引了一批来自各地航空制造领域的人才，建立健全了符合航空制造要求的技术和质量体系，也以此开启与世界级优秀航空企业的合作之路，是目前国内民营航空制造企业中符合国际标准、具有完整航空零部件制造体系的企业，同时填补了浙江省在航空结构部件制造方面的空白。

2021年，公司与中国商飞公司在质量完善与技术要求等方面进行了全方位的交流，以保证产品的高质量、高精度、高技术，不断提升各项规范标准，更换规范文件，重新对员工进行再培训，严把产品生产的每一个关卡。

江西洪都航空工业集团有限责任公司

一、企业基本情况

航空工业洪都为国有大型企业，是我国教练机、强击机、农林机和民机转包生产的重要基地，隶属中国航空工业集团有限公司。其前身为创建于1935年的中意合建飞机制造厂，1951年创建国营洪都机械厂，是我国“一五”时期156个重点建设项目之一，也是我国航空工业奠基企业之一，是新中国第一架飞机诞生地。公司集科研、生产和经营为一体，拥有1个国家级企业技术中心、1个国家级博士后科研工作站、1个省级院士工作站、4个省级工程技术研究中心/重点实验室等企业科技创新平台，是国家重点扶持的520家大型企业之一。已累计交付各型飞机5000多架以及其他大量航空产品。目前已经成为我国教练机、农林机、其他航空产品主要研制基地和大飞机部件、智能装备、民用航空转包，以及民品研制重要基地。为了适应时代发展和能力提升需要，公司在南昌高新区瑶湖参与建设南昌航空城，园区规划占地75千米^2，其中洪都科研生产区占地6千米^2；北区已经建成并投入使用，南区基本建成并投入使用，瑶湖机场也交付使用。2019年8月，公司实现总体搬迁并入驻南昌航空城，公司科研生产能力得到较大提高。

航空工业洪都秉承“航空报国，航空强国”的宗旨，牢记“敬业诚信，创新超越”，坚持“忠诚、自信、求实、共赢”的价值诉求，持续推进市场化改革、专业化整合、资本化运作、国际化开拓、产业化发展，聚焦核心竞争力，加速推进基础科研，实施制造能力提升、信息化升级，加快能力转型。公司拥有飞机总装脉动生产线、大飞机数字化生产线和数字化机加、钣金、复合材料等生产线，一大批先进的制造技术和管理创新平台支撑着“成为国际一流的飞行训练集成系统供应商”等战略目标的实现，民用航空产品多元发展的格局，鼓舞着公司自信前行。

现有职工约1万人，本科及以上学历占比约45%，博士、硕士研究生近800人。从放飞新中国第一架自主制造的飞机开始，航空工业洪都从修理、仿制开始，自主研发、锐意创新，先后研制生产了教练机、运输机、农林机等多型号产品，积极进入大飞机、民用产品领域，累计交付5000多架飞机，出口飞机500多架。经过70年的深耕细作，公司成为可提供初、中、高级全系列教练机的专业航空研发制造企业。

航空工业洪都以融入世界航空产业链，融入区域发展经济圈为战略引领，大力开拓国际国内市场，目前是中国C919大飞机项目的主要供应商之一。

二、生产经营情况

2021年，航空工业洪都实现收入179亿元（含洪都航空，下同），全年利润总额3.6亿元，全年工业总产值141亿元，全年工业增加值26亿元。

三、主要产品

航空工业洪都民用航空主要业务是民用飞机研制和航空转包业务。民用飞机主要有C919飞机前机身、中后机身项目，CR929飞机中后机身项目复材壁板试验件，国际转包，民用初教6飞机等。

四、产品开发与技术进步

（一）国内民机生产情况

2021年，航空工业洪都交付C919项目前机身和中后机身2架份，并在中国商飞全球供应商大会上获得“2020年度优秀现场支持奖”。另外，在CR929项目竞标和试验件研制方面取得积极进展，2021 年 3 月，航空工业洪都取得里程碑进展，被确定为中后机身项目初选供应商，标志公司成为 CR929 宽体客机项目的核心供应商之一；2021 年 10 月，航空工业洪都与中国商飞公司就主合同持续展开谈判，为研制任务的全面开展提供依据。

在工艺研发方面，航空工业洪都按照民机复材工艺研发的特点，从小到大，由简单到复杂原则开展工艺研发，2021 年完成了 M3 层级 3 米壁板试验件，为后续研发积累了工程经验和数据。

（二）民机试飞情况

2021 年，C919 飞机、ARJ21-700 飞机在瑶湖机场持续开展试飞工作，两型飞机在瑶湖机场累计飞行 78 架次，训练 75 架次，滑行 71 架次，共计 224 架次。其中 C919 飞机溅水试验在瑶湖机场圆满完成，本次溅水专项滑行试验是 C919 型号取证历程中的关键节点，对 C919 飞机适航取证工作具有深远意义；ARJ21-700 飞机在瑶湖机场圆满完成了客改货改装前关键部位强度试飞，为载荷计算提供依据，这也是 ARJ21-700 飞机客改货第一阶段的试飞项目。

（三）国际转包及对外合作交流情况

因疫情和国际环境影响，国际转包市场举步维艰，但航空工业洪都还是积极保持与中航国际联系，争取国际合作机会。2021 年，参与了欧洲项目 F6X 飞机蒙皮的技术评估工作，后因蒙皮制造技术不成熟和设备行程等原因，没有参与投标。

中国航发南方工业有限公司

一、企业基本情况

中国航发南方工业有限公司（简称中国航发南方）始建于 1951 年，是我国“一五”时期 156 个重点建设项目之一、国家首批试点的 57 家企业之一、国内早期六大航空企业之一。位于湖南省株洲市芦淞区，占地面积 115 万米 ^{2}，总资产 172.71 亿元，在册人员 6499 人，下设 20 个机关业务部门、14 个直属生产中心，拥有 4 个分公司、7 个子公司，是我国中小航空发动机研制生产基地，主要研制生产航空发动机、航空转包生产、燃气轮机、光机电等产品。中国航发南方坚持航空为本、创新驱动、开放合作的思路，坚定不移走自主发展的产业化、市场化、国际化道路，全力发展领先的核心技术体系，致力成为世界一流的中小航空发动机供应商。

二、生产经营情况

2021 年，中国航发南方实现营业收入 78.5 亿元，实现航空民品收入 1.03 亿元。

三、主要产品

中国航发南方已适航取证的民用航空产品主要有涡轴 8A/D、涡桨 6、活塞 9 等，在研产品主要有 1000 千瓦级民用涡轴发动机（AES100）、5000 千瓦级民用涡桨发动机（AEP500）、1000 千瓦级民用涡桨发动机（AEP100）。

四、产品开发与技术进步

（一）产品开发

为满足 3 ~ 4 吨级单发民用直升机和 5 ~ 6 吨级双发民用直升机的动力需求，中国航发南方作为总承单位开展了民用涡轴发动机 AES100 的研制，2021 年各项研制工作稳步推进，适航取证、降成本等工作全面开展，并成功实现首飞。瞄准中型客货运涡桨飞机、救援 / 灭火特种飞机等平台动力需求，开展了民用涡桨发动机 AEP500 的研制，2021 年实现国内首台三转子民用涡桨发动机技术验证机地面性能达标，达到国际先进水平。为满足 3 ~ 10 吨级无人货运机、6 吨级多用途通用飞机等动力需求，配合论证 1000 千瓦级民用涡桨发动机项目，后续将启动研制工作。

（二）技术进步

在型号研制方面，围绕技术成功、适航成功、商业成功的总目标，深入开展了 17 项低成本制造技术研究项目，并完成了相关项目的整机验证试验。在适航方面，围绕制造符合性检查系统开展了毛坯原材料生产过程控制研究、特种工艺试验验证方案编制、零部件工业化能力鉴定等工作，并同步开展工艺稳定性验证试验，提升了相关工艺保障能力。

五、国际经济技术合作

2021 年，中国航发南方充分利用自身优势，优化转包产业格局，承接高附加值、高技术含量的零组件及单元体，逐步实现转包业务转型升级。积极推进国际合作，与法国赛峰集团等航空发动机企业建立长期稳定的战略合作关系。结合实际优化调整对外合作战略，进一步加强产品研发、性能改进、技术质量提升，以更加优质的产品和服务，塑造良好企业形象。

六、企业改革改制

2021 年，中国航发南方坚持聚焦主业，深化企业改革，完成国企改革三年行动阶段目标，厂办大集体改革进入资产处置阶段，“三供一业”维修改造项目完成审计，市政管理职能全面移交，所属吉发公司实现破产管理人接管。

中国航发贵州红林航空动力控制科技有限公司

一、企业基本情况

中国航发贵州红林航空动力控制科技有限公司（简称中国航发红林）创建于1966年10月。2000年3月，改制为国有独资公司，即贵州红林机械有限公司；2009年以整体资产注入中航动控（证券代码000738）。公司位于贵州省贵阳市经济技术开发区，占地面积468亩，总资产22.14亿元，在册人员2000余人。下设17个职能部门，3个生产分厂、1个辅助分厂，4个产品事业部、1个辅助事业部。

中国航发红林积极开展专项技术改造，通过了AS 9100、ISO 140001、ISO 180001体系认证以及38项特种工艺标准的NADCAP、波音及第三方的认证，并成为亚洲唯一一家波音批准的可加工440C材料热处理的供应商，有效推动了技术改进和管理革新。先后获得GE航空“最有潜力优秀供应商”“质量明星”“卓越团队合作奖”、CAP公司“质量保障突出贡献奖”、柯林斯公司供应商十强等荣誉，客户满意度不断提升。目前，与CAP公司、伍德沃德公司、科斯林公司、霍尼韦尔公司、穆格公司、艾维欧公司、伊顿公司等签订了长期合作协议，建立了战略合作伙伴关系，公司产品出口至美国、法国、英国、意大利等诸多国家。

二、生产经营情况

2021年，中国航发红林实现营业收入14.24亿元，其中航空转包业务实现收入8821万元。

三、主要产品

中国航发红林航空转包业务以民用飞机控制系统、液压滑阀组件、活塞、作动系统零组件壳体、精密异形零件为主，产品主要包括A320、A330、A380和波音737、波音787等商务飞机配套零部件或组件产品，市场占有率高，订单相对稳定。

四、产品开发与技术进步

中国航发红林的国际转包业务开始于2000年，最早合作客户是CAP公司，主要以工业产品为主。2014年专门成立外贸市场部，开展民用飞机控制系统零组件的转包生产，通过不断积累具备了液压滑阀组件、活塞、壳体、精密结构异形件、轴类件的先进加工经验。受新冠肺炎疫情的持续影响，国际民用航空市场出现较大波动，中国航发红林加快国内市场的开发，与航空工业自控所在滑阀、作动器、壳体项目上建立合作业务；与航空工业南京机电建立业务合作关系，完成了滑阀项目的开发，并顺利通过质量体系审核和验收；此外，还与河南新乡、武汉航达公司、航空工业枫阳等建立起良好的业务合作关系。

五、国际经济技术合作

2021年，中国航发红林深化推进供应商一体化管理，进一步扩充转包生产产能，稳固出口转包业务，扩大国内民机业务，推动国际国内双循环，实现销售逐年增长。持续推进材料采购长协管理，与供应商签订长期合作协议，推动供应商进行材料备货存储，降低了采购成本，缩减了采购周期，提升了采购效率。大力加强信息化建设，实现订单计划、数字检测、过程控制、质量信息技术、材料采购等方面的信息化管理。

无锡透平叶片有限公司

一、企业基本情况

无锡透平叶片有限公司始建于1979年，是上海电气集团旗下上海集优的全资子公司，主导产业聚焦航空、能源装备领域，主要为航空发动机、飞机、重型燃气轮机、舰船动力、核电汽轮机、清洁火电汽轮机等国家重大装备研制和生产各类叶片、盘轴件、高性能结构件、高温涡轮叶片等关键核心部件。

公司位于无锡惠山经济开发区，占地面积23万米^2，现有正式员工约800人，技术人员占比30%，建有国家认定企业技术中心、江苏省企业院士工作站、国家认定博士后科研工作站等重大研发载体，先后承担和参与国家科技重大专项、国家863项目、工业和信息化部强基专项等国家级项目18项，省级重点科技项目20项，获得国家科技进步奖1项、省（部）级科技奖18项。荣膺工业和信息化部“制造业单项冠军示范企业”、工业和信息化部“工业强基‘一条龙’应用示范企业”“装备中国功勋企业”“国家认定高新技术企业”“全国科技创新先进企业”等称号。入选央视《大国重器》之“制造强国”选集和《五年规划》之“工业强国”选集。

二、生产经营情况

近年来，公司始终将航空发动机高端部件作为转型升级的重点，并不断加大科研投入力度，实现了产业从传统的汽轮机向燃气轮机和航空发动机的跨越。2021年航空业务同比增长60%，航空业务占比达到50%，加上燃气轮机业务后的“两机”业务占销售比达到70%，转型升级为以航空航天、燃气轮机为主导产业的高端部件制造龙头企业，预计“十四五”期间产业结构将向着战略方向进一步优化。

2021年公司实现营业收入111198万元（其中主营业务收入108067万元），净利润6478万元。交付民用航空发动机零部件8107万元，其中出口8107万元。

三、主要产品

公司航空业务主导产品覆盖航空发动机各类叶片、盘轴、结构件等关键部件，产品材料涉及钛合金、高温合金、铝合金和特种钢。其中航空发动机叶片包括导向叶片、风扇叶片、压气机叶片、涡轮叶片等；航空发动机盘轴件包括鼓筒、整体叶盘、压气机盘、涡轮盘、轴颈类盘件、风扇盘等；航空发动机结构件包括整流罩、吊挂、机匣等；飞机结构件包括连接件、框/梁、起落架等。

四、产品开发与技术进步

在新产品开发方面，2021年航空新品开发数量为85项，特殊材料高温合金和钛合金等要求较高、难度大的新品占比明显增加，新客户、新领域的新产品类型显著增多。

五、国际经济技术合作

新冠疫情对航空业造成了史无前例的沉重打击，尽管当前低谷已过，伴随着疫苗开始大范围接种，航空出行需求逐步释放，海外民航市场也逐渐复苏，然而，由于国内外疫情反复及疫情防控的工作理念和实际成效存在巨大的现实差异，短期内，全球范围内难以实现国际航空安全且稳定的全面恢复。公司海外航空业务仍处于低位，新项目开发处于暂缓阶段。

贵州安大航空锻造有限责任公司

一、企业基本情况

贵州安大航空锻造有限责任公司（简称航空工业安大）始建于1966年9月，2000年3月改制成立贵州安大航空锻造有限责任公司，注册地为贵州省安顺市西秀区东郊。经过50余年的发展，已成为能够为航空、航天、兵器、船舶、石油化工、工程机械、汽车、电力等行业提供各类锻件的锻造专业化企业，主要产品为各类金属材料的环锻件、等温/近等温锻件、模锻件和自由锻件。

公司建立了“国家级企业技术中心”“国防科技工业精密锻造与环轧技术创新中心应用依托单位”“贵州省院士工作站”“全国博士后工作站”等创新平台；成为“全国第一批制造业单项冠军示范（培育）企业”“国家高新技术企业”“贵州省千企改造工程装备制造行业龙头企业”等；主持或参加制定国标或行业标准33项；累计承担国家、国防、省部级、预研、横向等科研项目200余项，获得省部级以上科研成果73项；获得发明专利109项，其中美国发明专利1项。

公司总资产近50亿元，占地65.95万米^2，其中科研生产场所占地面积48.16万米^2，科研生产场所建筑面积12.56万米^2。拥有120兆牛等温锻压机、20兆牛快锻机、ϕ3000毫米数控辗环机、10吨模锻锤等大型锻压设备，建设了完整的辗环、自由锻、模锻、等温/近等温锻、模具制造、机械加工等系列生产线，具备先进的理化检测手段和质量保证体系，年生产优质锻件能力达到2万吨。现有职工1228人，本科及以上学历436人，其中正高级职称11人，高级职称40人，高级技师10人，享受政府特殊津贴4人，省管专家1名，航空工业集团首席技能专家2人，特级技能专家5人，特级技术专家1人，航空工业技术能手2人。

二、企业经营情况

2021年航空工业安大在高质量发展上取得新成效，完成全年生产经营任务，实现了“十四五”良好开局。2021年完成工业总产值25.66亿元，同比增长38.24%；营业收入23.8亿元，同比增长32.19%；利润总额2.88亿元，同比增长31.5%。

三、主要产品

航空工业安大主要产品为钛合金、高温合金、耐热不锈钢等航空特种难变形材料的辗轧环形件、闪光焊环件、等温锻件、整体模锻件、轧盘件、精密模锻件。主要客户为航空、航天、船舶、汽车、燃气轮机、高铁等行业的主机制造商，产品客户分布广泛，国外客户主要分布在北美、西欧、东亚等涉及十几个国家及地区。

四、产品开发与技术进步

航空工业安大作为中国航空锻造行业的领军企业，一直致力于发展特色产品，如钛合金、高温合金、铝合金、不锈钢、粉末合金、超高强时效钢等材料锻件的研制与生产，追踪世界锻造行业的新技术、新工艺、新材料，大力发展等温/近等温锻、精密环轧、精密模锻、粉末锻造等先进锻压技术。

在产品开发方面，开发了FGH96引气鼓筒锻件，实现了鼓筒和盘整体成形；开发了TC6大型轮毂锻件，实现了采用普通模锻制备出公司最大TC6合金锻件；首次尝试开发FGH96粉末合金双轴锻件产品，设计了合理的锻造成形工艺，为产品研制提供了有效技术方案。

在技术进步方面，开展了异形截面超大/超薄钛合金型材制备工艺、异形高筒环坯收缩制坯工艺、小孔径/高筒环坯反挤压制备工艺等新工艺技术研究及应用。近年来，公司积极推动了锻造技术向自动化、信息化和柔性化方向发展，率先在国内建设成功了第一条民用航空智能环锻生产线，提高了装备制造业基础零部件的制造水平。

2021 年全年研发投入 10100 万元，组织开展国家级、省部级、横向及自立等多种类型科研课题立项及管理 142 项，完成发明专利 50 项、国防专利 2 项、外观设计专利 18 项、实用新型专利 15 项；获得专利授权 13 项；公司成果“Ti_2AlNb 轻质高温结构材料航空航天用环锻件制造技术研究”获得贵州省科技进步奖三等奖；发明专利“镍基高温合金矩形环坯轧制成形为异形薄壁环件的方法”被遴选为贵州高价值专利；发明专利“镍基高温合金大截面环件的闪光焊成形方法”获得贵州省专利优秀奖。

五、国际经济技术合作

2000 年以来，公司开始积极拓展国际航空转包领域业务，是第一批进入民用航空领域的企业之一。2004 年开始与罗罗公司正式合作，2005 年成为 GE 航空在中国的第一家锻件供应商；2007 年开始为 IPT 公司提供批产锻件；2015 年获得罗罗公司全球最佳新供应商提名；2017 年获得罗罗公司颁发的极具竞争力公司奖；2020 年获得罗罗公司年度首席采购官奖。

航空工业安大通过国际合作，不断引入零缺陷管理、罗罗数字化制造管理等管理理念及方法，持续提升管理水平，2016—2019 年民用航空国际转包业务年平均增长 30% 以上，近两年受疫情影响，国际民用航空业务出现下滑。

2021 年国际出口及转包业务实现销售收入 10881 万元。与罗罗正式签订了 2023—2031 年罗罗项目长期协议；与 ITP 签订 PWC812 项目长期协议；与柯林斯宇航就 A220 飞机 6 项产品长协正进行谈判；获得了波音 DPD 证书批准，为波音项目的市场开拓奠定了基础。

六、重大设施建设

2021 年，航空工业安大成功投产首个国内智能环锻生产线，正式向数字化、智能化转型发展；该项目总投资 45000 万元，依托航空工业安大在环锻件制造技术领域方面取得的科技成果，参照国际先进技术，针对国际航空环锻件产品结构、特点，从工艺布局、设备工艺适用性、辅助配套功能性等方面，进口国际先进锻压设备，建立专业化程度高，且能够参与国际高端环锻件竞争的民用航空环形锻件生产线建设项目，形成民用航空中小型环锻件 24000 件 / 年的生产能力。

安徽应流航空科技有限公司

一、企业基本情况

安徽应流航空科技有限公司成立于2016年6月，主要从事中小型航空动力、重载无人直升机和特种航空地面装备研发生产，力争成为相关领域特色明显、优势突出的关键技术研发和生产基地。公司2021年底总资产17.12亿元，员工总数180人，其中技术人员105人。

六安应流航空产业园由安徽应流集团投资、安徽应流航空科技有限公司建设运营，规划占地面积1368亩，一期总投资40亿元，规划建设航空发动机以及地面电源、无人机和地面装备等生产和试验设施，配套建设质量中心、研发中心、专家中心和职工宿舍以及动力站房等设施。六安应流航空产业园重点发展航空发动机研发设计和装配制造、无人/有人直升机整机研发设计和装配制造、航空地面装备设计和制造等。以应流集团热部件优势为基础，以中小型涡轴发动机为牵引，通过资源整合和产业链协同，发展无人/有人直升机和航空地面装备。

二、生产经营情况

公司现阶段主要从事小微型涡轴航空发动机、无人直升机、航空地面装备研发。2021年实现销售收入2209万元，研发投入3161万元，利润–4989万元。

三、主要产品

公司主要产品为1000千瓦以下涡轴发动机及大载重无人直升机、轻型直升机等。

四、产品开发与技术进步

发动机动力板块，YLWZ 130、YLWZ 190型涡轴发动机可小批生产，YLWZ 300、YLWZ 400等两型涡轴发动机在研。YLWZ 130/190已经完成所有试验科目，完成海拔5000米高原地区高原性能考核，已成功应用在无人直升机和有人直升机上。以这两款发动机为动力源研发成功混合动力系统，应用于油电混动装备，以及可作为分布式电源应用偏远地区和海岛等区域。YLWZ 300已完成工程样机研制进入性能试验和高空台试验。

飞行器板块，在研产品有两座轻型有人直升机RT–219、RT–216和5款无人直升机。在研无人直升机起飞重量分别为270、600、1100、1500千克，预研型号起飞重量为3000千克。除YL–U270外，其余型号分别安装应流航空自己研发的涡轴发动机，凸显了应流航空产业链优势。

五、国际经济技术合作

公司投资3200万欧元，引进德国SBM发展公司两款涡轴发动机和两款直升机，拥有100%知识产权。而后又收购了其100%股权，作为对接欧洲先进设计和制造技术的研究开发平台。

贵州航宇科技发展股份有限公司

一、企业基本情况

贵州航宇科技发展股份有限公司成立于2006年9月，注册资金14000万元，是贵州省首家科创板上市企业，公司位于贵州省贵阳国家高新区上坝山路5号，是一家专门从事先进锻压技术应用研究与工程化应用研究的国家高新技术企业，产品应用于国内外航空发动机、燃气轮机、航天运载火箭、导弹、新能源等高端装备领域。

十余年来，公司通过产学研+自主创新、不断完善和优化研发体系、搭建多层次研发平台，不断提升企业研发实力，企业的核心竞争力不断增强。航宇公司从一家名不见经传的民营企业已发展成为国内航空锻造领域的骨干企业，并且成为了全球民用航空发动机前六大制造商美国GE、英国罗罗、美国普惠、法国赛峰、美国霍尼韦尔、德国MTU在亚太区的核心供应商；承担了我国C919用发动机长江1000系列70%以上环锻件的研制任务。航宇公司先后荣获国家高新技术企业、贵州省首批创新型领军企业、国家级企业技术中心、国家知识产权优势企业、全国工业品牌培育示范企业、国家级智能制造试点示范企业、国家首批专精特新“小巨人”企业、全国中小企业“十大”创新之星等荣誉称号。近两年来，公司经营规模年均以45.51%的速度快速增长、行业地位日益凸显。

二、生产经营情况

2021年公司实现产值9.99亿元，同比增长28.37%；实现销售收入9.6亿元，同比增长43.07%；实现利润1.4亿元，同比增长90.29%。

三、主要产品

公司主要面向航空、航天、新能源、轨道交通、高端工程机械、石油化工领域提供各种金属材料的环形锻件、自由锻件，主导产品有高温合金、钛合金、铝合金等材料环形锻件。

四、产品开发与技术进步

自成立以来，公司持续保持较大的研发投入。十余年来，公司研发投入年均6%以上，远远高于行业平均水平。围绕国家重大高端装备，瞄准全球行业技术发展方向，聚焦影响高端装备制造的关键性、前瞻性的技术开展技术创新。

近年来，公司结合自身技术积淀，投入大量资金搭建了新材料应用研究平台、近净成形技术应用研究平台、数字化制造过程控制研究平台、民用航空发动机锻件集成制造技术研究平台四大研发平台。依托上述技术创新平台研发成功了十大系列核心技术，其中两大核心技术全球领先，8项核心技术国内领先，并在长江1000发动机系列上得以应用。公司先后获授权有效发明专利60件（其中国际发明专利2件），实用新型专利27件；主持编制了国家标准3项、行业标准1项，参与国家标准编制7项、团体标准1项；公司依托大数据+智能制造，率先在国内实现航空锻造数字化过程控制。

五、国际经济技术合作

公司依托自身的技术先进性，已全面参与国内所有现役、在研、预研航空型号的研制与生产；是C919航空发动机长江1000、长江2000环锻件主研制单位；成为全球五大商用航空发动机公司（美国GE、美国普惠、法国赛峰、德国MTU、美国霍尼韦尔）全系金属材料的锻件主要供应商，是英国罗罗公司大型航空发动机大中型环锻件亚太区主要供应商，并与上述公司分别签订了5 ~ 10年的长期供货协议，共获得约4.85亿美元订单。

六、重大设施建设

2020 年 11 月，启动航空航天关键零部件智能制造协同平台建设项目，该项目现已基本完成，实现财务、人力、生产与综合办公一体化协同。公司子公司四川德兰航宇科技发展有限责任公司厂房已建成，并进入试生产阶段。

七、企业改制

2021 年 7 月 5 日，公司成功在科创板挂牌上市，股票代码 688239。

PPG 航空材料（天津）有限公司

一、企业基本情况

PPG 航空材料（天津）有限公司位于天津港保税区西九道，隶属于 PPG 涂料（香港）有限公司，2008 年 11 月 19 日取得营业执照，2010 年 11 月 4 日开业，注册资金 147 万美元，主要制造和销售航空航天用涂料、密封胶、玻璃及相关化学品等。

PPG 航空材料（天津）有限公司在 2010 年 12 月底通过了 AS 9100 的审核，并于 2011 年获得了由 BV 北美分部颁发的相关证书。在 2012 年底，通过了 BVQI 的 AS 9100C 版质量体系的认证。根据中国民航局和《CCAR-53 民用航空用化学产品适航规定》的要求，公司于 2010 年获得了由中国民航局颁发的相关产品证书。2013 年获得庞巴迪公司认证，获得波音天津 2013 年度最佳供应商的称号。目前，公司客户主要涵盖空客（天津）、波音（天津）、航空工业成飞、航空工业哈飞、航空工业西飞、航空工业沈飞等。

二、生产经营情况

2021 年 PPG 航空材料（天津）有限公司主营业务收入 0.7 亿元。

三、主要产品

公司主要业务为开发、生产、加工民用航空器用、汽车用、工业用涂料、密封胶及相关产品（危险化学品除外）、民用航空器用风挡玻璃和客舱玻璃；销售自产产品，提供技术支持和售后服务，包括航空涂料、航空密封胶、航空透明材料、航空包装与应用产品与分装服务、航空化学品管理服务、透明装甲及特种产品等。

四、产品开发与技术进步

公司重点开发完整的飞机涂料系列——用于各种机身基材的底漆和标准、金属和特殊效果云母颜色的面漆，具有卓越的应用特性、抗紫外线性和颜色稳定性。创新的选择性可剥离系统将长期性能与有效去除面漆相结合，以便重新涂漆。设计能力包括玻璃、高强度亚克力和聚碳酸酯基板，结合先进技术涂层和层压工艺、满足飞行要求的加热系统、具有承载能力的边缘附件以及黏附结构层的夹层。PPG 的技术领先优势让飞机风挡玻璃大幅减重及增加使用寿命。

五、重大设施建设

PPG 天津公司在经开区建设 PPG 全球涂料创新中心 -TEDA 项目。项目占地 32000 米^2，是除美国本土外全球首个涂料创新中心，将支持 PPG 公司包括中国、亚太地区以及全球业务的新产品新技术的设计、研发及应用工作。

北京飞机维修工程有限公司

一、企业基本情况

北京飞机维修工程有限公司（简称 Ameco）是中国国际航空股份有限公司（简称国航）和德国汉莎航空公司（简称汉莎）于 1989 年合资建立的飞机维修企业。2015 年 6 月 1 日，经过股东双方对 Ameco 股权的重组，原 Ameco 与原国航工程技术分公司（简称 ACT）资源整合组成新的北京飞机维修工程有限公司（简称新 Ameco），由国航和汉莎合资经营，其中，国航持股 75%，汉莎持股 25%。

新 Ameco 总部设在北京，下辖华北航线中心、成都分公司、西南航线中心、飞机大修产品事业部、附件 / 起落架大修产品事业部、发动机 /APU 大修产品事业部、飞机客舱产品事业部 7 个事业部，17 个运行和管理支持部门，以及重庆、杭州、天津、呼和浩特、上海、武汉、贵阳、大连、广州、温州等航线分公司，拥有 200 多个国内维修站点和国际维修站点，形成了辐射国内外的维修服务网络。

新 Ameco 持有中国民用航空局（CAAC）、美国联邦航空局（FAA）、欧洲航空安全局（EASA）等在内的近 30 个国家或地区颁发的维修执照，是中国民用航空局授权的民用航空器改装设计委任单位代表（DMDOR），并获得 EASA 设计机构批准。

新 Ameco 有 11000 余名员工，拥有一支作风严谨、技术过硬、士气高昂、保障有力的工程技术人员队伍。除了确保股东国航全部机队的正常运营外，还为百余家国内外用户提供维修服务。公司注重科技创新工作，上百项科技研发项目先后获得国家或中国民航局的科技奖，填补了中国民航维修业诸多的技术空白。

二、生产经营情况

2021 年公司实现产值 80.88 亿元，比上年度下降 4.54 亿元，降幅 5.32%；税前利润为亏损 1.67 亿元，比上年度减亏 0.02 亿元。受到疫情影响，产值较上年同期有所下降，税前利润与上年同期基本持平。

三、主要产品

新 Ameco 可为航空公司提供机队包修服务，以及航线维护、飞机大修和喷漆、反推和进气道大修、发动机大修、APU 大修、附件大修、起落架大修、公务机改装和维修、工程和资产技术服务、教育和培训、计量检测等方面的服务。

面向未来，新 Ameco 启动长期战略发展规划，有效整合机务维修资源，推动机务板块的结构性优化，实现专业化、产业化发展，以更高品质的维修产品向国内外用户提供优质服务，赢得客户的满意和信赖。

四、产品开发与技术进步

根据公司战略布局，2021 年创新优化航线维修系统，实现数字化运营；完成 70 个国内外站的航线工作单电签系统（LOP 系统）的推广运行；跟机系统适用范围扩大至国航、北京航、内蒙航、大连航 4 家国航系运营人，实现与 TAS、MOC（维修运行控制系统）等系统的数据传递；MOC 系统已运用在交接班的平板电脑上，将逐步取代纸张。

五、国际经济技术合作

2021 年新冠疫情持续，国际航空市场受到严重冲击。公司加强了与重点客户、战略客户的沟通，寻求更多合作机会；继续维系了 V2500 发动机大修项目、汉莎波音 747-8 定检项目、澳航飞机大修及发动机项目等，加强了国际航司间的合作，实现共同发展。

六、重大设施建设

2021 年基建方面完成的有 310 号喷漆机库通风改造、污水系统改造、新大修车间楼建设、化工品库建设；同时加强信息技术发展，共开展重要工作 43 项，重大项目包括 SAP HANA 优化、可靠性系统优化重构、航线数字化平台（LOP）三期建设、数字化创新应用（含智慧园区、杭州生产指挥两个项目）、RPA 深化应用（机器人流程自动化）、数字化混合云架构建设等项目。

珠海保税区摩天宇航空发动机维修有限公司

一、企业基本情况

珠海保税区摩天宇航空发动机维修有限公司成立于2001年4月，由中国南方航空股份有限公司与德国MTU航空发动机公司各出资50%组建。公司合资期限50年，注册资金1.63亿美元，总投资1.89亿美元。公司的经营范围包括民用飞机发动机的修理、翻修、维护以及各种辅助服务，并提供工程支持、安装和拆卸飞机发动机的技术支持，以及为修理、翻修和维护服务而提供的飞机发动机和部件租赁。自2003年1月正式运营以来，公司已先后获得中国民航局、欧洲航空安全局、美国联邦航空局等25个国家和地区民航管理局颁发的适航维修许可证。目前公司在册员工1118人，年发动机维修产能450台，获得了高新技术企业和技术先进型服务企业资质，是广东省产教融合型企业的培育单位。

自成立以来，珠海摩天宇依托双方股东的资源，积极探索符合自身发展需要的合资模式，在发动机维修销售、服务、安全、质量和效益等方面保持着健康的发展态势，向成为亚洲领先的民用航空发动机维修企业的目标稳步迈进，先后获得了“亚太地区独立MRO企业年度奖”“全国五一劳动奖状”“中国外商投资协会优秀外商投资企业”“广东省服务外包示范企业”“广东省政府直通车服务重点企业”“珠海外商投资协会最佳外国投资企业”“珠海市‘十百千计划’百亿级龙头企业”，以及“国务院国资委标杆企业”等荣誉称号。

二、生产经营情况

2003年，珠海摩天宇正式投产营运；2006年，公司具备了维修CFM全系列发动机的能力；2019年公司共维修发动机325台，营业收入98.46亿元；2020年的发动机总维修量为273台，营业收入69.21亿元；2021年的发动机总维修量为357台，营业收入73.58亿元。

三、主要产品

珠海摩天宇是目前亚洲最大的窄体飞机发动机维护、修理和大修服务供应商，是中国民用航空发动机维护、修理和大修服务市场的领军企业，是国内维修等级最高、维修能力最强及产量最大的航空发动机维修基地。珠海摩天宇目前能为全球运营的V2500-A5、CFM56-3/5B/7B、LEAP-1A/1B以及PW1100G-JM等航空发动机的客户提供优质、高效以及便利的维修服务，现有的7款发动机维修产品涵盖了波音737系列及空客A320系列飞机选装的所有发动机。除了发动机的修理和翻修外，公司还提供备用发动机租赁、现场及在翼维修、航线可更换件支持（LRU）和24小时航线应急支援（AOG）等多种附加服务。

四、产品开发与技术进步

珠海摩天宇拥有一支优秀的研发团队，研发人员总数达200余人，设有珠海市重点企业技术中心，每年投入2亿多元研发费用用于科技项目研发。在发动机部件维修上，公司具有9个资源论证修理的维修授权，开发了4000多个维修项目，取得了14000多个零部件的单件适航放行资质。目前，公司通过自主研发已获得授权发明专利7项，实用新型专利38项以及软件著作权17项。此外，珠海摩天宇还与中国民航大学等国内高校进行技术人才培养合作，并开展了多个产学研合作项目。

五、国际经济技术合作

近年来，珠海摩天宇不断深化全球化市场布局和资源整合，深化与发动机原生产制造企业的合作，成为了 IAE 公司 PW1100G-JM 发动机的网络供应商，也是 CFMI 公司的合作伙伴。公司与股东之一的德国 MTU 联盟下的成员企业通过 SMAP 销售平台，共享各自的产品及能力、年度计划、市场预测、销售情况、生产动态、客户调查及反馈、行业展会、客户会议以及正在进行中的竞标等信息，形成了各有特色、相互融合的标准 MTU 销售流程。通过这样的沟通分享，在德国 MTU 的统一销售策略及市场区域细分下，公司与德国 MTU 其他下属维修企业在全球范围内展开多种发动机机型的销售合作。

为突破发动机维修的技术壁垒，提高维修能力，珠海摩天宇与 MTU 集团旗下企业在资源、能力、技术、管理、营销、服务和人力资源等方面开展了广泛的合作。通过与 MTU 各维修基地之间进行全面的技术交流，公司在零部件清洗、高压水剥离、无损探伤检测、表面处理、焊接、机加工、等离子喷涂、热处理、电镀、涂层剥离和高速磨削等方面具备行业内最高标准的技术能力，能够为客户提供 MTU 全球标准的维修质量和创新服务。

六、重大设施建设

基于发动机维修业务增长的良好市场预期，珠海摩天宇决定在珠海金湾区建设分厂。金湾分厂首期投资 15 亿元，将专注于维修普惠公司的 PW1100G-JM 和 V2500 发动机，年维修产能初步定为 260 台，预计员工总数 600 名。金湾分厂将建设拥有 6.5 万磅力推力的试车台，试车台项目已于 2021 年 6 月正式开始施工，测试能力为每年 300 台，计划于 2022 年第四季度投入使用。金湾分厂将于 2024 年整体投入运营，全面投产后，珠海摩天宇总年维修产能将达到 700 台，有望实现“全球最大窄体飞机发动机维修基地”的愿景。

在高素质人才的培养上，公司将投资 7000 万元在珠海保税区建设面向社会的发动机维修培训基地，预计 2023 年第一季度完工。该基地将结合德国双轨制职业教育模式，将理论与实操相结合，每年可为公司培养约 100 名发动机维修机械员。此外，公司还将投资 1 亿元用于 ERP 管理软件和数字化建设。

四川国际航空发动机维修有限公司

一、企业基本情况

四川国际航空发动机维修有限公司（简称SSAMC）成立于1999年，前身为四川斯奈克玛航空发动机维修有限公司，是国内第一家致力于CFM56发动机维修和修理的中外合资企业，主要从事CFM56系列航空发动机的维修、修理、检修和其他相关服务，相关零部件的制造和维修；为加工复出口产品所需的航空器材、外商在国内暂存的航空器材以及经海关批准的其他航空器材提供仓储和报关服务等。SSAMC目前位于四川省成都市中国（四川）自由贸易试验区内，注册资本为8800万美元。公司的股东结构为：中国国际航空股份有限公司（简称国航）占股60%，发动机支持控股公司（简称ESH）占股40%。

SSAMC现持有中国民用航空局、美国联邦航空局、欧洲航空安全局、新加坡、泰国、尼泊尔、越南等国航空安全局颁发的维修许可证及多家航空公司的合格维修商证书；通过了ISO 9001/AS 9110质量体系认证、ISO 14001和OHSAS 18001环境安全体系认证；通过了国家安全生产标准3级认证；获得了法国赛峰集团在环境、健康与安全方面的银牌认证；累计拥有国家专利19项，并连续三年成为技术先进型服务企业。

截至2021年底，公司共有员工486人。其中在学历分布上，大专以上学历占91.9%，拥有硕士25人；在年龄分布上，30岁以下占28%，40岁以下占75%。整体来看，公司的队伍呈现出年轻化、高学历化的趋势。

二、生产经营情况

2021年公司完成159台航空发动机修理，其中CFM56系列发动机136台，LEAP系列发动机23台。全年实现营业收入500192.87万元。

三、主要产品

SSAMC是中国唯一的CFM56系列发动机OEM（原始制造厂）修理厂，也是全球唯一的CFMI授权的维修站，其维修的CFM56系列发动机安装于目前全球最先进、技术水平最高、使用可靠性最强、民用客机市场份额最大的机型上，如空客A319/320/321和波音737-300/400/500/600/700/800等客机。作为航空发动机维修企业，SSAMC能及时分享所有OEM的发动机设计、制造、技术改进信息及其有关CFM56系列发动机维修和车间修理积累的经验，中国客户在国内就能便利地享受到世界顶尖级修理站提供的CFM56系列发动机MRO服务。SSAMC在巩固国内已有客户群的同时，积极开拓国际市场，现在公司的境外服务不断增加，国内外客户达到60家以上，累计大修了超1500台航空发动机。SSAMC还承担了航空发动机在翼支援和其他服务，其中在成都双流国际机场完成的该业务量占到40%。SSAMC自成立以来，所修理的发动机没有发生过责任原因的空中停车。SSAMC成功地将中国国际航空股份有限公司与CFMI公司应用广泛的专业技术相结合，使之成为一座世界一流的航空发动机维修工厂。

同时，SSAMC也成为国内第一家LEAP发动机修理厂。LEAP系列发动机是由CFMI公司生产制造的新一代发动机，它代表了由CFMI公司设计和生产的商用客机推动系统的前沿科技。LEAP发动机主要装备于A320 Neo、波音737 MAX和中国商飞的C919。SSAMC参与了LEAP发动机在中国的运营服役相关工作，并已经组建了第一支本土的在翼支援（OSS）队伍。目前，公司已经完成了上百次的LEAP在翼支援服务。截至2021年底，SSAMC已完成37台LEAP-1A和LEAP-1B发动机的进厂修理，公司正着力进一步提高修理能力及试车台建设。

四、产品开发与技术进步

2021 年，SSAMC 继续整合企业技术、资金、人才，持续改进技术工艺，不断提高航空发动机的自主维修能力。目前已有 200 余项工艺改进在生产中得到应用，保障了公司的技术水平始终处于行业领先地位。2021 年以来，公司研发部门陆续建立了 LEAP 发动机风扇叶片和消音板修理能力、进口齿轮箱螺桩更换的修理能力、高压压气机前轴定位孔机加工修理能力、QEC 管路喷漆及轴承更换修理能力等 12 项重要技术能力，不断丰富了公司的修理种类，标志着 SSAMC 的维修能力上了一个新的台阶。

SSAMC 的愿景是成为世界领先的 CFMI 发动机维修服务商，以实现“为客户提供优质解决方案、为股东实现良好业绩、为员工提供最适宜的工作环境和发展机会”为公司使命，秉承“质量可靠、客户优先、改进创新、以人为本、尽职守诺、团队协作”的价值观。

广州飞机维修工程有限公司

一、企业基本情况

广州飞机维修工程有限公司（GAMECO）是目前国内排名前列的大型综合性民航维修企业，公司成立于1989年10月28日，总部位于广州白云国际机场，注册资本6500万美元，是由中国南方航空股份有限公司、和记黄埔飞机维修投资（香港）有限公司，以及南华国际飞机工程（香港）有限公司共同合资经营，其中中国南方航空股份有限公司持有50%的股份，南华国际飞机工程有限公司、和记黄埔飞机维修投资（香港）有限公司各持25%的股份。公司现有员工6300多人，其中大专学历以上员工占78%。

GAMECO拥有中国民用航空局（CAAC）、美国联邦航空局（FAA）、欧洲航空安全局（EASA）等20个国家和地区适航当局批准的民用航空器维修许可证，CAAC颁发的DMDOR、CAAC-PMA、CCAR-147部维修培训机构及CCAR-66部民用航空器维修执照培训及考点等资格证书，以及EASA颁发的EASA-21部J分部DOA（设计单位批准）证书和EASA-21部G分部POA（生产单位批准）证书，并通过了AS 9100、AS 9110、ISO 9001、ISO 14000、ISO 18000、NADCAP等国际标准认证，具备航线维护、飞机大修、附件修理与翻修、起落架维修、零部件制造、复合材料修理、客改货、客舱改装和翻修、飞机喷漆、工程技术支持、培训、航材管理和寄售、地面保障设备修理、AOG紧急支援等全面的维修服务能力。

公司在广州的维修设施主要分成4个部分：一是位于广州白云国际机场北区约26万米^{2}的公司总部设施，包括三座飞机大修机库及相关设施；二是位于广州市区（旧机场）2万多米^{2}的飞机附件维修中心；三是位于广州白云国际机场候机楼约2000米^{2}的航线维修设施；四是位于机场北区星慧谷科技园约6000米^{2}的飞机零部件制造中心。

一期飞机维修机库总跨度350米，总建筑面积9.6万米^2，可同时容纳4架宽体飞机（波音747、空客A380）和5架窄体飞机（波音737、波音757和A320）在内维修；同时拥有一个独立的全天候喷漆机库，可容纳一架A380或波音747飞机。此外，还包括约4000米^2、拥有先进环境控制系统的航材仓库和2000米^{2}的公共保税仓。二期机库建筑面积6.6万米^2，可以同时为8架窄体飞机开展定检维修。三期机库总建筑面积约9.57万米^2，能同时提供6个宽体机位（包括一个A380机位）和5个窄体机位。

除广州总部以外，GAMECO还设有重庆分公司、清远分公司、附件业务中心、零部件制造中心、上海浦东维修团队、北京大兴C检线、北京大兴国际航线维修团队、澳大利亚分公司及新西兰分公司。

公司是国家高新技术企业、广东省飞机维修工程技术研究中心单位、广州海关AEO企业、广州市劳动关系和谐AAA级企业、全国民航“五一劳动奖状”单位（2020年度）、空客A380中国卓越中心；在《航空周刊》2019年度机体维修工时排名中，位居全球第八位；获得中国民航维修协会红冠奖的最高奖项“年度MRO奖”（2020年度、2021年度）、获得中国商用飞机论坛“中国最佳MRO奖”。

二、生产经营情况

2021年，GAMECO实现营业收入27.92亿元。2021年，GAMECO完成200多架次C检，全年平均准时出厂率达到95.5%。

三、主要产品

GAMECO的主要业务是为中外航空公司提

供高质量、快捷及经济的飞机维修服务，服务内容包括：航线维护、飞机大修、结构改装和修理、客机改装货机、客舱内部翻新与改造、机身外部退漆与整机喷漆、附件维修与翻新、复合材料修理、起落架维修与翻新、工程服务、航材管理、技术培训、零部件制造、地面保障设备、AOG 紧急支援等。

GAMECO 具有全面的飞机维修能力，包括波音 737、波音 747、波音 757、波音 767、波音 777、波音 787、A300、A310、A319、A320、A321、A330、A350、A380、EMB145/190 以及国产 ARJ21 等飞机。

GAMECO 附件维修能力覆盖液压、气动、燃油、飞行操纵、机载应急设备、起落架、机轮 / 刹车、无线电、机载计算机、仪表、娱乐系统、发电机、电气附件等几乎全部附件种类，拥有国内最完备的飞机附件维修能力。

清远分公司的起落架大修基地具备全能力的起落架修理和翻修，包括机加工、无损检测、电镀以及测试的完整能力。

四、产品开发与技术进步

GAMECO 是国家“高新技术企业”及广东省飞机维修工程技术研究中心企业。目前，公司每年开展科技创新项目 100 余项。公司拥有发明专利 36 项、有效的实用新型专利 185 项，有效的外观专利 6 项，每年还新增专利申报 50 多项。为了适应当前新机型、新技术发展，GAMECO 以大数据分析、智能机器人、移动信息化等技术为基础，积极探索智能维修。

五、重大基础设施建设

GAMECO 正在建设飞机附件维修基地项目，占地面积约 100 亩，总建筑面积约 5.4 万米^2，于 2020 年 6 月奠基，预计 2022 年 9 月正式投产。

深圳中集天达空港设备有限公司

一、企业基本情况

深圳中集天达空港设备有限公司（简称天达空港）成立于1992年7月18日，注册资本为1350万美元，隶属于中国国际海运集装箱（集团）股份有限公司，是一家专门从事空港设备和现代物流设备开发、设计、制造、咨询及维修的专业化企业，为全球空港设备制造领域的先行者和领跑者、全球行业内极具影响力的品牌。

技术创新带动了企业形象与产品品牌逐步提升，并得到政府及社会各界的高度认可：2021年度获得广东省工程技术研究中心，2020年获得宝安区区长质量奖，2019年被评为国家知识产权优势企业，2018年登机桥获得国家工业和信息化部"单项冠军产品"认定，2018年通过国家知识产权贯标认证，2015年被评为广东省知识产权示范企业。天达空港的专利连续3年获得第16/17/18届中国专利奖优秀奖以及2014年度和2015年度广东专利奖金奖和优秀奖，产品也屡获国家重点新产品称号和2016年、2015年、2013年、2011年广东省、深圳市科学技术奖等荣誉。同时，公司还是国家高新技术企业、深圳市博士后创新基地、广东省自主创新100强企业。

迄今为止，公司的登机桥产品已销售至全球五大洲80个国家和地区近300个机场，被誉为"装备制造业的隐形冠军企业"。在世界同行业中，公司生产和技术研发能力最强、拥有知识产权数量最多。公司的登机桥产品在技术和产能方面排名综合实力第一，拥有超过95%以上的国内市场份额，全球市场份额近40%。在美国、欧洲、东南亚设有销售、制造、服务机构。

二、生产经营情况

2021年公司总资产32.29亿元，营业收入20亿元，净利润2.57亿元，纳税0.66亿元，资产负债率50.36%（以上为预估数，最终数据以审计报告为准），财务情况良好。

三、主要产品

（一）空港装备业务及主营产品

天达空港是全球唯一一家能够在机场、码头提供所有类别登机桥、登船桥的企业，旅客登机桥已进入80个国家的300多个机场，综合实力位居全球第一。机场摆渡车业务规模中国第一、全球第二，平台车、食品车等机场站坪车辆均为区域冠军及领先品牌。空港装备及主营产品包括登机桥/登船桥、引导系统、监控系统、飞机空调、摆渡车、升降平台车、食品车、机场消防车、电动机场快调车、售后服务与维保。

（二）自动化物流系统业务及产品

从事自动化物流装备系统20余年，公司交付逾百个大型自动化物流项目；为全球几十个国家将近100个机场提供全套行李处理系统；在航空货物处理系统领域，发展为全球最大的机场物流系统集成商，航空货物处理系统国内领先、全球排名第二。自动化物流系统及产品包括机场行李处理系统、航空货物处理系统、自动化立体仓库、自动化输送系统、自动化分拣及配送系统、旅客安检输送系统。

（三）消防及救援业务及主营产品

拥有德国百年品牌齐格勒，拥有香港主板上市的中国消防企业集团（CFE），在德国、荷兰、克罗地亚等拥有多个研发生产基地，全球行业第五，在德国的消防车市场占有率常年保持第一。产品销售到全球近200个国家和地区。消防及救援业务及主营产品包括普通消防车、特种消防车、工业消防系统、消防器材、防爆车、救护车、智慧消防、模块化消防站、消防救援飞行器、售后服务与维保。

四、产品开发与技术进步

（一）核心产品种类丰富，技术全球行业领先

天达空港具有丰富的开发经验和较强的技术创新能力，是全球唯一能提供机电桥、液压桥、混合桥的厂家，包含从小型支线飞机到空客 A380 飞机等全系列旅客登机桥。开发出多个全球技术领先的自主创新产品，如无人驾驶旅客登机桥、飞机泊位引导系统等。天达空港是国家火炬计划重点高新技术企业，被评定为深圳市企业技术中心。

（二）技术研发力量雄厚

技术研发中心职能包括结构设计、电气设计、软件设计、项目技术管理、新产品研发等，共有 100 多名专职技术研发人员，其中硕士以上 59 人、深圳市高层次人才 3 人、宝安区高层次人才 6 人、宝安区大工匠 1 人、享受深圳政府特殊津贴 3 人。

（三）充足的核心技术储备及技术标准引领

公司在世界同行业中，知识产权占有数量处于领先地位，其中旅客登机桥授权专利数量超过第二名以后竞争对手的总和。2021 年，共申请专利 21 项，其中发明专利 17 项。另外，公司积极参与国家和行业标准的制定和完善，多项提案被采纳并发布，是旅客登机桥的标准主导及参与单位，参与登机桥等产品标准制定和修订 19 项，推动空港设备行业技术不断发展。

五、企业改革改制

公司股东中集天达控股有限公司拟申请首次公开发行股票并在深圳证券交易所创业板上市，处于上市辅导阶段，已与中国国际金融股份有限公司正式签订上市服务协议，于 2021 年 6 月完成辅导和报会。

厦门太古飞机工程有限公司

一、企业基本情况

厦门太古飞机工程有限公司（简称厦门太古）是香港飞机工程有限公司（简称港机）于1993年7月在厦设立的大型民用飞机维修工程企业，是亚太地区领先的飞机维修及大修服务提供商。目前拥有约4400名员工。主要股东包括香港飞机工程有限公司、厦门航空工业公司、香港国泰航空公司、日本航空公司、波音商用飞机集团等。

二、生产经营情况

2021年受全球新型冠状病毒肺炎疫情影响，厦门太古业务下降较明显。截至2021年底，厦门太古累计进场维修飞机超过3800架次。2021年，实现营收16.25亿元。

三、主要产品

厦门太古提供全面的飞机工程服务，涵盖机身服务、航线服务、零部件制造、公务机设计整装方案、技术培训等五大核心业务。

（一）机身服务

厦门太古拥有六座双宽体机位机库，提供包括所有主流民航机型的维修检查、客舱整装、客改货等维修工作。其中，维修检查可为波音及空客飞机提供全面的维修服务，主要技术能力涵盖D检、大型维修检查（HMV）及根据客户需求的补充检查。多项机身工程可与维修同时进行，包括客舱翻新、客舱改装和整装、发动机孔探、发动机拆装及更换、起落架拆装及更换、飞机称重和外部喷漆等；整装和客舱内饰安装方面，厦门太古可提供包括项目管理、工程设计、供应商管理、零部件制造、安装以及取证（FAA/EASA/HKCAD/CAAC）在内的完整的全套客舱改装方案。厦门太古在整装和客舱内饰安装方面拥有丰富的经验。迄今为止，厦门太古已经完成了超过530个涵盖空客和波音主要机型的客舱改装项目，主要客户包括国泰航空公司等欧亚地区知名航空公司；客改货方面，厦门太古是全球范围内经验最丰富的客改货中心之一，客改货涉及主要机型为波音747-400、波音737、波音757等。

（二）航线服务

厦门太古是为中国大陆重点航线运营站提供领先航线服务的供应商之一，目前已在中国大陆的15个国际机场开展业务。提供包括过站检查、过夜、日检、周检、故障排除、技术放行、客舱娱乐系统维护、客舱可靠性检查、飞机清洗服务。服务的机型包括A380、A350和波音787在内的所有主流民航机型。

（三）零部件制造

得益于港机长久以来卓越的工程成就及与航空原始设备制造商的良好合作关系，厦门太古同时发展了零部件制造的能力，其中包括机加部件、钣金部件、捆装电线、波音747-400BCF客改货复式地板梁制造等，涵盖超过4000个零部件编号（PN），逐渐形成集航空零部件开发、数控加工、钣金加工、热表处理加工、复合材料加工、零部件装配、航空线束电缆组装、无损探伤检测与专业人才培训、计量与校准服务、航空维修及改装制造能力配套为一体的飞机零部件制造产业基地。

（四）公务机设计整装方案

厦门太古公务机设计整装中心（方案）能为私人飞机及公务机提供一站式服务，服务内容涵盖工业设计、工程设计和认证、客舱整装、售后服务以及机身维修。它是亚太地区唯一获得空中客车公司核准及波音公司授权的公务机及私人飞机客舱设计整装中心。

（五）培训中心

厦门太古培训中心是国内唯一一家同时获得中国民航局、香港民航处和欧洲航空安全局共同批准的 147 部维修培训机构和 66 部维修人员基础执照考点。厦门太古培训中心已经由针对单个学员的培训扩大到与飞机制造公司合作、与航空公司签约为新机型维修提供团队培训。

四、产品开发与技术进步

（一）客改货开发

厦门太古与美国波音公司紧密合作，攻克了众多技术难关，取得美国联邦航空局（FAA）和波音 BQMS 认证。与合作伙伴一起参与了波音 737–700/800 和波音 767–300 等改装机型的开发。客改货科研成果主要有：地板梁整装、货舱门口定位、货舱门整装、改装流程的改进等，至今共完成了 70 架次的改装工作。

（二）客舱整装

厦门太古客舱整装服务可以提供完整的一揽子客舱解决方案，包括项目管理，工程设计，供应商管理，零部件制造、安装以及取证（FAA/EASA/HKCAD/CAAC）。到目前为止，客舱整装科研成果主要有：波音 737/ 空客 A319 客舱构型设计改装、波音 747–400 PTV 改装、波音 747–400 LOPA 设计等。

上海飞机客户服务有限公司

一、企业基本情况

上海飞机客户服务有限公司（简称客服公司）成立于2008年10月7日，由中国商飞公司出资组建，截至2021年底注册资本为23.8亿元，注册地位于紫竹国家高新技术产业开发区，占地188亩。2012年12月，被认定为国家高新技术企业。近年来，客服公司先后获得“中央企业先进集体”“中央企业思想政治工作先进单位”“上海市文明单位”等荣誉称号。

客服公司作为中国商飞公司客户服务中心，承担着大型客机、支线客机及其他国产民用飞机国内外客户服务的科学研究、技术研究、体系建设和全寿命客户服务工作；面向国内外航空运输市场，创建有中国特色的客户服务体系，向客户提供更加安全、经济、舒适、环保的全寿命、全方位支持和服务，确保国产商用飞机发展的商业成功。

二、主要产品

（一）C919大型客机项目

C919服务产品研制验证及交付准备加速推进。精细扎实安排，完成首台全动飞行模拟机通过过渡C级（ILC）初始鉴定及全动客舱模拟器现场验收并投入试运行；积极主动对接，完成C919飞机维修人员机型资格规范验证及应急撤离演示试验验证两项AEG评审项目获局方认可；迎难而上，真抓实干，全力保障试飞取证及客服运行试飞验证；贯彻局方要求，狠抓首家用户交付准备。

（二）ARJ21新支线飞机项目

客服产品获得进一步完善，开展手册问题歼灭战，客户培训能力大幅提升，航材降成本工作成绩显著；客服能力获得重要突破，走通航线运行允许损伤标准使用技术条件局方批准流程，走通航材第二货源工程设计，发布首个修理用自制件图样；衍生型研制工作有序推进。

（三）CR929宽体客机项目

CR929项目客服工程团队稳步推进客服工程研制各项工作。完成了客服需求、客服总方案的定义和E-Service功能需求定义以及初步总体方案，开展初步设计方案维修、运行符合性评估和机体维修符合性评估，提升结构维修性设计水平；G3转段客服交付物准备工作顺利开展，并完成中俄合作模式与分工建议方案。

（四）客户服务

持续落实“以客户为中心”理念，完善“全科急诊室”建设，全年顺利保障9家（含商飞快线）客户66架机安全顺畅运行；各项运行指标持续向好；建立定期走访客户、现场代表和客户经理主动收集客户问题的工作机制，客户满意度达到96%以上；商飞快线获批CCAR-142部本场训练资质，A检能力完成局方审查。

三、产品开发与技术进步

完成数字化转型战略解码，初步形成数字化转型能力地图，重点推动运行支持指挥大屏运行支持、商飞快线、数据分析功能模块功能优化；修订更新民机技术图谱和试验验证能力图谱；新增课题4项，截至2021年底，客服公司承担在研课题19项；深化标准规范体系建设，完成6项国家标准报批稿、1项行业标准送审稿和110项企业标准；通过上海市高新技术企业认定，建立运行支持技术创新平台，初步形成公司创新工作机制。

四、重大设施建设

大客项目二期航材支援中心管理系统投入试运行，完成ARJ21客户服务网络建设项目三台模拟机采购到货并投入使用，完成“超声试验验证平台”“运行技术试验平台”等工艺设备采购到货并试运行。

五、企业改革改制

深入实施国企改革三年行动部署，全面推行经理层成员任期制和契约化管理，依法依规建立董事会与经理层成员的契约关系，有效推动中心管理高质量发展；推进管理创新，全面开展对标提升，“商用飞机‘全科急诊室’运行支持系统”项目入选国资委“三个标杆”名单，客服公司入选中国商飞标杆单位，商飞数字化手册研发与服务平台（EMDS）入选中国商飞标杆项目；开展组织变革，组建运行支持技术研究所等。

第四部分

中国民用航空工业统计数据

1. 综 合 情 况

1.1　全国民用航空工业企业综合情况（见表 1–1）

表 1–1　全国民用航空工业企业综合情况

指标	计量单位	2021 年	2020 年	指标	计量单位	2021 年	2020 年
单位数	个	**197**	**167**	**工业总产值**	**万元**	**41198291**	**34680259**
国有企业	个	50	29	**民用航空产品产值**	万元	9090704	7649638
有限责任公司	个	63	73	民用飞机（不含无人机）产品产值	万元	1253255	1217095
股份有限公司	个	22	25	民用飞机零部件产品产值	万元	867527	758746
私营公司	个	35	21	民用航空发动机产品产值	万元	3753	798
其他内资	个			民用航空发动机零部件产品产值	万元	425745	379070
港澳台商投资、外商投资	个	27	19	民用飞机机载系统和设备产值	万元	76810	46147
全部从业人员人数	万人	32.2	34.1	民用飞机机载系统和设备零部件产值	万元	27368	36795
民用飞机（不含无人机）累计交付数量	架	2377	2144	其他民用航空产品及零部件产值	万元	580658	461261
民用飞机（不含无人机）本年交付数量	架	233	268	民用飞机修理产值	万元	944440	869938
民用飞机（不含无人机）本年交付金额	万元	482559	583134	民用航空发动机修理产值	万元	1461379	1314630
无人机本年交付数量	架	2988307	1098691	其他民用航空产品及零部件修理产值	万元	436871	357599
无人机本年交付金额	万元	1561654	883139	民用飞机机载系统和设备修理产值	万元	69891	67248
民用飞机（不含无人机）新增确认订单	架	281	263	无人机产品产值	万元	2943008	2140311
民用飞机（不含无人机）新增意向订单	架	80	49	资产合计	万元	95418335	73144009
无人机新增确认订单	架	2388457	4097931	营业收入	万元	41627239	37215081
无人机新增意向订单	架	896401	1230029	**民用航空产品收入**	万元	9513912	7839041
民用飞机（不含无人机）储备确认订单	架	619	894	营业成本	万元	34559347	31347365

表 1–1（续）

指标	计量单位	2021 年	2020 年	指标	计量单位	2021 年	2020 年
民用飞机（不含无人机）储备意向订单	架	1075	785	利润总额	万元	2082321	1907009
无人机储备确认订单	架	596951	1639113	总资产贡献率	%	2.0	4.1
无人机储备意向订单	架	359070	492002	资本保值增值率	%	105.2	105.9
民用航空产品转包生产	—		—	资产负债率	%	64.1	55.4
民用航空产品转包生产交付金额	万美元	131468	153609	流动资产周转次数	次 / 年	0.7	87.6
民用飞机零部件	万美元	84967	79069	成本费用利润率	%	6.0	6.1
民用发动机零部件	万美元	34326	38876	产品销售率	%	98.4	102.3
民用飞机机载系统和设备零部件	万美元	2070	4891	民用航空产品固定资产投资	万元	634406	613545
其他民用航空产品及零部件	万美元	10105	30773	民用航空产品（R&D）经费支出	万元	2410383	2287604
民用航空产品转包生产新增订单	万美元	85680	103690				
民用飞机零部件	万美元	47171	42614				
民用发动机零部件	万美元	28967	37642				
民用飞机机载系统和设备零部件	万美元	2346	757				
其他民用航空产品及零部件	万美元	7196	22678				
民用航空产品转包生产储备订单	万美元	377269	398662				
民用飞机零部件	万美元	321166	320419				
民用发动机零部件	万美元	51782	46791				
民用飞机机载系统和设备零部件	万美元	467	225				
其他民用航空产品及零部件	万美元	3854	31228				

注：为保持统计延续性，将民用飞机和无人机数据分开统计，整套表中的民用飞机指不包含无人机的民用飞机。

1.2　2021 年全国民用航空工业企业主要经济指标（见表 1–2）

表 1–2　2021 年全国民用航空工业企业主要经济指标

指标	单位数/个	全部从业人员人数/人	民用航空产品产值/万元	民用航空产品销售收入/万元	利润总额/万元
全国总计	**197**	**321629**	**9090704**	**9513912**	**2082321**
按注册登记类型分					
内资企业	170	279812	3283060	3841153	1197822
国有企业	50	127705	511340	1075928	781892
有限责任公司	63	118463	2007426	1927754	142197
股份有限公司	22	24556	363185	425784	162984
私营企业	35	9088	401108	411687	110749
港澳台商投资企业	10	25670	3400251	3204633	849538
外商投资企业	17	16147	2407393	2468126	34961
按三大经济地带分					
东部地区	89	123563	6978835	7527201	985109
中部地区	59	134192	917117	835800	740265
西部地区	49	63874	1194752	1150910	356948
总计中					
中国航空工业集团有限公司	56	169763	1147728	1370671	1008942
中国商用飞机有限责任公司	6	16237	966184	1012745	–406553
中国航空发动机集团有限公司	13	64376	248382	625658	322289
中国航天科工集团有限公司	1	255	14056	19005	1986
中国电子科技集团有限公司	1	955	47016	45648	–3316
地方民用航空工业企业	120	70043	6667337	6440185	1158973

1.3　2021 年各地区民用航空工业企业主要经济指标（见表 1–3）

表 1–3　2021 年各地区民用航空工业企业主要经济指标

地区	单位数/个	全部从业人员人数/人	民用航空产品产值/万元	民用航空产品销售收入/万元	利润总额/万元
全国总计	**197**	**321629**	**9090704**	**9513912**	**2082321**
北　京	19	21003	893195	920907	153257
天　津	8	3611	123179	124794	17391
河　北	2	2585	22149	26992	16585
辽　宁	5	31037	286889	240145	173898
黑龙江	4	13787	94414	155144	70482
上　海	9	23590	982755	1394325	–352309
江　苏	9	7419	128242	145728	50898
浙　江	21	3932	75790	80489	23038
安　徽	5	2356	7444	6907	21726
江　西	3	12316	32639	43297	119725
山　东	6	4338	269309	301986	29659
河　南	3	7301	10206	7516	71305
湖　北	7	8133	157668	140416	43555
湖　南	19	14813	203100	63005	61555
广　东	9	21629	4034348	4129316	844690
四　川	38	46600	1137036	1093838	230716
贵　州	8	14979	51541	52497	116071
陕　西	17	73874	411489	416360	344577
甘　肃	3	2295	6175	4575	10161
其他省份	2	6031	163136	165675	35343
总计中					
中国航空工业集团有限公司	56	169763	1147728	1370671	1008942
中国商用飞机有限责任公司	6	16237	966184	1012745	–406553
中国航空发动机集团有限公司	13	64376	248382	625658	322289
中国航天科工集团有限公司	1	255	14056	19005	1986
中国电子科技集团有限公司	1	955	47016	45648	–3316
地方民用航空工业企业	120	70043	6667337	6440185	1158973

2. 产品交付、新增和储备订单及转包生产情况

2.1　全国民用航空产品交付情况（见表 2–1）

表 2–1　全国民用航空产品交付情况

产品名称	计量单位	2021 年	2020 年	2019 年	2018 年	2017 年	2021 年同比增长 /%
民用航空产品交付金额总计	**万元**	**6721679**	**5510115**	**7202472**	**6714089**	**5326825**	**21.99**
民用飞机（不含无人机）整机	万元	482559	583134	340734	322742	131042	–17.25
其中：引进总装线生产飞机	万元	61951	50142	80249	74605	52485	23.55
民用航空发动机整机	万元	3241	412	305	409	7280	686.59
民用飞机零部件	万元	831506	981538	1114839	1219956	1080857	–15.29
民用飞机机载系统和设备	万元	52624	21626	9326	16986	24359	143.34
民用航空发动机零部件	万元	309227	339005	657215	581789	449311	–8.78
其他民用航空产品及零部件	万元	585712	455025	398538	315456	359191	28.72
民用飞机机载系统和设备零部件	万元	26259	37182	32140	20649	11856	–29.38
民用飞机修理（不含发动机）	万元	926901	508077	1485976	1563647	1265980	82.43
民用航空发动机修理	万元	1445923	1313817	1610439	1156371	673509	10.06
民用飞机机载系统和设备修理	万元	35288	84800	125725	18277	21116	–58.39
其他民用航空产品及零部件修理	万元	460785	302361	376010	329897	148412	52.40
无人机产品	万元	1561654	883139	1051226	1167910	1153911	76.83

2.2 各地区民用航空产品交付情况（见表 2–2）

表 2–2　各地区民用航空产品交付情况

地区	2021 年交付金额 / 万元	2020 年交付金额 / 万元	2019 年交付金额 / 万元	2018 年交付金额 / 万元	2017 年交付金额 / 万元	2021 年同比增长 /%
全国总计	**6721679**	**5510115**	**7202472**	**6714089**	**5326825**	**21.99**
北　京	842931	895205	1053204	850131	47661	–5.84
天　津	113833	90585	84104	88531	67959	25.66
河　北	23444	19084	8592	13305	26097	22.85
辽　宁	283421	220414	356742	263175	257154	28.59
黑龙江	99384	121361	90862	10095	7693	–18.11
上　海	331329	400376	275783	233914	88243	–17.25
江　苏	128288	104722	149316	171696	140991	22.50
浙　江	70596	70886	64926	58891	43465	–0.41
安　徽	8240	4812	4060	2851	3270	71.24
江　西	24248	14523	29396	54146	40562	66.96
山　东	273691	238935	177504	167200	153108	14.55
河　南	8606	7299	8255	10033	10470	17.91
湖　北	173190	143414	123943	103553	115417	20.76
湖　南	66814	35559	44493	65116	41320	87.90
广　东	2723462	1801751	2521941	2351209	2202701	51.16
四　川	1026615	748039	981848	544422	561970	37.24
贵　州	21560	58169	114340	91636	79225	–62.94
陕　西	334314	402592	465212	892906	755665	–16.96
甘　肃	4575	7947	12108	5040	7959	–42.43
其他省份	163136	124098	634783	735362	675149	31.46
总计中						
中国航空工业集团有限公司	1009119	1044150	1149989	1300870	1078316	–3.36
中国商用飞机有限责任公司	314758	397137	275320	229800	87933	–20.74
中国航空发动机集团有限公司	234397	269875	519608	402175	358865	–13.15
中国航天科工集团有限公司	14056	16861	15194	16011	17430	–16.63
中国电子科技集团有限公司	12350	20155	24842			–38.73
地方民用航空工业企业	5136999	3761936	5217519	4765233	3784281	36.55

2.3　全国民用航空产品转包生产情况（见表 2–3）

表 2–3　全国民用航空产品转包生产情况

	2021 年/万美元	2020 年/万美元	2019 年/万美元	2018 年/万美元	2017 年/万美元	2021 年同比增长/%
交付金额	**131468**	**153609**	**256151**	**182308**	**196751**	**–14.4**
民用飞机零部件	84967	79069	143833	105797	125897	7.5
民用发动机零部件	34326	38876	70122	68415	65347	–11.7
民用飞机机载系统和设备零部件	2070	4891	10290	845	495	–57.7
其他民用航空产品及零部件	10105	30773	31906	7251	5011	–67.2
新增订单金额	**85680**	**103690**	**223291**	**220909**	**279960**	**–17.4**
民用飞机零部件	47171	42614	110686	137072	216903	10.7
民用发动机零部件	28967	37642	72837	77770	59301	–23.0
民用飞机机载系统和设备零部件	2346	757	6873	736	548	209.9
其他民用航空产品及零部件	7196	22678	32895	5332	3207	–68.3
储备订单金额	**377269**	**398662**	**468307**	**541617**	**464342**	**–5.4**
民用飞机零部件	321166	320419	357626	477878	405932	0.2
民用发动机零部件	51782	46791	62423	60723	55839	10.7
民用飞机机载系统和设备零部件	467	225	1045	425	210	107.6
其他民用航空产品及零部件	3854	31228	47213	2591	2361	–87.7

2.4 各地区民用航空产品转包生产交付情况（见表 2–4）

表 2–4 各地区民用航空产品转包生产交付情况

	2021 年 / 万美元	2020 年 / 万美元	2019 年 / 万美元	2018 年 / 万美元	2017 年 / 万美元	2021 年同比增长 /%
全国总计	**131468**	**153609**	**256150**	**182308**	**196751**	**–14.4**
北 京	2439	3136	11551	4840	12007	–22.2
天 津	0	0	0	109	102	
河 北	0	0				
辽 宁	30751	29671	50641	42292	51474	3.6
黑龙江	6182	7858	11151	10476	9316	–21.3
上 海	1805	2288	8309	9970	8458	–21.1
江 苏	6186	2797	3114	2253	748	121.2
浙 江	1601	3795	7157	4771	3492	–57.8
安 徽	309	27	81	48	109	1063.6
江 西	134	763	1213	2958	877	–82.4
山 东	0	172	0	122	7439	–100.0
河 南	178	174	332	304		2.3
湖 北	195	21	0	0	9	808.2
湖 南	1962	4464	4255	8792	7379	–56.0
广 东	0	28054	23264	1652	3	–100.0
四 川	32673	31787	60052	32289	25427	2.8
贵 州	4991	8254	16525	12383	15009	–39.5
陕 西	42062	30096	58052	48616	54373	39.8
甘 肃	0	252	453	433	529	–100.0
总计中						
中国航空工业集团有限公司	88164	76888	135453	90561	104387	14.7
中国商用飞机有限责任公司	1712	2288	8309	9679	8206	–25.2
中国航空发动机集团有限公司	32247	36034	68524	63551	62512	–10.5
中国航天科工集团有限公司	2205	0	0	109	102	
中国电子科技集团有限公司	0	0	0			
地方民用航空工业企业	7139	38399	43864	18409	21544	–81.4

2.5　各地区民用航空产品转包生产新增情况（见表 2–5）

表 2–5　各地区民用航空产品转包生产新增情况

	2021 年/万美元	2020 年/万美元	2019 年/万美元	2018 年/万美元	2017 年/万美元	2021 年同比增长 /%
全国总计	**85680**	**103690**	**223290**	**220909**	**279960**	**–17.4**
北　京	2735	3355	11636	3612	9772	–18.5
天　津	0	0	0	120	98	
河　北	0	0				
辽　宁	42724	35203	38227	47217	38008	21.4
黑龙江	3148	2205	0	1709	10421	42.8
上　海	93	0	0	46664	252	
江　苏	1437	550	112	1830	448	161.3
浙　江	2356	4066	7125	4771	1692	–42.1
安　徽	217	0	21	0	80	
江　西	0	610	767	2287	748	–100.0
山　东	0	112	0	436	10149	–100.0
河　南	17	174	332	304		–90.2
湖　北	485	43	0	0	9	1029.5
湖　南	2384	3774	4596	8034	7004	–36.8
广　东	0	18796	28733	0	0	–100.0
四　川	10697	9526	80577	23649	38237	12.3
贵　州	4438	7865	10584	12482	8554	–43.6
陕　西	14950	17089	40052	67286	153818	–12.5
甘　肃	0	322	528	508	669	–100.0
总计中						
中国航空工业集团有限公司	49527	39561	104919	85836	204488	25.2
中国商用飞机有限责任公司	0	0	0	46497	0	
中国航空发动机集团有限公司	28538	35416	72888	73852	59000	–19.4
中国航天科工集团有限公司	1357	0	0	120	98	
中国电子科技集团有限公司	0	0	0			
地方民用航空工业企业	6258	28713	45483	14604	16373	–78.2

2.6 各地区民用航空产品转包生产储备情况（见表 2–6）

表 2–6 各地区民用航空产品转包生产储备情况

	2021 年 / 万美元	2020 年 / 万美元	2019 年 / 万美元	2018 年 / 万美元	2017 年 / 万美元	2021 年同比增长 /%
全国总计	**377269**	**398662**	**468306**	**541617**	**464342**	**–5.4**
北　京	1625	1029	2230	2691	14379	57.9
天　津	0	0	0	0	0	
河　北	0	0				
辽　宁	40244	32510	28130	42276	37582	23.8
黑龙江	3137	6171	11824	13421	22188	–49.2
上　海	99064	60225	62513	70822	34004	64.5
江　苏	1535	5200	0	3013	259	–70.5
浙　江	0	100	100	0	500	–100.0
安　徽	0	0	14	0	50	
江　西	0	100	103	782	253	–100.0
山　东	0	0	0	320	4093	
河　南	204	138	357	282		47.8
湖　北	263	0	0	0	0	
湖　南	1105	739.15	1724	4877	5284	49.5
广　东	0	23569	44843	0	0	–100.0
四　川	29099	47443.91	77446	153205	115409	–38.7
贵　州	8814	586	5146	387	979	1404.1
陕　西	192178	220607	233212	248898	228449	–12.9
甘　肃	0	244	664	643	913	–100.0
总计中						
中国航空工业集团有限公司	224863	265913	294743	407702	365398	–15.4
中国商用飞机有限责任公司	99064	60225	62513	70822	34004	64.5
中国航空发动机集团有限公司	43053	48408	59820	55803	55964	–11.1
中国航天科工集团有限公司	815	0	0	0	0	
中国电子科技集团有限公司	0	0	0			
地方民用航空工业企业	9473	24116	51230	7290	8976	–60.7

3. 生产销售总值

3.1　全国民用航空工业企业生产销售总值（见表 3–1）

表 3–1　全国民用航空工业企业生产销售总值

指标名称	计量单位	2021 年	2020 年	2019 年	2018 年	2017 年	2021 年同比增长 /%
工业总产值（当年价格）	万元	**41198291**	**34680259**	**34621107**	**30151126**	**27440342**	**18.8**
其中：新产品产值	万元	19596752	15096480	13599789	11245599	9133810	29.8
民用航空产品新产品产值	万元	2410598	1489447	1265810			61.8
民用航空产品产值	万元	**9090704**	**7649638**	**8649559**	**7771108**	**6512511**	**18.8**
其中：民用飞机（不含无人机）产品产值	万元	1253255	1217095	792291	646207	515615	3.0
民用飞机零部件产品产值	万元	867527	758746	1254284	1399495	1430625	14.3
民用航空发动机产品产值	万元	3753	798	8547	1045	1084	370.1
民用航空发动机零部件产品产值	万元	425745	379070	696575	610114	408005	12.3
民用飞机机载系统和设备产值	万元	76810	46147	23646	7733	40327	66.4
民用飞机机载系统和设备零部件产值	万元	27368	36795	41470	16420	7742	–25.6
其他民用航空产品及零部件产值	万元	580658	461261	457681	302279	287359	25.9
民用飞机修理产值	万元	944440	869938	1542297	1583810	1386091	8.6
民用航空发动机修理产值	万元	1461379	1314630	1610218	1159542	674070	11.2
其他民用航空产品及零部件修理产值	万元	436871	357599	416808	355312	45961	22.2
民用飞机机载系统和设备修理产值	万元	69891	67248	116284	28904	41472	3.9
无人机产品产值	万元	2943008	2140311	1689460	1660248	1674160	37.5
工业销售产值（当年价格）	万元	**40542192**	**35491603**	**34085498**	**29051208**	**26486309**	**14.2**
其中：出口交货值	万元	4232561	3653339	4990739	4690301	4335307	15.9
民用航空产品出口交货值	万元	2854144	2729162	3038204			4.6
全部从业人员年平均人数	人	**321629**	**342869**	**360014**	**353254**	**341771**	**–6.2**

3.2 2021 年各地区民用航空产品产值（见表 3–2）

表 3–2 2021 年各地区民用航空产品产值

地区	单位数/个	民用航空产品产值/万元	各地占总计/%	民用航空产品产值比上年增长/%	民用飞机产品产值（不含无人机）/万元	民用飞机零部件产品产值/万元	民用航空发动机产品产值/万元	民用航空发动机零部件产品产值/万元	民用飞机机载系统和设备产值/万元	民用飞机机载系统和设备零部件产值/万元	其他民用航空产品及零部件产值/万元	民用飞机修理产值（不含发动机）/万元	民用航空发动机修理产值/万元	其他民用航空产品及零部件修理产值/万元	民用飞机机载系统和设备修理产值/万元	无人机产品产值/万元
全国总计	**197**	**9090704**	**100.0**	**18.8**	**1253255**	**867527**	**3753**	**425745**	**76810**	**27368**	**580658**	**944440**	**1461379**	**436871**	**69891**	**2943008**
北 京	19	893195	9.8	–1.6	0	16812	0	23788	2465	0	17523	384149	209882	182151	56426	0
天 津	8	123179	1.4	–0.8	62783	19052	0	0	0	2426	14038	14140	0	10204	0	535
河 北	2	22149	0.2	30.3	10973	1093	0	0	0	0	7951	2086	0	46	0	0
辽 宁	5	286889	3.2	37.1	300	249049	0	33722	0	0	3775	0	0	0	0	43
黑龙江	4	94414	1.0	–24.9	8142	47886	0	0	0	0	37992	0	0	0	0	395
上 海	9	982755	10.8	5.4	953860	10883	0	0	13695	0	4317	0	0	0	0	0
江 苏	9	128242	1.4	15.2	0	13624	512	78168	4265	1375	27232	1533	0	1533	0	0
浙 江	21	75790	0.8	13.4	1750	23694	0	52	200	0	23603	0	0	0	0	26491
安 徽	5	7444	0.1	96.3	0	3159	1107	1970	0	0	676	0	0	0	0	532
江 西	3	32639	0.4	18.4	6774	25865	0	0	0	0	0	0	0	0	0	0
山 东	6	269309	3.0	37.4	0	6475	0	0	53	0	160614	73293	0	15764	13110	0
河 南	3	10206	0.1	84.4	0	0	0	0	243	7427	0	0	0	0	0	2536
湖 北	7	157668	1.7	–0.4	3500	0	0	0	17300	4743	0	26968	0	104870	287	0
湖 南	19	203100	2.2	388.8	4946	8547	2133	9927	0	0	20839	0	0	0	0	156708
广 东	9	4034348	44.4	21.4	103040	4466	0	0	347	0	184975	267186	735849	15635	0	2722849
四 川	38	1137036	12.5	39.3	31105	245846	0	135525	23659	4293	40216	11268	515648	101689	68	27720
贵 州	8	51541	0.6	–13.0	0	0	0	40635	0	258	10648	0	0	0	0	0

表 3–2（续）

地区	单位数/个	民用航空产品产值/万元	各地占总计/%	民用航空产品产值比上年增长/%	民用飞机产品产值（不含无人机）/万元	民用飞机零部件产品产值/万元	民用航空发动机产品产值/万元	民用航空发动机零部件产品产值/万元	民用飞机机载系统和设备产值/万元	民用飞机机载系统和设备零部件产值/万元	其他民用航空产品及零部件产值/万元	民用飞机修理产值（不含发动机）/万元	民用航空发动机修理产值/万元	其他民用航空产品及零部件修理产值/万元	民用飞机机载系统和设备修理产值/万元	无人机产品产值/万元
陕　西	17	411489	4.5	4.9	66081	191077	0	101959	14355	6689	26259	838	0	4231	0	0
甘　肃	3	6175	0.1	21.3	0	0	0	0	228	0	0	0	0	747	0	5200
其他省份	2	163136	1.8	31.4	0	0	0	0	0	157	0	162979	0	0	0	0
总计中																
中国航空工业集团有限公司	56	1147728	12.6	0.5	190318	744406	0	5578	54290	25547	119179	2924	0	5024	355	107
中国商用飞机有限责任公司	6	966184	10.6	9.8	953860	10883	0	0	0	0	1441	0	0	0	0	0
中国航空发动机集团有限公司	13	248382	2.7	−3.1	0	20320	2133	207991	0	0	17938	0	0	0	0	0
中国航天科工集团有限公司	1	14056	0.2	−16.6	0	13544	512	0	0	0	0	0	0	0	0	0
中国电子科技集团有限公司	1	47016	0.5	−17.4	23370	0	0	0	14572	0	0	0	0	0	0	9075
地方民用航空工业企业	120	6667337	73.3	25.9	85707	78374	1107	212176	7949	1821	442100	941516	1461379	431846	69536	2933826

3.3 2021 年各地区民用航空工业企业销售情况（见表 3–3）

表 3–3 2021 年各地区民用航空工业企业销售情况

地区	工业总产值 / 万元	工业销售产值 / 万元	同比增长 /%	出口交货值 / 万元	同比增长 /%	工业产品产销率 /%
全国总计	**41198291**	**40542192**	**14.2**	**4232561**	**15.9**	**98.4**
北 京	2180934	2127233	12.5	185694	6.4	97.5
天 津	273537	256669	13.2	88575	1.0	93.8
河 北	109396	111406	6.5	0		101.8
辽 宁	5769346	5741738	38.5	147324	19.3	99.5
黑龙江	2984111	2880779	30.6	51654	–2.3	96.5
上 海	1580765	1300973	–3.3	22116	–19.7	82.3
江 苏	866680	773356	27.8	136992	58.9	89.2
浙 江	288661	261040	67.9	36355	–43.5	90.4
安 徽	135106	114357	–3.8	0	–100.0	84.6
江 西	3051402	3275680	26.7	459	–96.6	107.3
山 东	395108	314806	–1.6	4189	–85.7	79.7
河 南	574382	895158	–56.3	48277	–44.9	155.8
湖 北	551422	518604	12.0	24697	–1.3	94.0
湖 南	1316767	1264932	23.2	20549	–4.6	96.1
广 东	4079491	3761408	16.0	1845843	7.4	92.2
四 川	8328184	8160542	–2.6	1109696	58.0	98.0
贵 州	1180159	1085510	–14.0	66234	–7.1	92.0
陕 西	7147808	7334082	46.6	283994	16.0	102.6
甘 肃	111575	109370	16.3	0	–100.0	98.0
其他省份	273458	254548	23.4	159913	31.8	93.1
总计中						
中国航空工业集团有限公司	25455561	25813461	21.6	1184017	48.8	101.4
中国商用飞机有限责任公司	966938	686798	–16.0	10915	–43.6	71.0
中国航空发动机集团有限公司	6496279	6265178	29.0	253901	–12.0	96.4
中国航天科工集团有限公司	19005	19005	–5.1	0		100.0
中国电子科技集团有限公司	47016	41726	–26.7	0		88.7
地方民用航空工业企业	8213491	7716024	–9.4	2783728	9.2	93.9

4. 主要经济指标

4.1　全国民用航空工业企业主要经济指标（见表 4–1）

表 4–1　全国民用航空工业企业主要经济指标

指标名称	计量单位	2017 年	2018 年	2019 年	2020 年	2021 年	2021 年同比增长 /%
一、年末资产负债							
流动资产合计	万元	32979137	36825006	45845959	48146331	68668129	42.6
流动资产年平均余额	万元	31222038	33784327	41701744	45565735	56341248	23.6
固定资产合计	万元	12727767	11716729	13046305	11443358	12679909	10.8
固定资产原价	万元	16801270	18359330	22338554	21556486	22674676	5.2
其中：生产经营用	万元	14350782	15770143	17490550	18731443	20582762	9.9
固定资产净值年平均余额	万元	9601070	9779222	11517384	10684843	11728346	9.8
资产总计	万元	54405581	59109375	72145235	73144009	95418335	30.5
负债合计	万元	31065141	35213888	41347265	40555825	61149796	50.8
所有权益合计	万元	23340438	23841404	30758914	32563860	34261626	5.2
其中：实收资本	万元	11238606	11960390	15362821	15188655	17298286	13.9
二、损益及分配							
营业收入	万元	27938454	31139390	36645115	37215081	41627239	11.9
其中：民用航空产品收入	万元	5854359	7595315	9138637	7839041	9513912	21.4
营业成本	万元	22748984	26244842	30120440	31347365	34559347	10.2
其中：民用航空产品成本	万元			6465051	5675470	7013100	23.6
税金及附加	万元			156439	154029	127716	–17.1
主营业务税金及附加	万元	283309	129040				
其他业务利润	万元	227079	116041				

表 4–1（续）

指标名称	计量单位	2017 年	2018 年	2019 年	2020 年	2021 年	2021 年同比增长 /%
营业利润	万元	1310784	1401613	1751727	1873739	2075901	10.8
销售费用	万元			488877	464778	449974	–3.2
营业费用	万元	408985	550548				
管理费用	万元	2511116	2678249	2242149	2055157	2106362	2.5
研发费用	万元			1366940	1349941	1701264	26.0
财务费用	万元	503357	271474	383601	316983	145343	–54.1
其中：利息支出	万元	398915	334469	409639	370762	268998	–27.4
补贴收入	万元	115046	115951	112520	171723	126425	–26.4
利润总额	万元	1395908	1464959	1749861	1907009	2082321	9.2
应交所得税	万元	220867	226234	247989	301147	347420	15.4
三、其他							
本年应交增值税	万元	306112	268704	241448	293563	302014	2.9
本年民用航空产品固定资产投资额	万元	411469	439980	611386	613545	634406	3.4
全部从业人员人数	人	347871	355381	363233	340758	324027	–4.9
其中：工程技术人员	人	89078	86115	91018	86461	88453	2.3
其中：研究与实验发展人员	人	65291	65070	70615	71992	75212	4.5
本年民用航空产品研究与实验发展经费支出	万元	1245271	1456894	1940655	2287604	2410383	5.4
拥有民用航空产品发明专利数	件			7561	9054	10539	16.4
其中：当年民用航空产品发明专利授权数	件			1603	2066	2526	22.3

4.2　2021 年各地区民用航空产品收入（见表 4–2）

表 4–2　2021 年各地区民用航空产品收入

地区	民用航空产品收入 / 万元	各地占总计 /%	营业收入 / 万元	同比增长 /%	民用航空产品销售收入占营业收入比重 /%
全国总计	**9513912**	**100**	**41627239**	**11.86**	**22.86**
北　京	920907	9.68	2201842	9.48	41.82
天　津	124794	1.31	277152	6.09	45.03
河　北	26992	0.28	124915	6.58	21.61
辽　宁	240145	2.52	5468995	21.49	4.39
黑龙江	155144	1.63	1842394	17.80	8.42
上　海	1394325	14.66	2155753	13.46	64.68
江　苏	145728	1.53	783205	26.50	18.61
浙　江	80489	0.85	320792	101.51	25.09
安　徽	6907	0.07	127961	–2.56	5.40
江　西	43297	0.46	3517004	36.48	1.23
山　东	301986	3.17	449101	18.57	67.24
河　南	7516	0.08	891824	–54.39	0.84
湖　北	140416	1.48	539379	11.94	26.03
湖　南	63005	0.66	1369451	20.21	4.60
广　东	4129316	43.40	4188074	26.08	98.60
四　川	1093838	11.50	8338519	–7.29	13.12
贵　州	52497	0.55	1179549	–2.67	4.45
陕　西	416360	4.38	7486381	35.41	5.56
甘　肃	4575	0.05	109989	15.88	4.16
其他省份	165675	1.74	254960	23.49	65.00
总计中					
中国航空工业集团有限公司	1370671	14.41	25061554	20.37	5.47
中国商用飞机有限责任公司	1012745	10.64	1083747	1.97	93.45
中国航空发动机集团有限公司	625658	6.58	6688170	20.55	9.35
中国航天科工集团有限公司	19005	0.20	19005	–5.06	100.00
中国电子科技集团有限公司	45648	0.48	45648	–9.54	100.00
地方民用航空工业企业	6440185	67.69	8729115	–10.13	73.78

4.3 全国民用航空工业企业经济效益综合指数（见表 4–3）

表 4–3 全国民用航空工业企业经济效益综合指数

指标名称	单位	2021 年	2020 年	2019 年	2018 年	2017 年	2021 年比上年增减（+–）
总资产贡献率	%	2.0	4.1	3.9	3.9	4.3	–2.1
资本保值增值率	%	105.2	105.9	129.0	102.1	121.2	–0.7
资产负债率	%	64.1	55.4	57.3	59.6	57.1	8.6
流动资产周转率	次 / 年	0.7	87.6	88.7	89.2	87.1	–86.9
成本费用利润率	%	6.0	6.1	5.8	5.6	6.1	–0.1
产品销售率	%	98.4	102.3	102.3	98.6	96.5	–3.9

4.4　2021 年各地区民用航空工业企业收入成本及效益（见表 4–4）

表 4–4　2021 年各地区民用航空工业企业收入成本及效益

地区	营业收入 / 万元	同比增长 /%	营业成本 / 万元	同比增长 /%	利润总额 / 万元	同比增长 /%
全国总计	**41627239**	**11.9**	**34559347**	**10.2**	**2082321**	**9.2**
北　京	2201842	9.5	1788575	6.3	153257	13.3
天　津	277152	6.1	216641	17.3	17391	–28.5
河　北	124915	6.6	96578	–0.7	16585	–12.4
山　西	92441	11.2	85479	49.0	7341	9.6
辽　宁	5468995	21.5	5065739	23.1	173898	–10.1
黑龙江	1842394	17.8	1585664	16.5	70482	31.2
上　海	2155753	13.5	2115877	11.8	–352309	37.1
江　苏	783205	26.5	575686	20.0	50898	47.9
浙　江	320792	101.5	229354	124.0	23038	323.2
安　徽	127961	–2.6	82241	–2.8	21726	13.3
福　建	162519	31.8	104327	24.7	28002	280.8
江　西	3517004	36.5	3208486	33.5	119725	21.5
山　东	449101	18.6	328947	25.1	29659	–38.6
河　南	891824	–54.4	726718	–48.8	71305	–64.5
湖　北	539379	11.9	355766	–3.3	43555	18.0
湖　南	1369451	20.2	1074957	11.0	61555	2.9
广　东	4188074	26.1	1980336	44.6	844690	25.4
四　川	8338519	–7.3	7425264	–7.3	230716	–13.9
贵　州	1179549	–2.7	871797	–6.8	116071	106.4
陕　西	7486381	35.4	6559731	22.6	344577	63.2
甘　肃	109989	15.9	81182	20.2	10161	25.6
其他省份	254960	23.5	189806	34.6	35343	152.0
总计中						
中国航空工业集团有限公司	25061554	20.4	22100833	18.7	1008942	–5.2
中国商用飞机有限责任公司	1083747	2.0	1240555	1.3	–406553	28.3
中国航空发动机集团有限公司	6688170	20.6	5820399	21.8	322289	20.5
中国航天科工集团有限公司	19005	–5.1	14177	–15.5	1986	–1.2
中国电子科技集团有限公司	45648	–9.5	34012	–12.6	–3316	–36.2
地方民用航空工业企业	8729115	–10.1	5349370	–19.9	1158973	29.5

4.5 2021 年各地区民用航空工业固定资产投资和研发投入（见表 4–5）

表 4–5 2021 年各地区民用航空工业固定资产投资和研发投入

地区	民用航空产品研究与试验发展经费支出 / 万元	同比增长 /%	民用航空产品固定资产投资 / 万元	同比增长 /%
全国总计	**2410383**	**5.4**	**634406**	**3.4**
北 京	21841	–58.7	35461	32.1
天 津	12423	31.7	20940	70.9
河 北	6383	11.7	713	–63.0
辽 宁	17616	–16.4	6534	–23.3
黑龙江	43002	79.5	23692	1078.7
上 海	1276068	15.9	224393	–2.1
江 苏	21781	47.9	9185	–2.0
浙 江	10602	50.2	5777	–35.8
安 徽	7878	–39.7	3970	787.0
江 西	25635	6152.3	251	9.3
山 东	21375	47.2	6978	40.4
河 南	6937	103.1	2213	2113.0
湖 北	30257	–89.6	11008	–91.3
湖 南	56708	24.8	29464	51.7
广 东	610047	54.1	180712	180.6
四 川	108648	7.5	39341	63.2
贵 州	5538	–15.6	9376	–75.1
陕 西	126623	–29.6	17305	–46.0
甘 肃	422	–22.1	209	421.9
其他省份	599	16.5	6884	52.1
总计中				
中国航空工业集团有限公司	475941	–27.3	68389	–61.6
中国商用飞机有限责任公司	862261	–3.5	162103	8.1
中国航空发动机集团有限公司	451808	41.5	76900	–39.5
中国航天科工集团有限公司	948	64.6	2257	525.9
中国电子科技集团有限公司	22824	–6.6	3542	80.9
地方民用航空工业企业	596601	51.2	321215	106.1

5. 附　　录

2021年中国民用航空企业上报情况说明

附表

单位名称	所属集团	登记注册类型	控股情况	主要民用航空产品
全国（197）				
北京（19）				
北京飞机维修工程有限公司		中外合资经营	国有控股	飞机维修
中航新大洲航空制造有限公司		其他有限责任公司	国有控股	LEAP发动机零部件，发动机零部件
北京安达泰克科技有限公司		私营有限责任公司	私人控股	金属蜂窝芯；金属蜂窝气封；金属载体
北京安达维尔航空设备有限公司		私营有限责任公司	私人控股	飞机座椅（取证中）
北京安达维尔机械维修技术有限公司		其他有限责任公司	私人控股	航空部附件维修
北京安达维尔科技股份有限公司		私营有限责任公司	私人控股	机载电子部附件维修
北京丰荣航空科技股份有限公司		股份有限公司	私人控股	飞机附件维修、航空器材租赁、航空器材销售
北京汉飞航空科技有限公司		私营有限责任公司	私人控股	发动机叶片
北京科荣达航空科技股份有限公司		私营股份有限公司	私人控股	民用航空器机载系统和设备修理
北京神导科技股份有限公司		私营股份有限公司	私人控股	航空导航类产品
北京欧拓技术有限公司		外资企业	外商控股	维修航空机械电子设备
海航湾流（北京）技术服务有限公司		中外合资经营	外商控股	航空航天器修理
泰雷兹航空电子（北京）有限公司		外资企业	外商控股	航空设备维修；机载娱乐设备维修
北京优材百慕航空器材有限公司	航空工业	其他有限责任公司	国有控股	飞机刹车零部件
北京长城航空测控技术研究所有限公司	航空工业	国有	国有控股	Y/XCL-32A主回油路滑油金属屑传感器；Y/XCL-69滑油金属屑监测装置
中航复合材料有限责任公司	航空工业	其他有限责任公司	国有控股	民用航空复合材料结构件用原材料
中国航发北京航科发动机控制系统科技有限公司	中国航发	其他有限责任公司	国有控股	航空摇臂系列
中国航发北京航空材料研究院	中国航发	国有	国有控股	高温合金；橡胶制品；钛合金
北京民用飞机技术研究中心	中国商飞	国有	国有控股	民用飞机预先研究，关键技术攻关，新技术转化应用

附表（续）

单位名称	所属集团	登记注册类型	控股情况	主要民用航空产品
天津（8）				
天津航天中为数据系统科技有限公司		国有与集体联营	国有控股	无人机应用系统集成
天津华翼蓝天科技股份有限公司		股份有限公司	私人控股	飞行模拟训练设备；工程模拟仿真设备；高端飞行体验产品
PPG 航空材料（天津）有限公司		港澳台商独资	港澳台商控股	航空涂料生产
空中客车（天津）总装有限公司		与港澳台商合资经营	港澳台商控股	A320、A350 飞机组装
古德里奇航空结构（中国）有限公司		外资企业	外商控股	飞机短舱零部件维修
天津波音复合材料有限责任公司		中外合资经营	外商控股	航空复合材料主次受力件；飞机内饰件；相关售后服务
天津航空机电有限公司	航空工业	国有独资公司	国有控股	继电器；断路器；传感器
西飞国际航空制造（天津）有限公司	航空工业	其他有限责任公司	国有控股	空客 A320 机翼及机身装配
河北（2）				
惠阳航空螺旋桨有限责任公司	航空工业	其他有限责任公司	国有控股	螺旋桨系统；直升机动部件；复合材料叶片
中航通飞华北飞机工业有限公司	航空工业	其他有限责任公司	国有控股	运 5B 飞机；“小鹰”500 飞机；赛斯纳 208B 飞机
山西（1）				
太原航空仪表有限公司	航空工业	其他有限责任公司	国有控股	航空仪表；敏感元件及补偿器；其他机载系统及设备等
辽宁（5）				
辽宁通用航空研究院		国有	国有控股	RX1E 双座电动飞机；RX1E-A 增程电动飞机
沈阳飞机工业（集团）有限公司	航空工业	其他有限责任公司	国有控股	波音 787 项目；C 系列；Q400 项目
沈阳沈飞国际商用飞机有限公司	航空工业	其他有限责任公司	国有控股	A220 机身段
中航沈飞民用飞机有限责任公司	航空工业	其他有限责任公司	国有控股	Q400 机身连接；波音 787 垂尾前缘；A320 机翼前缘；A220 机身段；ARJ21 大部件；C919 大部件
中国航发沈阳黎明航空发动机有限责任公司	中国航发	其他有限责任公司	国有控股	航空零部件转包生产
黑龙江（4）				
广联航空工业股份有限公司		股份有限公司	私人控股	无人机、民用航空零部件、其他民用航空零部件
哈尔滨安宇迪航空工业有限公司		其他有限责任公司	私人控股	航空器结构零部件和工艺装备
哈尔滨飞机工业集团有限责任公司	航空工业	其他有限责任公司	国有控股	直 9 民用直升机；运 12 飞机；运 12F 飞机

附表（续）

单位名称	所属集团	登记注册类型	控股情况	主要民用航空产品
中国航发哈尔滨东安发动机有限公司	中国航发	国有	国有控股	直升机传动系统
上海（9）				
上海航空测控技术研究所	航空工业	国有	国有控股	C919飞机客舱管理接口子系统；C919飞机客舱娱乐系统；C919飞机信息系统；ARJ21飞机驾驶舱门监视系统；MA700飞机视频监视系统
上海航空电器有限公司	航空工业	国有独资公司	国有控股	ELT控制板；RPDU远程配电装置
中国航空无线电电子研究所	航空工业	国有	国有控股	民用航空电子-显示系统；民用航空电子-核心处理系统；民用航空电子-飞管系统
中国航发商用航空发动机有限责任公司	中国航发	国有	国有控股	
中国商用飞机有限责任公司（本部）	中国商飞	国有	国有控股	总部管理，飞机研制项目管理，民用飞机试飞、销售等
上海飞机客户服务有限公司	中国商飞	国有	国有控股	民用飞机飞行、机务、乘务和签派等有关方面的训练；民用飞机航材和设备进出口、国内外销售、仓储、租赁以及维修；民用飞机航空运输服务技术开发、技术咨询和技术服务；系统内民用飞机技术出版物的出版、发行和全寿命服务；飞机外表涂装工业设计；民用飞机维护维修和改装
上海飞机设计研究院	中国商飞	国有	国有控股	ARJ21新型涡扇支线飞机；C919大型客机；CR929宽体客机
上海飞机制造有限公司	中国商飞	国有独资公司	国有控股	ARJ21-700新支线飞机；C919大型客机
上海航空工业（集团）有限公司	中国商飞	国有	国有控股	民用飞机标准化、计算机软件开发、财务和人力共享服务、档案管理等
江苏（9）				
南京大桥机器有限公司		股份有限公司	国有控股	气象探测雷达、卫星云图接收设备、无线电专用设备
无锡透平叶片有限公司		其他有限责任公司	国有控股	铝合金叶片；发动机盘件
江苏航申航空科技有限公司		私营合作	私人控股	航空零部件
昆山新宇航航空器材有限公司		私营有限责任公司	私人控股	航空附件维修
通用电气航空（苏州）有限公司		外资企业	外商控股	飞机发动机零部件加工；飞机复合材料
新宇航空制造（苏州）有限公司		外资企业	外商控股	飞机发动机叶片及叶片隔框；飞机发动机吊架类机械产品

附表（续）

单位名称	所属集团	登记注册类型	控股情况	主要民用航空产品
菲舍尔航空部件（镇江）有限公司	航空工业	其他有限责任公司	国有控股	ARJ21 内饰；Global7000/8000W TBF；BD 整流罩；BD100 地板；飞机翼肋连接角件
金城南京机电液压工程研究中心	航空工业	国有	国有控股	液压系统、设备及零部件；环控系统、设备及零部件；燃油系统、设备及零部件；电源系统、设备及零部件；空气管理系统、设备及零部件；RAT
航天海鹰（镇江）特种材料有限公司	航天科工	其他有限责任公司	国有控股	C919 后机身后段；C919 后机身前段；C919 副翼；C919 垂尾壁板；翼身整流罩
浙江（21）				
海宁红狮宝盛科技有限公司		私营有限责任公司	私人控股	航空设备配件
杭州迅蚁网络科技有限公司		私营有限责任公司	私人控股	物流无人机、无人机起降站
杭州一佳精密轴承有限公司		私营有限责任公司	私人控股	航空发动机精密轴承
嘉兴雅港复合材料有限公司		私营有限责任公司	私人控股	民用客舱地板；民用货舱地板；芳纶纸蜂窝
宁波百宏模具有限公司		私营有限责任公司	私人控股	
宁波继峰汽车零部件股份有限公司		私营股份有限公司	私人控股	乘员座椅扶手、脚托、头枕；飞行驾驶员座椅扶手、乘员舱防护板等
宁波沥高复合材料有限公司		其他有限责任公司	私人控股	ARJ 零部件生产
宁波永灵航空科技有限公司		私营有限责任公司	私人控股	软管金属连接件；聚酰亚胺衬套；机箱
余姚市三力信电磁阀有限公司		私营股份有限公司	私人控股	电磁阀
玉环天润航空机械制造有限公司		私营有限责任公司	私人控股	驾驶（滑动）舱门锁闭机构；动力舱整流罩锁闭机构等；折叠接头等；周期变距杆手柄等；牵引杆、液压千斤顶等；机身布罩、旋翼布罩等
浙江华飞智能科技有限公司		其他有限责任公司	私人控股	多旋翼无人机
浙江华奕航空科技有限公司		其他有限责任公司	私人控股	中型通用无人直升机、多旋翼无人机、导航飞控一体机
浙江极客桥智能装备股份有限公司		私营股份有限公司	私人控股	便携式系留照明无人机；广播指挥无人机；视频监控无人机
浙江嘉航科技有限公司		私营有限责任公司	私人控股	飞机座椅外设系统、飞机座椅结构件、飞机内饰系统部件
浙江金马逊机械有限公司		私营有限责任公司	私人控股	数控弯管机；管端缩口机；重型弯管机；智能生产线；金属导管；工装、模具
浙江京飞航空制造有限公司		其他有限责任公司	私人控股	A220 机身结构件、A320 机身结构件、无人机结构件

附表（续）

单位名称	所属集团	登记注册类型	控股情况	主要民用航空产品
浙江科比特创新科技有限公司		私营有限责任公司	私人控股	“人云龙”、“插翅虎”M8、“小旋风”、“玉麒麟”
浙江日发航空数字装备有限责任公司		私营有限责任公司	私人控股	飞机数字化装配生产线；复合材料加工专用设备；航空零部件
浙江圣翔航空科技有限公司		其他有限责任公司	私人控股	停机坪
浙江西子势必锐航空工业有限公司		中外合资经营	私人控股	A320起落架舱；C系列起落架舱；A220底板梁；C系列逃生门；腹鳍；CRI服务门
浙江通飞野马飞机制造有限责任公司	航空工业	中外合资经营	国有控股	“野马”飞机
安徽（5）				
安徽应流航空科技有限公司		其他有限责任公司	集体控股	YLWZ-130/190系列涡轴发动机；YD70地面电站
安徽应流航源动力科技有限公司		其他有限责任公司	集体控股	涡轮叶片、机匣、喷嘴环、涡轮导向器
安徽云翼航空技术有限公司		私营独资	私人控股	大中型无人机（系留多旋翼、垂起固定翼）；2~3人座载人旋翼机；飞机控制设备、机载仪器仪表、航空配套电子与机械产品；无人自转旋翼机
合肥赛为智能有限公司		私营独资	私人控股	“赛鹰”SY8KT西留多旋翼无人机；“赛鹰”SY450H大载荷无人直升机；“赛鹰”SY141HR植保无人机；“赛鹰”SY261H无人直升机；“赛鹰”SY121H无人直升机；“赛鹰”SY-30KG油电混合旋翼无人机
合肥江航飞机装备股份有限公司	航空工业	股份有限公司	国有控股	波纹管；飞机副油箱；航空仪表
福建（1）				
厦门太古飞机工程有限公司		与港澳台商合资经营	港澳台商控股	航空航天器修理
江西（3）				
昌河飞机工业（集团）有限责任公司	航空工业	国有	国有控股	AC313；AC311/AC311A；S-76；S-92尾斜梁、备件
江西昌河航空工业有限公司	航空工业	国有	国有控股	AC313；AC311/AC311A；波音备件；C919
江西洪都航空工业集团有限责任公司	航空工业	其他有限责任公司	国有控股	C919机身段
山东（6）				
东方蓝天钛金科技有限公司		其他有限责任公司	国有控股	金属支架；保险销；钛合金平圆头高锁螺栓；钛合金100°沉头高锁螺栓；钛合金100°沉头十字槽螺栓；钛合金100°沉头偏心十字槽螺栓

附表（续）

单位名称	所属集团	登记注册类型	控股情况	主要民用航空产品
山东太古飞机工程有限公司		与港澳台商合资经营	国有控股	飞机维修；航空服务；机型培训；部件制造
山东翔宇航空技术服务有限责任公司		股份有限公司	国有控股	航空器部附件维修服务；航空器零部件；航空器机载设备
山东艾诺仪器有限公司		其他有限责任公司	私人控股	飞机地面静变电源
威海广泰空港设备股份有限公司		私营股份有限公司	私人控股	平台车；牵引车；电源车；加油车
济南特种结构研究所	航空工业	国有	国有控股	雷达罩；复合材料结构件
河南（3）				
安阳全丰航空植保科技股份有限公司		股份有限公司	私人控股	电动多旋翼植保无人机；油动单旋翼植保无人机
洛阳电光设备研究所	航空工业	国有	国有控股	民用航空器机载系统和设备零部件
新乡航空工业（集团）有限公司	航空工业	国有独资公司	国有控股	散热器；燃油泵；压力油滤；引气阀门；启动控制阀门；恒温调节阀门
湖北（7）				
凌云（宜昌）航空工程有限公司		国有	国有控股	民用飞机修理；其他民用航空产品及零部件修理；维修培训
武汉航达航空科技发展有限公司		私营有限责任公司	私人控股	航空液压、气动、机电附件；飞机起落架维修；飞机复合材料结构件维修；机场加油设备；通用航空螺旋桨发动机附件
湖北超卓航空科技股份有限公司		股份有限公司	私人控股	航空部附件（不含发动机）的维修；起落架、承载梁维修
湖北航宇嘉泰飞机设备有限公司	航空工业	与港澳台商合资经营	港澳台商控股	机载系统和设备
航宇救生装备有限公司	航空工业	国有独资公司	国有控股	标准适航热气球
武汉航空仪表有限责任公司	航空工业	国有	国有控股	防除冰系列产品；压力表；传感器
中国特种飞行器研究所	航空工业	国有	国有控股	SZ300 载人观光系留气球；空中单车
湖南（19）				
湖南博云新材料股份有限公司		股份有限公司	国有控股	M60 飞机用刹车副；波音 757 飞机用刹车副；波音 737 系列飞机用刹车副；A320 飞机用刹车副；TA 无人机用刹车副；TU-204 飞机用刹车副
湖南航天捷诚电子装备有限责任公司		其他有限责任公司	国有控股	机载头盔、平显数字像源；机载头盔、平显图形图像驱动模块；机载液晶显示器；机载油量显示组件

附表（续）

单位名称	所属集团	登记注册类型	控股情况	主要民用航空产品
长沙航空职业技术学院		国有	国有控股	
长沙鑫航机轮刹车有限公司		国有	国有控股	飞机机轮；机轮刹车系统
湖南翔为通用航空有限公司		其他有限责任公司	集体控股	航空消防灭火吊桶、航空消防高压水炮、航空农林喷洒药箱
湖南顶立科技有限公司		私营股份有限公司	私人控股	金属基3D打印粉体材料；真空水淬炉；真空气淬炉；真空热压炉；真空钎焊炉；真空扩散焊炉
湖南汉能科技有限公司		其他有限责任公司	私人控股	航空发动机试验设备、燃气轮机试验设备、叶片机试验件
湖南浩天翼航空技术有限公司		其他有限责任公司	私人控股	无人机
湖南华望科技股份有限公司		股份有限公司	私人控股	无伞空投；简易空投
湖南精飞智能科技有限公司		私营有限责任公司	私人控股	植保无人机
湖南千牛无人机科技有限公司		私营有限责任公司	私人控股	电力无人机、巡查无人机生产与无人机服务
湖南山河科技股份有限公司		股份有限公司	私人控股	轻型运动飞机；多旋翼无人机；无人直升机；固定翼无人机
长沙艾森设备维护技术有限公司		私营股份有限公司	私人控股	ES-AIR-2飞机清洗剂；ES-AIR-D飞机地毯及舱内饰件清洗剂；ES-311飞机防腐涂层清洗剂；ES-311-6飞机防腐涂层清洗剂；ES-311-6G飞机防腐涂层清洗剂；ES-AIR-L飞机零部件清洗剂
湖南新韶光电器有限公司		私营有限责任公司	私人控股	滑油加热器
铭宇科技（娄底）有限公司		中外合资经营	港澳台商控股	民用飞机零部件制造
中航飞机起落架有限责任公司	航空工业	其他有限责任公司	国有控股	防扭臂；锁链杆；刹车杆
中国航发南方工业有限公司	中国航发	其他有限责任公司	国有控股	航空零部件转包生产；民用航空发动机
中国航发长江动力有限公司	中国航发	国有	国有控股	民用航空发动机零部件
中国航发中传机械有限公司	中国航发	国有	国有控股	H175尾传动系统；KC9中尾减速器；KT868附件传动
广东（9）				
珠海保税区摩天宇航空发动机维修有限公司		中外合资经营	股份合作	V2500发动机机附件维修；CFM56-3发动机及附件维修；CFM56-5B发动机及附件维修；CFM56-7B发动机及附件维修；LEAP-1B发动机快修
广州飞机维修工程有限公司		与港澳台商合资经营	国有控股	航空航天器修理
广东西北航空科技股份有限公司		股份有限公司	私人控股	民用航空飞机座椅；飞机碳/碳刹车副；飞机金属刹车副；高铁列车粉末冶金闸片；飞机内饰件；飞机安全带

附表（续）

单位名称	所属集团	登记注册类型	控股情况	主要民用航空产品
广州航新航空科技股份有限公司		股份有限公司	私人控股	便携式维修设备
深圳市多尼卡航空电子有限公司		私营有限责任公司	私人控股	快速获取驾驶舱语音记录仪；机载无线局域网系统；机载音频播放器；机载视频播放器；机载驾驶舱视频监控
深圳市大疆创新科技有限公司		港澳台商独资	港澳台商控股	精灵 Phantom；御 Mavic；悟 Inspire；T20 农业植保机
深圳中集天达空港设备有限公司		中外合资经营	外商控股	登机桥；摆渡车；行李传送设备
中航通飞华南飞机工业有限公司	航空工业	国有	国有控股	大型灭火 / 水上救援水陆两栖飞机 AG600；SR20；SR22
珠海中航赛斯纳飞机有限公司	航空工业	中外合资经营	国有控股	民用航空器
四川（38）				
成都富凯飞机工程服务有限公司		国有	国有控股	飞机加改装工程服务；飞机部附件维修
成都航利航空科技有限责任公司		其他有限责任公司	国有控股	航空发动修理及改装
成都炬鑫航空设备有限公司		其他有限责任公司	国有控股	PMA 制造及航空器部件维修、地面工装设备
国营川西机器厂		国有	国有控股	APU 修理、座椅电源制造、航空零部件再制造
民航成都物流技术有限公司		与港澳台商合资经营	国有控股	托盘分拣机；独立运载系统；AMR 自主移动机器人旅客智能安检系统；自助托运系统；行李全流程跟踪系统
四川飞机维修工程有限公司		与港澳台商合资经营	国有控股	A320 系列飞机修理
四川国际航空发动机维修有限公司		中外合资经营	国有控股	飞机发动机维修
四川九洲空管科技有限责任公司		其他有限责任公司	国有控股	ADS-B 地面站；S 模式应答机
四川腾飞航空实业有限公司		其他有限责任公司	国有控股	航空地面设备及工装；发动机金属包装箱；航空发动机及部附件试车台；直升机系留试车台
四川长虹电源有限责任公司		其他有限责任公司	国有控股	20GNC27 镉镍蓄电池组
中国第二重型机械集团德阳万航模锻有限责任公司		其他有限责任公司	国有控股	C919；CJ；9X9
成都德坤航空设备制造有限公司		私营有限责任公司	集体控股	结构件、导管
成都华太航空科技股份有限公司		股份有限公司	集体控股	航空机载部附件维修；航空测试设备研制；机载设备研制
成都爱乐达航空制造股份有限公司		股份有限公司	私人控股	航空零部件
成都大金航太科技股份有限公司		私营股份有限公司	私人控股	发动机机匣、框架、叶片环

附表（续）

单位名称	所属集团	登记注册类型	控股情况	主要民用航空产品
成都孚康航空设备有限公司		其他有限责任公司	私人控股	航空设备配套设施、纸制品、塑料制品、铝箔制品
成都航飞航空机械设备制造有限公司		私营独资	私人控股	通风窗窗框；前起舱上壁板；AG600 项目零件、C919 项目零件
成都昊轶强航空设备制造有限公司		私营股份有限公司	私人控股	T 梁、底板梁、隔板、加强件、滑轨、剪切带、定位销、杆、垫片、角材、铰链等
成都永峰科技有限公司		其他有限责任公司	私人控股	结构件
成都纵横自动化技术股份有限公司		其他有限责任公司	私人控股	无人机
绵阳市长力科技有限公司		私营有限责任公司	私人控股	发动机试验用探针、加温器、火焰筒、叶栅叶片
四川奥特附件维修有限责任公司		其他有限责任公司	私人控股	主伺服航空附件维修；A И-9 B 型 APU 维修；某 T 型 APU 维修其他航空附件维修
四川德鑫航空设备股份有限公司		股份有限公司	私人控股	机场新能源特种车；行李货物智能分拣输送系统；机场冷链驳运车；智能旅检系统；值机设备；航空集装器
四川海特高新技术股份有限公司		股份有限公司	私人控股	飞机机载无线电、仪表、电气设备的维修；开展电缆、电视设备、电子测绘仪器方面的技术服务与咨询
四川航泰航空装备有限公司		股份有限公司	私人控股	起落架；地面保障设备；飞机结构件；航空液压元件；航空维修；航空用液压试验台
四川明日宇航工业有限责任公司		其他有限责任公司	私人控股	飞行器零部件产品；钛合金件加工；钣金件加工；数控结构件加工
四川新川航空仪器有限责任公司		其他有限责任公司	私人控股	转速传感器；信号器；转速指示器；探测器
成都西格码精密部件有限公司		外资企业	外商控股	航空管路、导管、硬管；航空发动机零部件；航空机体零部件
普惠艾特航空制造（成都）有限公司		外资企业	外商控股	涡桨零件、支撑件、Case
四川高龙机械有限公司		外资企业	外商控股	民用航空发动机零部件
成都飞机工业（集团）有限责任公司	航空工业	国有独资公司	国有控股	转包项目；C919 机头；ARJ 机头；“云影”无人机
成都凯天电子股份有限公司	航空工业	股份有限公司	国有控股	大气数据计算机；航空电子产品；传感器
四川泛华航空仪表电器有限公司	航空工业	其他有限责任公司	国有控股	油耗量测控系统；发动机点火系统；通信引线
四川凌峰航空液压机械有限公司	航空工业	国有	国有控股	起落架；阻尼器；作动筒；液压锁；蓄压器

附表（续）

单位名称	所属集团	登记注册类型	控股情况	主要民用航空产品
宜宾三江机械有限责任公司	航空工业	其他有限责任公司	国有控股	压力加油阀放油开关燃油电磁阀
中航成飞民用飞机有限责任公司	航空工业	其他有限责任公司	国有控股	ARJ21 飞机机头；C919 飞机机头；AG600 飞机机头
中电科航空电子有限公司	中电科	国有	国有控股	通信导航监视系统；客舱核心及娱乐系统；卫星通信系统；DA42 飞机
中国航发成都发动机有限公司	中国航发	其他有限责任公司	国有控股	航空发动机及其零部件
贵州（8）				
贵州大东风机械有限公司		其他有限责任公司	私人控股	飞机发动机叶片
贵州航宇科技发展股份有限公司		股份有限公司	私人控股	航空发动机零部件；飞机起落架锻件
贵州安大航空锻造有限责任公司	航空工业	其他有限责任公司	国有控股	锻件
贵州天义电器有限责任公司	航空工业	国有	国有控股	控制盒；接触器；继电器
贵州永红航空机械有限责任公司	航空工业	其他有限责任公司	国有控股	散热器；滑油箱
中航力源液压股份有限公司	航空工业	国有	国有控股	转包零部件
中国航发贵州红林航空动力控制科技有限公司	中国航发	其他有限责任公司	国有控股	民用航空转包
中国航发贵州黎阳航空动力有限公司	中国航发	其他有限责任公司	国有控股	民用航空发动机零部件
陕西（17）				
陕西凌云电器集团有限公司		其他有限责任公司	国有控股	导航、气象及海洋专用仪器制造
陕西长岭电子科技有限责任公司		其他有限责任公司	国有控股	机载电子设备
西安安泰叶片技术有限公司		国有独资公司	国有控股	飞机发动机叶片
庆安集团有限公司	航空工业	国有	国有控股	高升力系统；货运系统；舱门作动系统；主飞控作动器；发动机作动系统；发动机反推力系统
陕西宝成航空仪表有限责任公司	航空工业	其他有限责任公司	国有控股	民用航空器机载系统和设备零部件
陕西东方航空仪表有限责任公司	航空工业	国有独资公司	国有控股	航空仪表
陕西飞机工业有限责任公司	航空工业	国有独资公司	国有控股	民机部件；民用航空产品零件
陕西航空电气有限责任公司	航空工业	国有独资公司	国有控股	转包零部件生产；民航修理
陕西宏远航空锻造有限责任公司	航空工业	其他有限责任公司	国有控股	航空锻铸件
陕西千山航空电子有限责任公司	航空工业	国有独资公司	国有控股	飞行参数及音频记录系统；远程数据集中器；数据 / 语音记录系统；记录器独立电源
西安飞豹科技有限公司	航空工业	股份有限公司	国有控股	航空模拟器；航空试验件；地面保障设备

附表（续）

单位名称	所属集团	登记注册类型	控股情况	主要民用航空产品
西安飞行自动控制研究所	航空工业	国有	国有控股	飞控系统；导航系统；液压产品
西安航空制动科技有限公司	航空工业	国有	国有控股	新舟60飞机及刹车附件；波音737、A320碳刹车盘
中航西安飞机工业集团股份有限公司	航空工业	股份有限公司	国有控股	“新舟”系列飞机零部件；ARJ21飞机零部件；C919飞机零部件；航空零部件转包产品
中航西飞民用飞机有限责任公司	航空工业	其他有限责任公司	国有控股	新舟60、新舟600飞机
中国航发西安动力控制科技有限公司	中国航发	国有	国有控股	轴套类产品；异形件类产品；阀门组件类产品；小壳体产品
中国航发西安航空发动机有限公司	中国航发	国有	国有控股	航空发动机零部件
甘肃（3）				
甘肃神龙航空科技有限公司		私营独资	私人控股	工程应用无人机旋翼机运动类通航飞机
兰州飞行控制有限责任公司	航空工业	国有独资公司	国有控股	机载系统和设备；零部件
中航天水飞机工业有限责任公司	航空工业	国有独资公司	国有控股	ARJ21飞机组件